暨南大学人文学院人文社科文库

网络社团法律问题研究

杨辉旭 著

厦门大学出版社
XIAMEN UNIVERSITY PRESS
国家一级出版社
全国百佳图书出版单位

图书在版编目(CIP)数据

网络社团法律问题研究 / 杨辉旭著. —厦门：厦门大学出版社，2017.5
(暨南大学人文学院人文社科文库)
ISBN 978-7-5615-6562-9

Ⅰ. ①网… Ⅱ. ①杨… Ⅲ. ①计算机网络-科学技术管理法规-研究-中国 Ⅳ. ①D922.174

中国版本图书馆 CIP 数据核字(2017)第 138116 号

出 版 人	蒋东明
责任编辑	李　宁
封面设计	李嘉彬
技术编辑	许克华

出版发行　厦门大学出版社

社　　址	厦门市软件园二期望海路 39 号
邮政编码	361008
总 编 办	0592-2182177　0592-2181406(传真)
营销中心	0592-2184458　0592-2181365
网　　址	http://www.xmupress.com
邮　　箱	xmup@xmupress.com
印　　刷	厦门市万美兴印刷设计有限公司

开本　787mm×1092mm　1/16
印张　14.25
插页　2
字数　321 千字
版次　2017 年 5 月第 1 版
印次　2017 年 5 月第 1 次印刷
定价　62.00 元

本书如有印装质量问题请直接寄承印厂调换

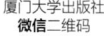
厦门大学出版社
微信二维码

厦门大学出版社
微博二维码

目 录

引言 ………………………………………………………………………… 1
第一章　网络社团的界定和法律属性 …………………………………… 3
　第一节　网络社团的界定 ……………………………………………… 3
　第二节　网络社团的法律属性 ………………………………………… 11
第二章　网络社团的勃兴 ………………………………………………… 47
　第一节　社会环境：群体时代是网络社团孕育的土壤 ……………… 47
　第二节　成长基因：社会主体的需求是网络社团形成的基础 ……… 53
　第三节　技术动力：新媒体技术的运用是网络社团发展的助推器 … 61
　第四节　政策导向：全面依法治国的推进是网络社团发展的坚实保障 … 73
第三章　网络社团的"两面性"分析 …………………………………… 75
　第一节　网络社团的正面性分析 ……………………………………… 75
　第二节　网络社团的负面性分析 ……………………………………… 82
第四章　网络社团传播机制 ……………………………………………… 88
　第一节　传播主体 ……………………………………………………… 88
　第二节　传播平台 ……………………………………………………… 93
　第三节　社团与网络的交融特征 ……………………………………… 99
　第四节　传播内容 ……………………………………………………… 102
　第五节　传播效果 ……………………………………………………… 107
第五章　网络社团与网络虚拟社群 ……………………………………… 116
　第一节　从网络社团到网络虚拟社群 ………………………………… 116
　第二节　网络虚拟社群和网络社团辨析 ……………………………… 118
　第三节　网络虚拟社群的法律基础 …………………………………… 122
第六章　全面依法治国背景下网络社团的监管创新 …………………… 124
　第一节　从一元监管到多元监管：网络社团监管的理念创新 ……… 124
　第二节　从消极管制到积极规范：网络社团监管的方式创新 ……… 128
　第三节　从实体登记到虚拟备案：网络社团监管的模式创新 ……… 129
　第四节　从单一监管到互动合作：网络社团监管的主体创新 ……… 133

第五节　从缘木求鱼到追本溯源：网络社团监管的手段创新…………… 134
结论 …………………………………………………………………………… 137
参考文献 ……………………………………………………………………… 140

附录
20世纪早期中国有关社团的法律……………………………………… 162
中华人民共和国成立之后的有关结社的法律、法规………………… 167
德国、日本有关结社的法律法规……………………………………… 203
国际组织关于结社的公约……………………………………………… 220

引 言

改革开放三十余年来，我国经济和社会经历了前所未有的重大变革，以市场为导向的经济发展和改革思路充分激发了全社会的活力，极大地促进了我国经济的发展，极大地提高了人民群众的生活水平。随着经济的发展，人民群众精神文化生活需求逐步成为大家关注的重点和热点。自发组织或参与具有公益性、互益性或利他性的社会组织和团体也已逐步成为人们生活的重要组成部分，乃至成为生活中必备的精神需求，一定程度上提升了人们参与公共事务的意识和能力。由于参与渠道的不足、不顺畅和参与机制的不完善，人们对于公共事务的参与愿望和需求之间的矛盾也日益凸显。

随着互联网的发展，公众接触联系外部世界更加便利，特别是移动互联网及互联网交互技术的发展，使公众能极其便利地连接外部世界。互联网，尤其是移动互联网技术，既可以使脱离熟人社会的群体"重返"熟人社会，也为人们提供了在陌生人群体中迅速建立新的社群的机会。

依托互联网平台逐步形成的"肝胆相照""绿色北京""多背一公斤"，以及东方网"玫瑰俱乐部""保钓论坛""天涯社区"等一系列网络虚拟社群、朋友圈、社区提供了公众参与公共事务的平台，并给人们的精神生活带来满足，为日常生活带来诸多便利。这些网络社群自身也朝着专业化、组织化的方向发展，或成长为消费社区，或变为娱乐平台，或发展成为组织化程度更高的网络社团。

网络社团发展迅猛，数量庞大，但缺乏相应的引导、规范、监管，部分网络社团出现损害国家、社会或他人合法权益的行为。如何更好地发挥网络社团的正面效应，减少网络社团违规违法甚至犯罪的现象，引导网络社团朝着更加规范、健康的方向发展显得尤为重要。

中共十八届四中全会审议通过了《中共中央关于全面推进依法治国若干重大问题的决定》，这一法案为法治中国的建设描绘了新的蓝图。习近平总书记多次提到："国无常强，无常弱。奉法者强则国强，奉法者弱则国弱"，"唯有依靠法治，才能凝聚中国共识和力量，弘扬中国精神，共建法治之中国，复兴中华之文明"。从全会发布的公报来看，十八届四中全会对推进依法治国的战略部署着眼于"全面"二字。全面推进依法治国涵盖了党、国家、社会生活以及军队建设的各个领域，实现了法治的全覆盖。毫无疑问，互联网不能成为法外之地，包括网络社团在内的所谓虚拟社会自然不能也不应该成为法治建设的盲区。

然而，社会团体存在的先天性制度供给不足，导致其在现实社会中面临多重困境。

网络社团延续了这种局面,并且在互联网自身特点的催化之下,遇到了更为严峻的非制度化生存环境,由此衍生出多种乱象,给虚拟网络社会乃至现实社会的稳定与和谐带来了负面影响。因此如何有效监管网络社团成为理论界和实务界面临的急迫问题。颇为遗憾的是,理论界和实务界对网络社团的相关研究不容乐观,从法治创新的角度探寻妥当监管网络社团的相关研究,也有待加强。鉴于此,以当下中国网络社团发展的实际现状的调研为基础,通过规范和实证的研究,探寻既符合国际惯例又切合中国实际的,具有针对性、前瞻性、系统性和可操作性的法律监管对策,对民政部门和有关部门依法监管网络社团、网络社团健康有序发展,以及社会组织立法等工作的加强和完善,无疑具有重要的理论意义和重大的实践价值。

第一章

网络社团的界定和法律属性

第一节 网络社团的界定

"天涯社区"、"保钓论坛"、东方网"玫瑰俱乐部"等网络虚拟社群现象吸引了包括人民日报在内的媒体的关注。媒体普遍认为通过 BBS 论坛、QQ 聊天群、车友网、交友网、电玩网、体育爱好网、旅游爱好网、聊天网等各种互联网平台形成的网络社群称为"网络社团"。[①] 对于何谓网络社团、网络社团的内涵和外延是什么等问题,目前理论界和实务界尚无一致认识,对网络社团的性质、功能及如何对网络社团进行系统、有效的监管等问题也缺乏深入的研究。而对网络社团现象、网络社团的界定,实务界和理论界都进行了一定程度的探讨和研究,提出了各种观点。

一、实务界观点

民政部民间组织管理局政策法规处认为,媒体把在网上通过 BBS 论坛、QQ 聊天群等途径产生、形成的人群聚集称为"网络社团"的提法不够准确。这些提法:(1)没有科学地区分互联网活动中的个人行为和组织行为,没有反映互联网中的人群聚集与现实活动中的民间组织的差别,存在把网络活动泛组织化的倾向;(2)其内涵和外延不清晰,容易让公众和政府部门误解,相关管理工作也无从着手。[②] 其进而指出要分析"网络社团",首要的问题是理清网络行为的形态、种类和特点,及什么样的网络行为具备或者基本具备民间组织的特征,需要登记管理机关进行规范和管理。

监管部门的观点认为,按照社会学定义,社会组织是人们为实现特定目标而建立的共同活动的群体。社会组织的主要特征有:(1)特定的组织目标。组织目标一般是明确的、具体的,表明某一组织的性质和功能,人们围绕某一特定的目标才形成从事共同活动的社会组织。(2)一定数量的固定成员。社会组织是由至少两个人或两个以上的人组成的系统。组织成员是相对固定的,成员明确地意识到自己属于某一组织。进

[①] 谢卫群:《网络社团,虚拟照进现实(关注网络社团)》,载《人民日报》2007 年 3 月 27 日第 10 版。

[②] 余永龙、廖明:《关于"网络社团"的探讨及建议》,载《社团管理研究》2007 第 3 期。

入或退出一个组织必须按照一定的程序进行,特别是组织成员资格的取得一般都要经过组织的考核与审查。(3)制度化的组织结构。为了实现特定目标并提高活动效益,一般都具有根据功能和分工而制度化的职位分层与部门分工结构。(4)普遍化的活动规范。它一般是以章程的形式体现,并作为组织成员及行为活动的依据。组织的行为规范是每个成员必须遵守的,它通过辅助的奖惩制度制约组织成员的活动,以维护组织活动的统一性。① 进而指出根据组织化程度高低可将网络行为分为Ⅰ类网络行为、Ⅱ类网络行为、Ⅲ类网络行为及Ⅳ类网络行为。其中,网络活动组织化程度较高、现实活动组织化程度也较高的Ⅲ类网络行为中不涉及危害国家安全、社会稳定等违法犯罪的网络行为才属于网络社团。②

该观点结合社会组织的特征对网络社团的共性进行了概括和抽象,使人们对网络社团的内涵和外延有了更深刻的认识。然而,该观点仅根据网络行为与社会组织特征的对比分析,进而抽象出网络社团的定义并不合理。

首先,具备特定组织目标、一定数量固定成员、制度化的组织结构及普遍化的活动规范等社会组织特征的网络行为未必属于网络社团。如微商等依托微信平台所形成的网络购物形式也具备特定的组织目标(建立购销关系)、一定数量的固定成员(注册会员)、制度化的组织结构(逐层购销与管理关系)及普遍化的活动规范(平台为购销双方建立的活动规范)等社会组织所具备的各项特征,同时也是网络组织程度和现实组织程度都较高的社群组织。然而,将微商纳入网络社团的范畴显然并不利于网络社团的界定和监管,依托微信平台所建立的网络群体并不都属于人们所津津乐道的网络社团。

其次,以传统社会组织的特征对比分析界定依托互联网形成的新型网络社团显然并不合理。传统社会组织的各项特征是在分析传统社会组织形态基础上抽象出来的传统社会组织的共性,对有效厘清传统社会组织的外延有重大的参考价值。然而,新型网络社团作为依托互联网形成虚拟网络社群,无论是在形成方式、组织形式还是活动方式等方面都必然有别于以熟人社会为基础的传统社会组织,而是以互联网平台为基础,依托特定的组织方式形成的以网民为主体的虚拟网络社群。

最后,监管部门的观点将网络社团限定于网络组织程度和现实组织程度都较高的Ⅲ类网络行为,显然有利于监管部门强化对Ⅲ类网络行为的监管,但该界定方式也有其明显的缺陷与不足:第一,社会组织的组织化程度存在由低向高过渡的渐变过程,社

---

① 余永龙、廖明:《关于"网络社团"的探讨及建议》,载《社团管理研究》2007第3期。

② 来自监管部门的观点认为,以社会组织的四个特征来判断网络行为在网络中或现实中活动的组织化程度。网络活动或现实活动符合社会组织的四个基本特征且程度高的,即为组织化程度高,反之就认为其组织化程度低。以现实活动组织化程度(X)、网络活动组织化程度(Y)为尺度,可将网络行为划分为四类:一是网络活动和现实活动组织化程度都较低,为Ⅰ类网络行为;二是网络活动组织化程度较高,但现实活动组织化程度较低,为Ⅱ类网络行为;三是网络活动和现实活动组织化程度都较高,为Ⅲ类网络行为;四是网络活动组织化程度较低,但现实活动组织化程度较高,为Ⅳ类网络行为。参见余永龙、廖明:《关于"网络社团"的探讨及建议》,载《社团管理研究》2007第3期。

会组织的初创期组织化程度相对较低,只有发展到一定阶段后才逐渐成为组织化程度相对较高的成熟社会组织。第二,社会组织组织化程度的高低在较大程度上取决于组织成员的业务熟练度、组织结构的完善程度及运行机制的合理性,受社会组织成员变动、组织结构调整及外部环境变化等因素影响,社会组织的组织化程度在不同时期也将有所不同。第三,监管部门将Ⅲ类网络行为以外的网络行为排除于网络社团之外,有利于实务部门加强对Ⅲ类网络行为的研究和认识,强化对相应网络行为的监管。然而不足之处在于,从网络社团的形成和运行方式来看,网络社团作为依托互联网形成的虚拟网络社群,是否与现实社会组织有必然联系仍值得商榷。将网络社团定性为现实组织程度较高的社会组织,即意味着在监管部门看来,将网络社团纳入《社会团体登记管理条例》,并按传统社会团体进行登记和管理应属题中应有之义。[①]

总而言之,监管部门以社会学中社会组织的特征为基础,分析界定网络社团的内涵和外延能在一定程度上引导实务界强化对网络社团的研究和监管,实现对网络社团这一虚拟网络社群的进一步规范。然而缺陷与不足之处在于,监管部门以传统社会组织为基础分析界定新型网络社团,将网络社团界定为网络组织化和现实组织化程度都较高的社会组织,无疑忽视网络社团这一特定虚拟网络社群大量存在的事实,对依托互联网形成的新型网络社团的创新监管并无裨益。

二、理论界观点

理论界对于以"网络社团"为概念统称这类特殊虚拟社会群体的提法有不同看法,理论界还建议可用"网上社团""网络虚拟社团""虚拟社会组织"等概念来作为其统称。同时,基于对网络社团外延的不同认识,理论界对网络社团的界定也存在一定的分歧,可分为广义说和狭义说两种类型。

(一)广义说

广义说大致可分为以下三种类型:

1. 有共同的爱好或意愿而形成的虚拟网络群体可称为网络社团。如有学者提出,所谓"网上社团"是指具有相似兴趣爱好或者目的的网民在互联网上组建的社会团体,网上社团一般具有明确的宗旨,主要依托于互联网,定期或不定期地在网上举行交流、筹款、管理等活动。[②] 该类观点的核心包含以下几个方面:第一,从主观方面看,网络社团成员之间须有共同的爱好或目的且活动宗旨明确,即只有在网络社团成员之间存有某种共同的爱好或目的并有共同的活动宗旨的情况下,由网民聚集形成的虚拟网络团体才能纳入网络社团的范畴。第二,网络社团的形成须借助互联网平台,以互联网

---

① 如《关于"网络社团"的探讨及建议》一文中,作者最后指出:建议在《社会团体登记管理条例》《民办非企业单位登记管理条例》《〈基金会管理条例〉实施办法》等文件中增加一条或者民政部颁发文件规定民间组织开展互联网信息服务,须向通信主管部门备案,在网站上传法人登记证书,网站信息服务不得超出章程规定的业务范围。

② 李磊、王名等:《网上社团及其管理:NGO新领域探讨》,载《南京社会科学》2002年第1期。

为媒介形成的虚拟网络群体才能称为网络社团。第三,网络社团须具有一定的稳定性,能定期或不定期在互联网上组织交流、筹款及管理等活动,活动内容并无明确的限定或约束。

　　该说揭示了网络社团的某些特质,却容易使人片面理解网络社团。首先,互联网平台是虚拟网络主体活动的唯一平台,脱离互联网平台任何网络行为都将无从谈起。因此,以互联网为媒介是网络社团的必要条件,但非网络社团本身的特质,并非依托互联网形成的虚拟网络群体都可以称为网络社团;其次,具备共同的目的、爱好或者宗旨是属于法人、其他组织等群体性组织所共有的特质,凡以群体方式存在的主体某种程度上都具备共同的目的、爱好或宗旨,唯其如此才能称之为组织,但并非所有的组织都隶属于社团组织的范畴,如企业法人、机关法人等;最后,是否具备一定稳定性且定期或不定期组织活动、筹款或管理的虚拟网络群体都可称为网络社团,仍值得商榷。如企业法人为特定弱势群体或为特定目的通过自身互联网官方网站、邮箱或企业 QQ 群向特定成员发布筹款信息的方式,虽符合上述诸条件,却难谓之为网络社团。

　　2. 为分享共同利益形成的虚拟网络集合体可称为网络社团。如有学者认为,网络虚拟社团就是网络空间中的个体为了分享共同利益而通过一定的信息手段,如网络聊天室、在线论坛、公告栏和电子邮件,经常进行联系而形成的相对稳定的集合体。[①] 该说认为,所谓"网络社团",应具备以下条件:第一,网络社团的主体须是网络空间中的个体,以此区别于现实社会生活中的个体。第二,从主观方面看,组成网络社团的个体须为了分享共同的利益而聚集成集合体,非为了共同的利益聚集而成的集合体不属于网络社团的范畴。第三,网络社团的呈现方式可以是多种多样的,网络聊天室、在线论坛、公告栏和电子邮件等基于共同利益形成的网络活动方式都可称为网络社团。

　　认为为分享共同利益形成的网络集合体都可称为网络社团的观点存在以下几个方面的缺陷与不足:首先,无论是网络社团主体还是其他网络行为,都必然是以虚拟网络主体的形式存在于网络空间,无论该虚拟网络主体是否与现实生活主体为一一对应的关系。其次,该观点认为,虚拟网络中的个体为了分享共同的利益聚集而成的集合体是称其为网络社团的最重要的条件,然细思之后,也不难发现其中错误:一是网络社团组建的目的并非都是基于分享利益,也可能是出于发掘兴趣、寻找共同爱好或出于维护公共利益、国家利益等,这些都可能是形成网络社团的动因及活动宗旨;二是与现实社会组织所不同的是,网络社团活动的方式多依赖于语言上的交流和互动,虽然其在某种程度上可以带来线上、线下利益往来,但显然不应将其纳入共同利益分享的范畴。最后,观点将网络聊天室、在线论坛、公告栏及电子邮箱等视为网络社团的表现形式泛化了网络社团的内涵和外延,使所有网络行为都被不自觉地纳入网络社团的范畴。

　　3. 为了共同的目的在互联网中形成的相对稳定的社会集合体可称为网络社团。

---

① See Yung Chengshen, Chun Yaohuang, Chia Hsien Chu, and Hui Chunliao, Virtual Community Loyalty: An Interpersonal-Interaction Perspective, *International Journal of Electronic Commerce*, 2010, 15(1):49-73.

还有学者认为,网络社团是指基于共同兴趣、共同信仰或者共同利益,以网络为媒介联系或者组织起来的,具有相对稳定的成员或者会员、相对固定的活动方式,在网络中所形成的社会集合体。并以此概念界定为基础,将网络社团分类为以下几种组织形态:(1)在网络论坛基础上形成的虚拟社区;(2)一些网站中的专题论坛和网上俱乐部;(3)利用网络发起的志愿服务组织和公益性活动组织。[①] 依该观点,网络社团应具备以下条件:第一,组成网络社团的主体须具有共同兴趣、共同信仰或者共同利益;第二,网络社团须依托网络为组织活动或互相联系的媒介和平台;第三,网络社团成员须相对稳定,必要时须具备会员的资质;第四,网络社团须具有相对固定的活动方式。

相较于前两种观点,该观点重点强调网络社团的活动方式应相对固定。该观点的不足之处在于:首先,与前述两种观点的缺陷类似,网络社团的形成在某种程度上是为了互益或公益目的,但网络社团成员之间是否存在共同利益难以一概而论。其次,依托互联网发起的虚拟网络组织未必隶属于网络社团的范畴,理由不再赘述。最后,以网络社团形式存在的虚拟网络群体活动方式是否必然相对固定仍值得商榷。众所周知,网络社团作为网络行为的一种表现形式,活动方式灵活多变,且互联网领域的规范相对不足,对何以视为固定或相对固定的活动方式,难以形成确切的判断标准。

(二)狭义说

广义说在某种程度上泛化了网络社团的内涵和外延,难以实现有效规范网络社团的目的。据此,有学者对网络社团的存在形态做了进一步的分析和界定,并据此提出对网络社团进行相对狭义界定的观点。持狭义说的学者认为,所谓的"网络社团"是指"拥有共同兴趣爱好、强烈政治权利诉求和目标追求,有相对稳定的成员且具备一定的政治责任感与使命感,按照特定的政治利益与政治价值观集合在一起,突破了时空的限制和血缘、业缘等现实社会关系束缚的网络虚拟组织"。[②]

根据该观点,网络社团的形成须满足以下条件:第一,形成网络社团的社团成员须有共同的兴趣爱好,唯其如此所聚集形成的虚拟网络群体才能被称为网络社团;第二,网络社团的成员须具有一定的政治责任感和使命感,为表达强烈的政治权利诉求和目标追求而聚合在一起形成的网络虚拟团体。即网络社团的形成本质上是基于某种政治诉求或政治目的,离开特定的政治利益和政治诉求,网络社团便也不复存在;第三,网络社团属于依托互联网平台,突破时空限制和血缘、业缘等现实社会关系的网络虚拟主体聚合形成的虚拟网络团体。

相较于广义说,狭义说将网络社团限定于政治领域,在一定程度上缩小了网络社团的外延,使网络社团本质上有别于一般的网络行为,形式上有利于强化对网络社团的规范。然而,其缺陷与不足也是显而易见的。首先,网络社团的成员聚集而形成虚

---

① 熊光清:《中国网络社团兴起的影响:国家与社会关系的视角》,载《南京社会科学》2009年第11期。

② 龙太江、周光俊:《网络政治社团兴起对中国政治发展的影响及对策》,载《湖南师范大学社会科学学报》2013年第6期。

拟网络社群的目的不都在于表达政治诉求,或是达到特定的政治目的。网络社团成员的兴趣、爱好往往较为多样,网络社团成员基于共同或相似的兴趣爱好聚集形成的虚拟网络社群在理论上都属于网络社团应有的范畴,如基于对奇闻逸事的共同兴趣爱好聚集形成的"天涯社区"便属于其中的典型。其次,网络社团的活动目的或活动宗旨也不都在于达到某种政治目的或政治诉求。由于网络社团成员聚集的目的不同,所形成的网络虚拟群体的活动目的或活动宗旨自然有所差别,如车友网、交友网、电玩网、体育爱好网、旅游爱好网等虚拟网络群体的形成目的主要在于交友、交流经验、发掘兴趣爱好等。

三、本书观点

通过上述分析不难发现,无论是广义说还是狭义说,关于网络社团的界定各有侧重,但都存在一定的缺陷与不足。网络社团最为宽松的界定方式是将分享利益的信息手段一律称作网络社团,但这难免会扩大网络社团的范畴,存在使网络社团概念泛化的嫌疑,淡化对网络社团进行分析、界定和研究的意义,如将团购、微商、电邮往来等都视为网络社团的表现形式。反之,要求网络社团须满足的网络活动和现实活动组织化程度都较高,或应具备特定的政治目标,或应表达特定的政治诉求的种种网络社团界定方式太过严苛,无法全面涵盖网络社团的应有范围,同样不利于实现对网络社团的规范和有效监管,使部分本应纳入网络社团监管的网络行为陷入无法可依的窘境,并且相应的网络社团成员的合法权益也无法得到全面有效的保护。

网络社团是现实社会主体依托互联网平台,为实现特定目的、意愿,以虚拟网络身份或实名身份自发组建形成的民间自治组织。一般而言,网络社团应具有一些共同的特征。

(一)自发性

网络社团是由现实社会生活中的志愿相投者,借助互联网平台自发组建形成的群体。只有在网络社团成员基于特定的目的、意愿或兴趣爱好,自发组织或参加而形成网络主体群聚效应时,网络社团才具备产生、形成和长久存续的基础,否则网络社团便如无根之木、无源之水,难以长久存续。一般而言,网络社团的自发性体现在以下几个方面:第一,初始网络社团成员基于特定的意愿自发发起与筹建网络社团。这是网络社团形成的基础,唯有初始网络社团成员发起网络社团,明确网络社团筹建意愿,并自发发起筹建网络社团的倡议时,网络社团才得以成立。第二,网络社团成型后,其他网络主体的自发加入是网络社团得以长久存续和壮大的必备条件。唯其如此,网络社团才能与其他网络行为有所区分,并独立发展成为具有区域或国际影响力的虚拟网络组织。反之,网络社团便缺乏长久存续和发展壮大的条件。第三,网络社团形成后,网络社团的活动宗旨、目的、方式等具有一定的自发性,即网络社团本身的存续或活动方式不是一个被动的过程,而是由网络社团自发发起和确立的。第四,网络社团成员退出网络社团的机制由网络社团自发决定,一般不受外界的控制或干扰。

(二)组织性

网络社团形成后,须按社团成立的目的开展有组织的社团活动。网络社团的组织性体现在以下几个方面:第一,网络社团成立后,网络社团内部管理框架将逐渐明确,形成诸如"群主""版主""管理员"等一系列角色,负责对网络社团的日常运作进行管理,确保网络社团内部运作规范及活动有序开展,否则网络社团不可能长久有序开展活动。第二,网络社团须有内部的组织和管理规范,作为网络社团管理人员日常管理以及网络社团成员日常活动的行为规范。管理规范的表现形式可以为群规、章程、备忘录、声明等。若无相关规范,则网络社团的运作和管理将缺乏相应的依据。第三,网络社团的活动应有一定的组织性。如上所述,网络社团形成的动因在于各网络社团成员具有的特定目的或意愿,因而网络社团存续、运行的方式往往不会严重背离所属网络社团成员的多数意愿,具有一定的内在组织性。

(三)自治性

事实上,自治性、辅助性的思想是经济自由主义的基础。① 网络社团有别于普通网络行为的另一重要特征在于网络社团的自治性。这也即意味着网络社团作为现实社会主体通过网络主体身份,依托互联网平台组建民间虚拟网络自治组织,实行内部自治应是其管理和运行的关键。这就要求:第一,从网络社团成员角度,网络社团成员有实现网络社团内部自治的意愿和能力,认可通过网络社团内部自治作为维系网络社团存续和发展的方式。第二,网络社团内部能够形成对所有网络社团成员均行之有效的组织管理规范,对遵守、违反网络社团日常管理和活动规范的行为赏罚分明。第三,网络社团日常管理过程中,对违反社团管理规范的行为,管理人员能采取有效措施制裁违规行为,以确保网络社团自治规范得到切实有效的执行。第四,除法律法规另有规定外,网络社团的内部管理和规范主要取决于社团内部自发形成的制度规范,依法不受社团外主体的任意干涉。

自治性问题是我国推行社会组织民间化改革的主要内容。合理建构国家与社会组织的法律关系,需要将之置于行政法视野和行政法层面的权利义务架构下加以分析,解析其现存根本矛盾与基本问题,探讨自治性问题引发的行政权与公民权的冲突与对峙。社会组织的自治性问题,涉及社会组织的基本法律权益保障问题,是确保社会组织能否在规范的法律秩序下得以健康发展,政府主管部门能否合法、有效地引导和规制的根本问题。②

有一些学者对社会组织自治机制建构中一些根本性问题及其作用发挥时受到的局限给予客观的反思和关注,他们从不同角度提出我国社会组织自治管理欠缺治理文

---

① [德]罗尔夫·施托贝尔:《经济宪法与经济行政法》,谢立斌译,商务印书馆2008年版,第511页。
② 肖磊:《自治到合作:公共行政组织自治性问题研究》,载《政治与法律》2009年第10期。

化的积淀,民主治理机制基础薄弱,凸显精英治理而非法律契约治理,以及法治资源匮乏等问题。① 这些问题在网络社团中同样存在。

(四)民间性

网络社团作为现实社会主体以网络主体身份,依托互联网平台自发形成的民间自治组织,有别于在民政部门登记注册,借助互联网搭建的信息发布平台的社会组织,属于民间自治组织的范畴。网络社团的民间性主要体现在以下几个方面:第一,参与网络社团组织的成员往往不受政府机关的派遣,网络社团管理人员一般也不具备官方背景。第二,网络社团成员参与网络社团的目的也往往是非官方性的、非行政管理性质的,而以特定兴趣、爱好或意愿的实现是网络社团成员参与网络社团的真正目的。网络社团形成后,往往呈现向多样化方向发展的态势,甚至在某种程度上还具有一定的监督政府行政事务的特性。第三,网络社团活动经费来源主要为社团成员入会的会费、社会捐赠、日常经营所得等,社团经费来源并非直接依赖于政府财政预算支出,社团经费支出主要为社团日常活动支出,网络社团成员往往无法直接获益于网络社团的管理和运作。这些都彰显出网络社团的民间性,即通过互联网自发形成的网络社团并非政府部门的组成部分,也非政府部门的衍生组织,自然无法为政府部门所控制、主导。因此,网络社团相较于传统社会组织具有更强的民间性。

(五)互益性与公益性

网络社团的产生和存在还须具有明显的互益性和公益性,以有别于其他自益性的企业组织。这主要体现为以下几个方面:第一,与网络社团的非营利性相对应,网络社团并不以从社团形成的日常管理、运作中直接获益为目的,网络社团日常管理运作所得,并非直接用于社团成员内部分配。因此,网络社团本身并非自益性的社会组织。第二,网络社团成员所参与的网络社团活动并非与网络社团成员无任何关联的事项。网络社团成员参与网络社团活动往往出于获取某种知识、达成某种目的或表达某一特定意愿。因此,网络社团通过成员之间的互动可在某种程度上解决各网络社团成员的既有问题,实现网络社团成员的特定意愿,亦即网络社团具有一定的互益性。第三,与企业组织等自益性组织所不同的是,网络社团除具备互益性,还需同时具备明显的公益性特性。这一方面表现为网络社团形成及组织活动的主要目的应在于维护社会公共利益,另一方面则体现为网络社团活动的开放性特征,即网络社团活动在产生互益性的同时,也给予不特定的普通网民相应的利益。从社会公众角度来看,网络社团组织的活动明显具备一定的公益性。

有别于以营利为目的的自然人、法人或其他组织,网络社团作为社会现实主体在

---

① 郁建兴、江华:《商会发展中的问题与挑战——温州行业商会、协会调查》,载《中国改革》2006年第10期;郁建兴、徐越倩、江华:《温州商会的例外与不例外:中国公民社会的发展与挑战》,载《浙江大学学报(人文社会科学版)》2007年第6期;江华:《民间商会的失灵及其矫正——基于温州行业协会的实证研究》,载《经济体制改革》2008年第1期。

互联网形成的虚拟网络群体,大部分网络社团不以营利为目的,具有非营利性特征。网络社团的非营利性主要体现为以下几个方面:第一,网络社团成员参与网络社团不以营利为目的,社团成员难以直接从网络社团组织获取经济利益,网络社团管理、运作所得并非主要用于内部分配。第二,网络社团组织开展活动不以营利为目的。因此,根据社会团体组织的生存发展理论,即使网络社团日常管理及活动经费筹集过程中存在营利行为,全部所得亦只能用于组织的发展,并不能用于社团组织成员的内部分配,这也是传统社会团体及网络社团等非营利性组织有别于企业等营利性组织的重要特性所在。第三,根据《社会团体登记管理条例》第4条的规定,社会团体不得从事营利性经营活动。但无论是传统社会团体还是网络社团,因管理运作模式、经费需求等各有差异,经费来源往往也各不相同:有的社会团体组织经费来源主要为政府资助、社会捐赠,有的社会团体组织的经费来源主要为组织成员的会费缴纳,还有的社会团体组织的活动经费部分或主要源自社团内部的管理和运作,如社会团体将吸纳的会费、社会捐赠款等收入以活期、定期方式存入银行等行为本身便已属于营利性活动。即网络社团的形成不以营利为目的并不意味着网络社团本身不得从事营利性活动。若网络社团的日常经营管理不以营利为目的,日常管理运作所得不直接分配给网络社团成员,则网络社团日常运作管理过程中的营利性活动并不影响网络社团的非营利性特性。

第二节　网络社团的法律属性

现有观点对网络社团认识上的分歧,与网络社团特殊的形成和存续形式有一定关联。与传统社团成员吸纳方式有别,网络社团成员加入网络社团的形式及参与网络社团活动的方式具有一定的隐蔽性,如对社团成员的登记造册(如注册会员或账号),因此现实社会主体与网络虚拟主体之间身份的对接也是一个不断完善的过程。

网络社团蓬勃发展的同时,网络社团的负面影响不断扩大,导致理论界和实务界对网络社团性质、功能、监管等方面认识的分歧逐步显现。理论界、实务界在网络社团的概念界定、合法性分析及影响等方面进行了不同程度的分析和研究,但对网络社团的法律属性问题欠缺更深层次的研究,对网络社团也难以提出行之有效的监管措施和手段。对网络社团的法律属性的分析可从以下两个方面展开。

一、网络社团的法律主体属性分析

杜兹纳指出:"没有法律主体这个重要的概念,权利就不能存在,法律主体是个高度抽象的定义,法律主体的骨髓附着些许义务之肉和无色的权利之血。"[①]社会组织具有独立完整的法律主体概念,最终奠定了自治权本体基础,从而也使客观上法律的权

---

① [英]科斯塔斯·杜兹纳:《人权的终结》,郭春发译,江苏人民出版社2002年版,第255页。

利义务规定能够转换为实际的自治行为。没有社会组织的法律主体的存在,权利就失去了基本的凭借,当然也就失去了其存在的意义。① 欲分析网络社团的法律主体属性,须先明了网络社团形成及其基础与相互之间的关系。一般而言,网络社团的形成一般涉及以下群体或个人:网络服务提供者、现实社会主体、虚拟网络主体、网络社团、网络社团管理人员及网络社团参与人员。

网络服务提供者作为互联网平台提供者和营运者,为网络社团的形成和存续的基础,无网络服务提供者则无网络社团。现实社会主体为网络社团的产生和运作提供了必要的条件,缺乏现实社会主体借助互联网获取和传播信息的行为,网络社团也难以被称为网络社团。虚拟网络主体作为连接现实社会与虚拟社会的媒介,一定程度上受限于现实社会主体,虚拟网络主体的行为通常表现为现实社会主体的意志,但这并不能否定虚拟网络主体应有的地位和作用,虚拟网络主体的缺位也将意味着网络虚拟社会与现实社会的完全隔绝。网络社团的自治性和组织性意味着虚拟网络主体聚集形成的虚拟网络群体须有别于其他虚拟网络主体的聚集形式,网络社团的日常管理和运作的有序开展,必然有赖于社团内部管理规范的健全、社团管理人员的有效组织和管理及社团成员的自觉参与和遵守。

网络服务提供者、现实社会主体、虚拟网络主体、网络社团管理人员及网络社团参与人员的有效结合,共同造就了网络社团这一特殊的虚拟网络群体,并各自体现不同的角色和功能。然而,对于其间各自应承担的法律职责尚无明确法律规定,有待相关立法进一步明确。

2010年7月1日起施行的《中华人民共和国侵权责任法》第36条规定:"网络用户、网络服务提供者利用网络侵害他人民事权益的,应当承担侵权责任。网络用户利用网络服务实施侵权行为的,被侵权人有权通知网络服务提供者采取删除、屏蔽、断开链接等必要措施。网络服务提供者接到通知后未及时采取必要措施的,对损害的扩大部分与该网络用户承担连带责任。网络服务提供者知道网络用户利用其网络服务侵害他人民事权益,未采取必要措施的,与该网络用户承担连带责任。"此法案明确了网络用户、网络服务提供者之间的法律责任分配方式。

同时,2013年1月1日起实施的《最高人民法院关于审理信息网络传播权民事纠纷案件适用法律若干问题的规定》亦对网络服务提供者的法律责任进行了更加细致明确的规定。该规定第4条明确:"有证据证明网络服务提供者与他人以分工合作等方式共同提供作品、表演、录音录像制品,构成共同侵权行为的,人民法院应当判令其承担连带责任。"这进一步明确了网络服务提供者的责任。

尽管如此,《中华人民共和国侵权责任法》《最高人民法院关于审理信息网络传播权民事纠纷案件使用法律若干问题的规定》对何谓网络用户、网络服务提供者并无明确的规定,因而相关规范有进一步明确的必要,有学者甚至认为"网络服务提供者"是

---

① 肖磊:《自治到合作:公共行政组织自治性问题研究——以温州民间商会为考察视角》,载《政治与法律》2009年第10期。

对提供各种网络服务的主体的统称,其内涵过于宽泛不适宜用于法律条文。① 2016年7月中共中央办公厅、国务院办公厅联合印发的《国家信息化发展战略纲要》第48条也指出,"应以网络立法为重点,加快建立以促进信息化发展和强化网络安全管理为目标,涵盖网络基础设施、网络服务提供者、网络用户、网络信息等对象的法律、行政法规框架,完善司法解释,推动现有法律延伸适用到网络空间,以进一步建立健全信息化法律框架"。

现行法律规范在网络服务提供者、网络用户等方面规范的缺失,难以形成对网络服务提供者、网络用户行为的有效规范,以及对相关主体权益的有效保护,同时,也使网络社团等新型网络主体属性难以界定。对于网络主体的法律属性,笔者认为,应从以下几个方面展开。

(一)网络社团的合法性分析

网络社团的合法性涉及网络社团组织的合法性、组织目标的合法性及组织活动的合法性三个方面:

1. 网络社团组织的合法性分析

《中华人民共和国宪法》第35条规定:"中华人民共和国公民有言论、出版、集会、结社、游行、示威的自由。"《中华人民共和国立法法》第8条规定:"下列事项只能制定法律:……(五)对公民政治权利的剥夺、限制人身自由的强制措施和处罚。"根据《中华人民共和国宪法》《中华人民共和国立法法》的规定,非经法律限制或禁止,公民有依法结社的自由。网络社团即公民通过网络虚拟的主体,是依托互联网平台形式结社自由的重要表现形式。

《社会团体登记管理条例》第13条规定:"有下列情形之一的,登记管理机关不予批准登记:(一)有根据证明申请登记的社会团体的宗旨、业务范围不符合本条例第四条的规定的;(二)在同一行政区域内已有业务范围相同或者相似的社会团体,没有必要成立的;(三)发起人、拟任负责人正在或者曾经受到剥夺政治权利的刑事处罚,或者不具有完全民事行为能力的;(四)在申请筹备时弄虚作假的;(五)有法律、行政法规禁止的其他情形的。"这意味着网络社团若无明显违反《社会团体登记管理条例》第13条规定的情形,登记机关应予以批准筹备。

然而,《社会团体登记管理条例》第3条规定:"成立社会团体,应当经其业务主管单位审查同意,并依照本条例的规定进行登记。"监管机关对社会团体实行业务主管单位和登记单位双重管理机制,形式上有利于加强对社会团体的监督与管理。但双重管理机制的设立也使网络社团等特殊社会团体常游离于监管范围之外。且根据《社会团体登记管理条例》第10条的规定,成立社会团体,应当具备下列条件:"(一)有50个以上的个人会员或者30个以上的单位会员,个人会员、单位会员混合组成的,会员总数不得少于50个;(二)有规范的名称和相应的组织机构;(三)有固定的住所;(四)有与

---

① 兰晓为:《网络著作权侵权主体——"网络服务提供者"之解读》,载《大连海事大学学报(社会科学版)》2009年8月第8卷第4期。

其业务活动相适应的专职工作人员;(五)有合法的资产和经费来源,全国性的社会团体有 10 万元以上活动资金,地方性的社会团体和跨行政区域的社会团体有 3 万元以上活动资金;(六)有独立承担民事责任的能力。"这无形之中将网络社团排除于社会团体登记管理范畴之外。对此,民政部民间组织管理局副局长李勇也曾公开表示:"网络组织有虚拟性,与传统社团差别大,依据《社会团体登记管理条例》,目前我国的社会团体不包括网络组织。"①并指出,即便很多网络社团也都在寻求获得批准,取得合法地位,但是由于其虚拟性,按照现有的立法,这些组织根本不可能获得登记。②

由此可见,网络社团作为现实社会主体通过虚拟网络主体身份聚集形成的虚拟网络群体,是《中华人民共和国宪法》第 35 条所规定的结社权在虚拟网络空间的表现,其形成符合《中华人民共和国宪法》《中华人民共和国立法法》等相关法律的规定,也不属于《社会团体登记管理条例》第 13 条不予批准登记的范畴。但《社会团体登记管理条例》第 3 条所确立的双重管理机制及第 10 条所确立的严苛条件又使网络社团事实上难以获得组织的合法性确认,形式上违反《取缔非法民间组织暂行办法》的相关规定,造成网络社团组织的合法性困境。

2. 网络社团组织目标的合法性分析

如上分析,网络社团作为现实社会主体依托互联网平台,是一种为实现特定目的、意愿,自发组建形成的非营利性民间自治组织,具有自发性、民间性、组织性、自治性、互益性与公益性等方面的特征。这也意味网络社团活动的宗旨应具有一定的利他性,以促进社团成员互助和推进社会公益为基本目标。现实社会主体借助虚拟网络主体身份发起的,以开展非法活动为目的的虚拟网络组织虽然也具有一定的组织性,但因缺乏互益性和公益性的特征,并不属于网络社团的应有范畴。即只有具备组织目标并合法履行的虚拟网络组织才能被称为网络社团。

3. 网络社团组织活动的合法性分析

网络社团组织活动的合法性并不意味着唯有网络社团所从事的一切行为都符合法律法规才满足网络社团组织活动的合法性要求。事实上,现实社会主体借助互联网聚集形成的虚拟网络群体所组织的活动大致可以分为以下几类:第一,活动不违反民商事法律规范,也不违反刑法及行政管理相关规范。第二,活动违反民商事法律规范,但不违反刑法及行政管理相关规范。第三,活动违反民商事法律规范并违反刑法及行政管理相关法律规范。一般而言,违反民商事法律规范与否不影响主体的合法性,违反刑法及行政管理相关规范也并不必然导致行为主体的非法性。

就网络社团而言,如在上述活动组织过程中管理或行为不当,其将因此承担侵权、违约等行为后果,但这并不构成对网络社团主体合法性的挑战。唯其以从事非法活动为目的聚集形成的虚拟网络群体不得称为网络社团。

---

① 潘跃:《网络组织不是社会团体》,载《人民日报》2007 年 4 月 6 日。
② 时任民政部副局长李勇在"社会团体法律问题研讨会"上的发言。转引自潘跃:《网络组织不是社会团体》,载《人民日报》2007 年 4 月 6 日。

(二)网络社团被认定为法律主体的必要性分析

网络社团被认定为法律主体的必要性分析主要分为以下几个方面：

第一，网络社团有独立的财产，具备承担民事责任的基础条件。网络社团作为现实社会主体依托互联网平台聚集形成的虚拟网络群体，网络社团成员自觉缴纳的会费、公众捐赠的财产及网络社团管理运作过程中所获取的必要收益自然都应归入网络社团独立享有的财产范畴。事实上，网络社团作为社会团体的重要表现形式，依托互联网这一特殊媒介，使得社团成员来源广泛，在吸纳会费、获得社会捐赠等方面客观上已具备传统社会团体所不具有的先天优势，因此认可网络社团主体属性将更有利于社会团体获得经费、开展活动并承担责任。

第二，网络社团运作过程中存在侵犯他人权益的情形，需要对网络社团的行为进行规范。网络社团侵权的范围包括：

(1)网络社团活动过程中侵犯他人知识产权的情形。网络社团设立宗旨不同，社团成员结构、社团活动方式等方面都有较大差异。互益性为主的社团主要以社团内活动及社团成员之间的互助方式为主，兼具一定的公益性质；公益性为主的社团主要以宣导公益性活动为主并兼具社团成员互助的功能。然而，无论何种方式，网络社团一旦实施侵犯知识产权权利主体权益的情形，应依法承担相应的法律责任。如违反《中华人民共和国著作权法》相关规定，未经著作权人许可发表其作品，歪曲、篡改他人作品，剽窃他人作品等均应依法承担相应民事责任。

(2)网络社团活动过程中侵犯他人肖像权、名誉权等人身权益的情形。网络社团活动过程中不仅存在侵犯他人著作权等知识产权的情形，也存在侵犯他人肖像权、名誉权等人身权益的情形。

《中华人民共和国民法通则》第100条规定："公民享有肖像权，未经本人同意，不得以营利为目的使用公民的肖像。"《中华人民共和国侵权责任法》第2条规定："侵害民事权益，应当依照本法承担侵权责任。本法所称民事权益，包括生命权、健康权、姓名权、名誉权、荣誉权、肖像权、隐私权、婚姻自主权、监护权、所有权、用益物权、担保物权、著作权、专利权、商标专用权、发现权、股权、继承权等人身、财产权益。"也即非以营利为目的使用公民肖像的行为并不必然被认定为侵权行为。然而，若网络社团活动构成《中华人民共和国侵权责任法》第9条规定，即帮助他人实施侵权行为的，则应当与行为人承担连带责任。

《中华人民共和国民法通则》第101条规定："公民、法人享有名誉权，公民的人格尊严受法律保护，禁止用侮辱、诽谤等方式损害公民、法人的名誉。"若网络社团活动过程中存在侵犯公民、法人名誉权的情形，也应依侵权责任法相关规定承担相应民事法律责任。

第三，网络社团违反约定应依法承担相应的民事责任，依法予以规范。网络社团的民事违约行为主要分为以下几个方面：

(1)网络社团违反对网络社团成员承诺的违约行为。网络社团吸纳网络社团成员会费后，违反网络社团成员意愿，未按承诺要求将社团成员缴纳的会费用于特定公益活动,如将吸纳的会费用于定期存款、理财、投资等营利性活动,则网络社团构成对社团成员的违约,网络社团依法应对网络社团成员承担相应的违约责任。

(2)网络社团对其他民事主体的违约行为。网络社团作为现实社会主体借助网络主体身份聚集形成的虚拟网络群体,有互益性和公益性两个方面的特征。其中,互益性主要体现为社团成员内部利益共享,公益性则主要体现为网络社团活动能在某种程度上引起外部法律关系的变更。但无论是互益性为主的网络社团还是以公益性为主的网络社团,都可能因社团活动引发对其他民事主体的违约行为,具体可能体现为以下几个方面:一是以网络社团名义向第三人承诺发布特定信息的行为,无正当理由未履行承诺义务时,网络社团相关行为将涉嫌对第三人的违约行为,依法应承担相应的违约责任。二是网络社团依法接受社会公众的捐赠,并承诺将接收的捐赠资产用于特定公益目的,实际却将接收的资产用于定期存款、理财、信托计划或投资活动,未按承诺或未完全按承诺要求履行职责时,网络社团相关行为涉嫌对资产捐赠者的违约,依法应承担相应的违约责任。三是网络社团依法吸纳网络会员缴纳的会费,或接受社会公众的捐赠后,向其他主体承诺将接收的捐赠资产用于特定公益活动,却未依法履行捐赠义务,或履行义务不完全符合约定时,需依法向其他第三方主体承担相应违约责任。

第四,网络社团行为依法应有别于现实社会主体行为、网络服务提供者行为等其他法律行为,网络社团与现实社会主体、网络服务提供者应各自承担不同的法律责任。

(1)网络社团所实施的法律行为有别于网络服务提供者所实施的法律行为。除上述《中华人民共和国侵权责任法》《最高人民法院关于审理信息网络传播权民事纠纷案件使用法律若干问题的规定》有关网络服务提供者的相关规定外,《信息网络传播权保护条例》第15条、《最高人民法院关于审理涉及计算机网络著作权纠纷案件适用法律若干问题的解释》第3条亦涉及对网络服务提供者的相关规定。[①] 但"网络服务提供者"并非IT业固有专业称谓,[②]该术语除前述相关立法规定外,并无其他可明确界定网络服务提供者内涵和外延的依据。"网络服务提供者"由Internet Server Provider(ISP)直译过来,早期仅指提供技术接入服务、主机存放服务、服务器缓存服务等专业服务的经营者。[③] 因此,不难推断,实务界对网络服务提供者的范畴的界定应仍主要

[①] 《信息网络传播权保护条例》第15条规定:"网络服务提供者接到权利人的通知书后,应当立即删除涉嫌侵权的作品、表演、录音录像制品,或者断开与涉嫌侵权的作品、表演、录音录像制品的链接,并同时将通知书转送提供作品、表演、录音录像制品的服务对象;服务对象网络地址不明、无法转送的,应当将通知书的内容同时在信息网络上公告。"《最高人民法院关于审理涉及计算机网络著作权纠纷案件适用法律若干问题的解释》第3条规定:"网络服务提供者通过网络参与他人侵犯著作权行为,或者通过网络教唆、帮助他人实施侵犯著作权行为的,人民法院应当根据民法通则第一百三十条的规定,追究其与其他行为人或者直接实施侵权行为人的共同侵权责任。"并无其他的网络服务提供者内涵和外延进行界定的其他规范或条款。

[②] 兰晓为:《网络著作权侵权主体——"网络服务提供者"之解读》,载《大连海事大学学报(社会科学版)》2009年8月第8卷第4期。

[③] See Garner B. A., *Black's law dictionary*, 8th ed, Ea-gan, West Group, 2004.

限定于现实社会,与虚拟网络社会中的网络社团应有所区别,二主体在网络社团活动过程中虽互相配合,但功能有异,行为方式及所应承担的法律责任理应有所区别,不得混同。

(2)网络社团所实施的法律行为有别于现实社会主体所实施的法律行为。网络社团作为现实社会主体借助互联网聚集形成的虚拟网络群体,与现实社会主体也各有不同,并不能完全等同。具体体现为以下几个方面:第一,现实社会主体可以是现实社会中的自然人,也可以是自然人聚集形成的团体(含依自然人合意聚集形成的团队、自然人与团体合意聚集形成的团体及团体与团体合意聚集形成的团体),网络社团则必然以团体身份呈现,与现实社会主体中的自然人有别。第二,现实社会主体的自然人人格始于出生终于死亡,现实社会中的团体人格的获得和消灭有赖于特定程序和手续。与现实社会中的团体人格类似,虚拟网络社团作为特定条件下形成的特殊社会团体,其形成、存续也须满足特定的条件和程序。因此,网络社团与现实社会主体并不完全等同。第三,网络社团作为现实社会主体借助互联网聚集形成的虚拟网络群体,本质上属于团体性组织,其行为和意志都有别于聚集形成该组织的个体。现实社会主体借助虚拟网络身份参与该虚拟网络组织及活动,但并不能单方面决定组织主体的意志和行为。第四,虚拟网络社团的重要活动方式为信息传递,信息传递的源头与现实社会主体不可分割,信息传递后也可能影响现实社会主体的意志和行为。

可见,现实社会主体与虚拟网络社团相互之间互为因果、互相影响,现实社会主体是社会存在和运作的基础,网络社团则是现实社会主体借助虚拟网络环境催生的特殊社会存在形式,其与现实社会主体共同构成社会有机体,成为社会整体运作过程中必不可少的重要有机组成部分。

二、社会团体和网络社团的法律主体定位

(一)社会团体的法律主体定位

《社会团体登记管理条例》第3条规定,社会团体应该具备法人条件。同时该条例第10条规定:"成立社会团体,应当具备下列条件:(一)有50个以上的个人会员或者30个以上的单位会员,个人会员、单位会员混合组成的,会员总数不得少于50个;(二)有规范的名称和相应的组织机构;(三)有固定的住所;(四)有与其业务活动相适应的专职工作人员;(五)有合法的资产和经费来源,全国性的社会团体有10万元以上活动资金,地方性的社会团体和跨行政区域的社会团体有3万元以上活动资金;(六)有独立承担民事责任的能力。"然而,条例并未明确社会团体是否属于法人规范范畴,对社会团体的规范是否完全参照法人相关规定未加以明确。

第一,《中华人民共和国民法通则》第36条规定,法人是具有民事权利能力和民事行为能力,依法独立享有民事权利和承担民事义务的组织。第37条规定:"法人应当具备下列条件:(一)依法成立;(二)有必要的财产或者经费;(三)有自己的名称、组织机构和场所;(四)能够独立承担民事责任。"《中华人民共和国民法通则》对法人成立应具备的条件进行了明确的规定。

然而,通过对比《社会团体登记管理条例》有关社会团体设立的条件与《中华人民共和国民法通则》有关法人成立的条件,不难发现,《社会团体登记管理条例》第10条对社会团体成立条件的规范明显严于《中华人民共和国民法通则》第37条有关法人规范的条件。具备法人成立条件的社会组织还需继续满足以下条件方可称其为社会组织:(1)有50个以上的个人会员或者30个以上的单位会员,个人会员、单位会员混合组成的,会员总数不得少于50个。(2)有与其业务活动相适应的专职工作人员。(3)全国性的社会团体有10万元以上活动资金,地方性的社会团体和跨行政区域的社会团体有3万元以上活动资金。缺乏该三点条件的组织虽具备法人成立的条件,但无法满足社会团体成立的条件。因此,不难推断,在《社会团体登记管理条例》第10条对社会团体成立条件明确规范的情形下,该条例第3条规定社会团体应该具备法人条件的规定略显多余,并不能因此直接推断社会团体属于法人规范的范畴。

第二,《社会团体登记管理条例》第3条规定:"成立社会团体,应当经其业务主管单位审查同意,并依照本条例的规定进行登记。下列团体不属于本条例规定登记的范围:(一)参加中国人民政治协商会议的人民团体;(二)由国务院机构编制管理机关核定,并经国务院批准免于登记的团体;(三)机关、团体、企业事业单位内部经本单位批准成立、在本单位内部活动的团体。"依该条例规定,业务主管单位审查同意是社会团体成立的前置条件,社会团体的成立,应当经其业务主管单位审查同意,未经业务主管单位审查同意的社会组织不能以社会团体名义开展活动。同时结合该条例第11条[①]的规定,未经业务主管单位审查通过的社会组织,也不能向登记主管机关提出社会团体登记申请。

同时,该条例第12条规定:"登记管理机关应当自收到本条例第十一条所列全部有效文件之日起60日内,作出准予或者不予登记的决定。准予登记的,发给《社会团体法人登记证书》;不予登记的,应当向发起人说明理由。"第15条规定:"依照法律规定,自批准成立之日起即具有法人资格的社会团体,应当自批准成立之日起60日内向登记管理机关提交批准文件,申领《社会团体法人登记证书》。登记管理机关自收到文件之日起30日内发给《社会团体法人登记证书》。"

从上述规定可以看出,社会团体被纳入社会团体法人资格的方式有两种:一是自批准时获得,另一种是自登记管理机关发给《社会团体法人登记证书》时获得。然而,对于满足社会团体成立条件,却未履行社会团体法人审批、登记手续的社会组织是否也属于社会团体的范畴,及对于何种情形下的社会组织可称为社会团体等并无明确规定,以致通常误认为登记管理机关发给《社会团体法人登记证书》属社会团体成立的标志。

事实上,根据《中华人民共和国民法通则》第50条的规定,具备法人条件的事业单位、社会团体,依法不需要办理法人登记的,从成立之日起,具有法人资格;依法需要办

[①] 《社会团体登记管理条例》第11条规定:"申请登记社会团体,发起人应当向登记管理机关提交下列文件:(一)登记申请书;(二)业务主管单位的批准文件;(三)验资报告、场所使用权证明;(四)发起人和拟任负责人的基本情况、身份证明;(五)章程草案。"

理法人登记的,经核准登记,取得法人资格。从该规范可以得出以下结论:(1)依法具备法人条件的事业单位、社会团体,依法不需要登记的,自成立之日起即具有法人资格;(2)具备法人条件的事业单位、社会团体,依法需要办理法人登记的,经核准登记取得法人资格;(3)对于不具备法人条件的事业单位、社会团体,但具备其他法律主体资格的,依法也可以获得其他法律主体资格。即《中华人民共和国民法通则》第15条并未禁止社会团体成为法人主体之外的其他法律主体,这与《社会团体登记管理条例》未明确社团团体仅为法人的规范不谋而合,也为社会团体成为其他合法法律主体预留了空间。

通过上述分析,不难发现,《社会团体登记管理条例》对社会团体成立规定了较为严格的条件,并对法人型社会团体的登记、管理进行了严格规范。《中华人民共和国民法通则》《社会团体登记管理条例》对非法人性社会团体未明确禁止的同时,也未明确相应管理规范,形成对非法人社会团体规范的法律漏洞,亦可能导致非法人社会团体发展无序。

(二)网络社团的法律主体定位

现行法律规范对非法人社会团体规范的缺失,不仅导致了社会团体的畸形发展,同时也使网络社团等新型社会团体主体法律地位不确定,以及政府机关对虚拟网络社团等新型社会团体的监管和规制不足,变相剥夺了《中华人民共和国宪法》第35条赋予公民通过虚拟网络平台进行结社的权益。

网络社团法律主体地位的不明确,除上述《中华人民共和国民法通则》《社会团体登记管理条例》在非法人社会团体规范方面的不足,与我国现行法律体系中法律主体范畴的不确定性也有一定联系。具体表现为以下几个方面:

1. 私法领域法律主体规范的缺陷

《中华人民共和国民法通则》第1条规定:"为了保障公民、法人的合法的民事权益,正确调整民事关系,适应社会主义现代化建设事业发展的需要,根据宪法和我国实际情况,总结民事活动的实践经验,制定本法。"第5条规定:"公民、法人的合法的民事权益受法律保护,任何组织和个人不得侵犯。"《中华人民共和国民法通则》仅将公民、法人视同受通则保护的权益主体,第二章、第三章进而分别就公民和法人这两个主体进行具体规范,确立了民法通则中公民、法人的二元主体规范体系。

《中华人民共和国合同法》第2条规定,本法所称合同是平等主体的自然人、法人、其他组织之间设立、变更、终止民事权利义务关系的协议。将"其他组织"纳入合同法领域法律主体规范的范畴。《中华人民共和国著作权法》第2条、《中华人民共和国商标法》第 4 条、《中华人民共和国民事诉讼法》第 3 条、《中华人民共和国仲裁法》第 2 条，①均将无法纳入法人规范范畴的企业或社会组织笼统称为"其他组织"。

与上述规范所不同，《中华人民共和国专利法》抛弃了《中华人民共和国民法通则》"公民、法人"二元体制及合同法等其他规定的"自然人、法人、其他组织"三元体制，另行创立"个人、单位"二元体制。该法第 10 条第 2 款规定："中国单位或者个人向外国人、外国企业或者外国其他组织转让专利申请权或者专利权的，应当依照有关法律、行政法规的规定办理手续。"专利法有关主体的规定无疑延续了 20 世纪 50 年代出现的单位制度。在单位制度体系下，单位是国家直接控制和管理社会的组织形式，具有政治、经济、社会管理等方面的诸多功能。从生产功能角度划分，单位分为机关单位、事业单位和企业单位，社会团体通常在管理上不被视为独立的一类，被划归到机关、事业单位管理的范畴。②

通过上述规范不难发现，私法领域对法律主体大致可以分为三类，即"公民、法人"二元体制，"自然人、法人、其他组织"三元体制，"个人、单位"二元体制三种类型。但各观点均未对相应模式中各法律主体内涵和外延进行明确界定，造成对法律主体认识上的分歧，特别是对"法人""其他组织"等团体人格的认识争议较大。

提议应维持现行法的法人和"其他组织"二元体制的学者认为自然人、法人与其他组织具有权利能力的，均为民事主体。独立承担责任是法人的本质特征，能够独立承担责任的社会组织才成为法人。③ 观点同时指出，非法人组织需要保持开放性，只要具有权利能力就具有民事主体资格与当事人能力。并将非法人组织区分为经登记而取得民事主体资格及经法律直接规定赋予权利能力的其他组织两种类型。④

持应维持传统民法法人一元体制观点的学者则提出，相关规范对团体人格规范的不同也给民法典编纂中关于团体人格的立法带来了难题，⑤并认为，"其他组织"或"非法人组织""非法人团体"，均不是具有内涵确定性的术语，其外延也无法准确界定，用作权利主体的概念，容易引起误解，不符合科学立法的要求。⑥ 持该类观点的学者还提出，应该借鉴大陆法系国家和地区的法人立法例，对我国的法人概念进行重构，将包括合伙企业等"其他组织"在内的所有享有团体人格的主体纳入法人的范畴。⑦

---

① 《中华人民共和国著作权法》第 2 条规定，中国公民、法人或者其他组织的作品，不论是否发表，依照本法享有著作权。《中华人民共和国商标法》第 4 条规定，自然人、法人或者其他组织在生产经营活动中，对其商品或者服务需要取得商标专用权的，应当向商标局申请商标注册。《中华人民共和国民事诉讼法》第 3 条规定，人民法院受理公民之间、法人之间、其他组织之间以及他们相互之间因财产关系和人身关系提起的民事诉讼，适用本法的规定。《中华人民共和国仲裁法》第 2 条规定，平等主体的公民、法人和其他组织之间发生的合同纠纷和其他财产权益纠纷，可以仲裁。
② 杨晓民、周翼虎：《中国单位制度》，中国经济出版社 1999 年版，第 3~4、38~39 页。
③ 梁上上：《中国的法人概念无需重构》，载《现代法学》2016 年第 38 卷第 1 期。
④ 梁上上：《中国的法人概念无需重构》，载《现代法学》2016 年第 38 卷第 1 期。
⑤ 柳经纬：《民法典编纂中的法人制度重构——以法人责任为核心》，载《法学》2015 年第 5 期。
⑥ 柳经纬：《民法典编纂中的法人制度重构——以法人责任为核心》，载《法学》2015 年第 5 期。
⑦ 高树异：《法人制度对我国实现四化的现实意义》，载《法学研究》1980 年第 4 期。

正如有学者指出,法权的总量具有递增性。法权总量不是固定不变的,而是随着社会生产力的发展、科技进步和分工的深化而递增的。人类的每一项发明创造、每一个新的活动领域的开辟,都意味着创造出了一种前所未有的法权。① 与此相似,法律主体作为法律规范的重要组成部分,在不同的社会发展阶段和不同的社会环境中也会呈现不同的形态。然而,法律具有一定的滞后性,制定之初无法涵盖社会生活的方方面面,通过对既有规范进行扩张解释或另行对新型法律主体进行专项规定均为解决立法滞后性问题的重要方式。

本书认为,法律主体问题采取"公民、法人"二元体制或"自然人、法人及其他组织"三元体制各有优缺,但采用"公民、法人"二元体制的观点相对较为合理。理由如下:

第一,"公民、法人"二元体制能有效适应社会环境变化。不是所有的社会组织都具有团体人格,团体人格的取得须依法获得确认。持"自然人、法人及其他组织"三元体制说观点的学者认为,保持其他组织、非法人组织、非法人团体等团体概念的原因在于非法人组织需要保持开放性。但观点同时也认为其他组织、非法人组织、非法人团体资格的取得须通过登记机关登记或法律直接规定取得。然而,立法具有一定的滞后性,现行法律规定难以涵盖将来未知的方方面面,所以通过立法方式对新型团体人格进行逐一确认,将必然使团体权益难以得到及时有效的维护。

而在"公民、法人"二元体制下,法人作为法律拟制的团体人格,内涵和外延可进一步扩大为涵盖有限责任公司、股份有限公司、合伙企业、个人独资企业、农民专业合作社、民办非企业单位、社会团体、基金会、事业单位及其他新型团体组织等一系列社会组织。当然,"公民、法人"二元体制下团体人格的确立并非任意,团体人格的确立仍需要具备法律规定的特定条件,仅无须再经过立法的逐一确认,即可以以具备团体人格的主体进行活动。这可极大地促进对新型社会组织团体人格的维护,避免因新型社会组织团体人格争议而引发对团体权益的不必要损害。由此可见,相较于"自然人、法人及其他组织"三元体制,"公民、法人"二元体制更能有效适应环境变化。

第二,登记为法律主体对外公示的重要方式,将其作为确立法律主体身份的方式并不合理。登记的雏形始于古罗马时期,在古罗马时代,行政官吏署勒令商店必须悬挂一定的"看板"或"贴札"等牌号,以公示其营业状况。② 而以非成文法的行为规则对商事登记加以统一控制的制度可以追溯到中世纪意大利及地中海沿岸各国的商人组合制度。受地中海沿岸及意大利等国商业的逐步发展与繁荣的影响,以商人行会自律的行规行使的商事登记规则逐步健全,由此可见,基于商人之间的相互结盟,商人逐渐发展成为特殊的社会阶层,阶层内部自我设定形成更为严格的自治管理规则。商人资格的取得及营业牌号、辅助人员及学徒等也随着登记事项的复杂性及登记规则的完善,逐步纳入商事登记的效力控制范围,商事登记制度也随着商业化的发展及商事登记程序的完善逐步趋于完善。

在我国,工商登记发轫于社会主义建设的新时期。国务院财政经济委员会于

---

① 童之伟:《法权与宪政》,山东人民出版社2001年版,第16页。
② 张民安:《商法总则》,中山大学出版社2004年版。

1951年发布了《关于公营企业和公私合营企业进行登记的指示》《关于公营企业和公私合营企业登记的补充指示》。1962年,国务院又发布了《工商登记管理试行办法》,1979年经济委员会、农业委员会、工商行政管理总局联合发布了《关于开展工业企业普查登记的通知》。1980年,国家基本建设委员会、工商行政管理总局、中国人民银行、国家统计局联合发布了《关于施工企业普查登记和颁发营业执照的通知》。1981年,工商行政管理总局发布了《关于开展商业、饮食业、服务业、交通运输业全面登记工作的通知》。这些文件都对当时出现的商事主体监管作了相应规定,但受当时政治、历史等多方面因素的影响,这些登记更多地凸显了普查和登记的特点,尚未形成真正意义上的商事登记制度。

可见,民商事主体的形成及资格的取得并非源自政府机关的认可。正如有学者指出的,登记具有创设效力,但绝非商业登记是各种企业或商业组织创设的法定必要程序。营业是财产权人运用财产的具体形式,办理商业登记只是财产权人营业而承担的法定义务,商业登记无法决定财产权人的营业资格。即使未经商业登记,财产权人仍有权以自己名义和风险承担能力开展营业,唯其无法享受法律授予的特殊利益。[①] 民商事主体能否运营主要取决于该主体是否具备正常运营的必要条件,但并不意味着未获得登记或尚未领取营业执照便不具备正常主体运营资格。唯有在民商事法律主体申请特定主体资质或特权身份时,才可根据该主体所具备的条件,经有权机关审批决定是否给予特定的特权身份并颁发相应的资质证书,且该民商事主体仍可结合自身经营需求决定是否通过登记方式增加其在特定领域获得特权身份的公示公信力。

第三,持"自然人、法人及其他组织"三元体制观点的学者认为,分公司、股东会、股东大会、监事会等团体内组织机构的存在,为"自然人、法人及其他组织"三元体制说的合理性提供了重要依据。该观点认为,对于法人内部组织,它们无须登记,其往往是基于法律的规定而具有权利能力,成为民事主体。例如,公司股东大会、董事会、监事会所作出的决议对公司特定人员具有法律效力。又如,根据《中华人民共和国公司法》第53条、第151条的规定,有限责任公司、股份公司的董事会、监事、监事会可以对损害公司利益的"董、监、高"提起代表诉讼。其实在实践中,有的公司监事会已经在行使这样的权利,"北京艺进娱辉科技投资股份有限公司监事会诉王莘等损害公司权益案"就是适例。[②] 观点同时提出,其他组织不能具有法人资格。如果赋予其他组织法人资格,就会造成不同组织之间法律地位的混乱。例如,分公司就是依法设立的经登记的其他组织,自然具有民事权利能力,具有民事主体地位。然而,如果赋予分公司法人资格,就容易使公司的法人人格混淆。

然而,以法律赋予团体组织内部机构特定职责作为支持"自然人、法人及其他组织"三元体制及否认"公民、法人"二元体制的事由并不可取。事实上,董事会、监事会及分公司等属于法律赋予特定职权的团体内部组织机构,与法定代表人、董事、监事、

---

① 叶林:《商事登记法的基本问题》,载中国民商法律网:http://www.civillaw.com.cn/article/default.asp?id=53393,下载日期:2016年12月8日。
② 梁上上:《中国的法人概念无需重构》,载《现代法学》2016年第38卷第1期。

股东等共同决定团体组织的特定人格,不宜将其视同为"自然人、法人及其他组织"三元体制中其他组织的范畴。否则,对于董事、监事、股东、经理、法定代表人等其他由法律、章程赋予特定职责的成员也应赋予相应的主体地位。如《公司法》第 53 条规定:"监事会、不设监事会的公司的监事行使下列职权:……(6)依照本法第一百五十一条规定,对董事、高级管理人员提起诉讼",由此明确不设监事会的公司监事享有依法对董事、高级管理人员提起诉讼的权利。否则,单认定其中监事会的法律主体身份,不认同监事的法律主体身份的做法并不妥当。

由此可见,在现行私人法律主体规范体系中,《民法通则》《合同法》《著作权法》《专利法》《商标法》《民事诉讼法》《行政复议法》《行政诉讼法》等相关法律规范对私法主体的规范相对较为混乱,引发对私法领域对私法主体内涵和外延认识上的偏差。在"自然人、法人及其他组织"三元体制下,团体人格一般可纳入法人或其他组织的范畴,以获得法律的确认与保护。其中,依法具备独立承担民事责任能力的组织被纳入法人制度予以规范和保护,而不具备独立承担民事责任能力的合伙企业、个人独资企业、民办非企业组织等团体将被纳入其他组织的范畴。现行法"自然人、法人及其他组织"三元体制能在一定程度上维护部分法律主体的内涵和外延及保持既有法律体系的相对稳定。但由于社会处于不断变化过程中,以"独立承担民事责任"作为区分法人与非法人组织的标准,及维护既有"自然人、法人及其他组织"三元体制已无法满足社会发展需求,通过"其他组织"囊括新生社会组织的形式具有天然的缺陷与不足,未依法获得及时确认的新生社会组织将难免受立法滞后的影响,权益难以得到及时明确和保障。作为互联网环境下现实社会主体组织借助虚拟网络主体身份的网络社团,依托互联网平台聚集形成的社型社会组织形式便是其中的典型。通过重构"法人制度",将有限责任公司、股份有限公司、合伙企业、个人独资企业、民办非企业组织及其他因社会变迁衍生的社团组织、财团组织等依法纳入"法人"范畴已迫在眉睫,唯其如此才能使私法主体相关规范顺应时代发展需求,展现其持续的生命力。

2. 公法人制度的缺位

公法人是相对于私法人而言的,公法人制度的缺失首先源于理论界对公私法人划分的分歧。在大陆法系,关于公法和私法区分标准的学说可谓众说纷纭,莫衷一是。其中有代表性的学说有利益说、隶属说、主体说等。不过,学说上一般也承认,没有任何一种学说可以完全解决公法和私法区分上的困难。[①] 理论界和实务界对公法与私法分类方法的观点亦有争议,以公法、私法的划分为前提的公法人、私法人划分制度也难以达成共识。

苏联学者 A. B. 维涅吉克托夫曾指出,法人只有作为民事法律的概念,才具有理论和实践的价值。他认为区分公法人和私法人,从民事法律后果来看,并无任何实际意义。[②] 德国法学家哈特穆特·毛雷尔也认为,一个法律规范到底属于公法还是私法

---

① 葛云松:《法人与行政主体理论的再探讨——以公法人概念为重点》,载《中国法学》2007 年第 3 期。

② [苏]A. B. 维涅吉克托夫:《管理国家社会主体财产的机关》,载《苏联国家与法》1940 年版。

通常没有什么争议（只有少数案件会出现某个法律规范属于公法还是私法的疑问），困难是一个具体的案件到底应当适用哪个法律规范，可能存在疑义。绝大多数案件所可以直接适用的法律如果是公法，争议当然属于公法性质。难题主要在于，对于一个具体案件没有可供直接适用的法律规范，或者公法规范和私法规范都可适用，然而二者之间存在冲突。此时考虑区分各种理论的作用不大，而需要考虑更多的关联点，尤其是行政活动的目的。① 即认为公私法划分的理论并未产生实质性的作用和影响力，间接否认公法人与私法人划分的意义。台湾民法学者史尚宽先生则认为，法人区分为公私法人原来不甚妥当，也无必要。② 王利明教授也指出，公私法人的分类更多的是具有理论上的意义，但对于实践似乎无关紧要，尤其在民事活动中，无论何种法人均适用同样的法律规则，故也无需作此种划分。③

尽管如此，在现代公法中，公法人作为一种组织形态，其法律意义体现为它是实现特定行政任务的组织手段，是国家间接履行公共任务的一种方式。作为一种组织手段与制度，公法人的价值体现为同为法人，其与私法人的区别；及同为行政组织，其与行政机关的差异。作为一种行政组织，公法人的任务限定于公共职能，这是公法人同其他社团性质的区别，也决定了公法人应当接受公法的特别调整，其规范基础应为公法，而私法人的规范基础则为私法。这种法律规制的特殊之处，以及公法人存在的目的决定了公法人身份的赋予来自法律的规定，通过国家公权力行为设立。④

一般认为，公法人和私法人的区别标准主要在于设立的准据法以及根据组织的目的、所从事的活动的性质。⑤ 在德国，通过国家以外的公法人来履行国家行政任务的制度，在德国行政组织法的发展上已有悠久的历史，并形成该国行政组织法上的一大特色。公法人概念直接起源于1896年的《德国民法典》，最先是将国家解释为公法人。到了19世纪中叶以后，随着其他公法人的发展，公法人被分为三种具体类型：公法社团、公营造物和公法财团。⑥ 随着行政业务的不断扩增，德国政府在无法以一己之力完成所有行政任务的情形下，基于自治行政与分权的考虑，转而依赖公法人分摊政府的职能，在《德国民法典》法人制度基础上逐步构建公法人制度，从而将其作为间接行政的组织手段，实现以分权授能为核心的行政改革的目的。

在法国行政法上，公法人概念的重要性和民法中的法人是一致的。⑦ 法国学理上把公法人分为"一般公法人"和"特别公法人"两类。"一般公法人"是指国家以及地方

---

① [德]哈特穆特·毛雷尔：《行政法总论》，高家伟译，法律出版社2000年版，第43页。
② 史尚宽：《民法总论》，中国政法大学出版社2000年版，第140页。
③ 王利明：《民法新论》，中国政法大学出版社1988年版，第234页。
④ 李昕：《论公法人制度建构的意义和治理功能》，载《甘肃行政学院学报》2009年第4期。
⑤ 吴庚：《行政法之理论与实用》，台湾三民书局1996年增订3版，第151页。
⑥ 蔡震荣：《公法人概念的探讨》，载《当代公法理论——翁岳生教授祝寿论文集》，台湾月旦出版公司1993年版。转引自葛云松：《法人与行政主体理论的再探讨——以公法人概念为重点》，载《中国法学》2007年第3期。
⑦ [法]古斯塔夫·佩泽尔：《法国行政法》（第19版），廖坤明、周洁译，国家行政学院出版社2002年版，第97页。

自治团体(法国宪法上称为"地域团体")。其中国家是一个不可分的整体,各国家机关不具有法人地位,地方自治团体虽具有法人地位,但受国家的法律监督。"特别公法人"意指其权限特定、专门的"公共服务机构",有别于"一般公法人"。

日本法早期传承德国法的理论,将公法人分为公法团体、公营造物和公法基金会。"二战"以后,受美国法的影响,其公法人概念也逐渐演变,以特殊法人的概念来涵盖公营造物。① 虽然公法人制度内涵和外延都逐步产生变化,但否定日本法划分公法人与私法人的事实。在我国台湾地区,行政法学界也普遍继受了德国法的公法人制度,并将公法人划分为公法社团、公营造物和公法财团三种类型。但是对于具体的各种组织体是否具有公法人的地位,仍存在一定的争议,司法实务上的见解也和学说并不完全一致。②

正如耶林所言,"目的是法律的创造者"。③ 公法人制度作为国家对公共事务进行组织和整合的法技术手段,是用以执行由官僚层级系统所释放公共任务的工具,其与公共行政之间是手段和目的的关系。④ 在大陆法系国家中,公法人制度虽首先发轫于《德国民法典》,但随着国家的公权力膨胀和扩张,国家行政干预手段有逐步完善的需要,法人制度的团体人格特性为公法人制度提供了成长的土壤,并逐步形成大陆法系国家现代公法体系中特有的公法人制度。

在我国,长期以来实行的"国家—单位(包括事业、企业、行政'单位')—个人"这一纵向调控体系中,国家垄断所有自然资源、社会资源的所有权,并通过"单位"这一中介实行社会配给和社会控制。在这种管理体制中,单位实际上就是国家政治组织的延伸体,并成为国家行政体制的基本单元。在全能国家社会环境下,整个社会欠缺主体意识及公法、私法划分的社会环境,因而也就丧失公法人制度形成的必要基础。相较于德国等大陆法系国家的公法人制度,我国在公法人制度领域的发展相对滞后。特定的时代需要,使得我国的法人制度以及理论研究均具有自身的特点,由于囿于历史的局限,是谓特点,亦谓局限。⑤

《中华人民共和国民法通则》立法初期,受种种历史因素的影响,我国尚未完整和彻底地了解法人制度。同时,受外部环境的限制,公法与私法的划分缺乏合理的社会环境和基础,甚至包括佟柔先生等著名法学家在内的一代学人并不承认公法与私法的划分,因而难以催生出现代公法中的公法人制度。当时,民法学上将法人理解为纯粹的民事主体,而行政法学上一般不以公法人来说明行政主体的地位,且行政主体的定

---

① 日本法上所谓特殊法人,依据日本《总务厅设置法》第4条第11款的规定是指依法律直接设立的法人或依特别法律规定应以特别设立行为设立的法人。特殊法人包括所有以民商法之外的特别法为依据所设立的法人。李昕:《论目的主导的公法人组织形态类型化》,载《法学杂志》2015年第11期。
② 吴庚:《行政法之理论与实用》,台湾二民书局1996年增订3版,第151~152页。
③ [美]博登海默:《法理学——法哲学及其方法》,邓正来等译,华夏出版社1987年版,第104页。
④ 李昕:《论目的主导的公法人组织形态类型化》,载《法学杂志》2015年第11期。
⑤ 李昕:《法人概念的公法意义》,载《浙江学刊》2008年第1期。

义、范围与大陆法系国家和地区也存在极大的差异。① 因此,在民法通则立法初期,通过类似德国民法典的方式在我国《民法通则》中直接确立公法人制度的形式尚缺乏必要的社会环境和成长土壤。

伴随着政治领域权力的减弱,经济领域和社会领域的权力正在逐渐成长,原先那种政治领域垄断一切的"单级结构"正在向三个领域分享权力的"多级结构"转变,国家已不再是控制和社会资源分配的唯一端口。随着经济领域和社会领域权力的扩张,以单位为基础的国家—社会关系也逐步解体,社会自发形成的团体人格也逐步得到确认,并成长为社会有机体的重要组成部分。因此通过私法规范对私法主体权益进行确认和保护已日渐迫切,公法与私法的划分也逐步得到社会的确认和认可,公法人主体制度的形成也逐渐具备一定的人文需求和社会基础。

然而,尽管如此,对于法人制度这个在各国民法典起草中都几乎遭遇到激烈争论的问题,我国虽有学者发表了真知灼见的观点,但多数并没有涉及此项制度的根本问题和全部层面,对于这样一项制度我们不得不承认现有的理论本质上仍没有超越《民法通则》颁布阶段的水平。② 相关立法在私主体界分方面仍有较大出入,学界在私法领域,对私法人主体的认识也存有较大分歧,公法人主体制度的构建及学界对公法人主体的认识也必然会相对滞后。甚至有学者直接指出,包括德国在内的西方社会的行政改革是在现代科层体制高度完善、市民社会高度发达的基础上进行的,因而反科层制是改革的重心;而我国是在缺乏理性化、制度化,尚未实现行政制度化、技术化,同时社会结构单一、多元社会结构尚在形成的背景下进行的改革。③ 因此,截至目前,公法人主体制度在我国尚未形成契合社会发展的有效规范体系。

公法人制度的缺失,反映出现行法律体系并未完全接受公法与私法划分的事实,对公法与私法的划分仍存有较多的争议。在我国,公法人主体制度的缺失同时也与私法主体制度的混乱有一定的关联。通过上述分析,我们不难发现,包括《中华人民共和国民法通则》在内的私法规范的诞生本质上并非纯粹出于对私法主体行为的规范和私法主体权益的有效保障,私法规范的诞生本质上仍属于巩固国家政权和扩张政府行政手段的方式。而随着改革开放的推进,经济领域和社会领域力量的崛起,私法规范的性质呈现大幅度转变,一举转变成为私法主体规范,间接导致公法人主体制度的存续欠缺合理的制度基础及当前法人制度在我国发展的畸形局面。

主体权益的有效保障有赖于相关制度的有效完善。公法人制度的缺失,使公法人主体身份难以得到确认,公法人相应诉权也难以得到有效保障,公法人在实体法上的应有权益无法获得及时、有效的保障。同时,公法人制度的缺失,也使公法人主体权力难以得到有效规范,公法人范畴不断扩张的同时,因公法人主体优势地位而造成侵害私法人主体权益的问题也时有发生,权益不断扩张的同时也陷入"不合法"的窘境。具体而言,公法人制度的缺失将引发以下几个方面的不利影响:

---

① 葛云松:《法人与行政主体理论的再探讨》,载《中国法学》2007年第3期。
② 蒋学跃:《法人制度法理研究》,法律出版社2007年版,第1页。
③ 李昕:《论目的主导的公法人组织形态类型化》,载《法学杂志》2015年第11期。

(1)公法人制度的缺失不利于公法人主体权益的保障

在德国法上,公法人和私法人的区分标准有:①二者据以设立的组织法以及设立行为不同,前者大多是根据公法或基于公权力行为设立,后者则依据私法中的设立行为(如设立协议和捐助行为)成立;②二者的功能不同,前者旨在执行国家的任务,后者则旨在实现民事主体的相应利益;③二者的行为方式不同,公法人一般以公法所特有的强制手段来对付其成员或非成员;④就作为联合体的组织来说,公法上联合体的成员根据法律规定的事由获得成员资格,在大多数情况下不取决于当事人的意思,而私法上联合体的成员则基于其私法上的意思行为(如参与设立或加入的意思表示)取得成员资格。①

也即,在德国法上,公法人作为根据公法或基于公权力行为设立的团体,具有与私法人相类似的法律意义上的完整人格,即通过法律赋予的强制力行使国家权力,执行国家的任务,并依法承担不能履职所导致的相应后果。立法对公法人主体身份的确认使公法人得以以合法主体身份参与国家事务,在填补国家干预能力不足的同时,衍生出具有独立团体人格的新型法人。而每个公法人的权利能力范围也需要具体确定,不可一概而论。② 随着不同形式公法人法律地位的确立,德国公法人制度也因此得以逐步趋于完善。

20 世纪 80 年代我国经济体制改革的目的在于政企分离,实现企业的自主经营、自负盈亏的经营方式,从而使企业成为相对独立的商品生产者,即肯定企业的独立法律地位。囿于特定的历史背景,我国有关法人制度的探讨仅限于民事领域。以民事立法为核心,将企业法人作为规范的重点,从而以确认法人的独立财产和独立责任为动因,强调法人在民事领域所具备的独立意志与独立责任,这一规范成为我国法人制度的核心。由于特定历史背景和需求,我国理论界主要是从财产的角度来理解法人以及法律的法律意义,而忽略了法人概念独立的公法意义以及公法人作为国家对公共事务进行组织和整合的法技术手段的价值,从而造成公法人制度的欠缺。③

公法人制度的缺失对公法人主体的影响主要体现为以下两个方面:一是公法人主体身份无法得到及时有效的确认,随社会变迁而诞生的公法人主体无法及时纳入公法人范畴,公法人实体法上应有的权益难以获得及时有效确认和保障;二是公法人主体诉权无法及时有效行使,权益受到侵害时,难以通过司法途径获得及时、有效的救济。

(2)公法人制度的缺失不利于公法人实体权益的确认和保障

有学者指出,在国家之下的公共团体及其他享有国家的公权的团体,从其享有国家的公权之点看来,可以说是准国家的。这些团体和其他法主体间的关系,除站在准私人的地位之场合外,都是属于公法的。④ 然而,基于其法人化的独立组织构造与特

---

① [德]卡尔·拉伦次:《德国民法总论》(上),王晓晔等译,法律出版社,2003 年版,第 179 页。
② 李建良:《论公法人在行政组织建制上的地位与功能——德国公法人概念与法制为借镜》,载《月旦法学》2002 年 5 月第 84 期。
③ 李昕:《论公法人制度建构的意义和治理功能》,载《甘肃行政学院学报》2009 年第 4 期。
④ [日]美浓部达吉:《公法与私法》,黄冯明译,中国政法大学出版社 2003 年版,第 100 页。

殊组织目的,公法人是区别于法律属性的更为单纯明确的行政机构。① 除非法律予以明确规定,否则在如何确定某一公共团体是否已实质享有国家的公权,及其是否纳入准国家上仍存在疑义。

公法人制度的缺失对公法人主体身份确认的影响首先表现为公法人的基本权利确认方面。在 20 世纪 60 年代德国宪法法院受理的一桩宪法讼案中,某一属于公法人组织的社会保险机构向联邦宪法法院提出了主张平等权与财产权的宪法诉讼,将公法人是否可以享有基本权利保护这一前沿宪法问题引入司法实务。② 虽然对"基本权利是对公法人的拘束力"这一理念达成共识,学界和实务界对直接依据法律或基于法律的其他公法行为创设的公法人主体是否享有基本权利在《德国基本法》上仍存在较大争议。正如有学者指出的,"时至今日,法人得否主张宪法基本权利一节,就'私法人'而言,大致已臻定纷止之境……然而'公法人'是否具有基本权利能力之根本争议,却未随之消弭"。③

履行公共任务原则为公法人基本权利主体地位问题提出初期,德国学界和实务界持否认观点的主要理论依据为履行公共任务原则是指公法人的成立目的与权力行使以达成公共任务为要旨,鉴于其任务履行是在行使国家行政权力(或行政权力之延伸),因此其行为应该接受基本权利之拘束,而非基本权利保障。接受该原则约束的不仅包括以公法形式履行的公共任务,也包括为执行公共任务而展开的私法行为;不仅包括公法人所直接履行的公共任务,也包括行政辅助行为,例如机关设施的建造、公务用品的购置、临时工作人员的聘任等,履行公共任务范围内,公法人原则上不应享有基本权利,不具有基本权利主体地位。在"履行公共任务"这一基本原则框架下,围绕原则的成立又囊括"混同理论""权限理论"和"行政改革理论"三种主要的理论阐述,奠定其法理基础。④

然而,对公法人基本权利主体地位的否认,本质上是对公法人主体身份的否认,根本原因在于其对公法人主体性及功能认识上的不足,并容易引发以下问题:一是存在泛法人化现象。泛法人化现象违背了法人所要求的自主性与独立性,将高度隶属性、

---

① 秦奥蕾:《〈德国基本法〉上的公法人基本权利主体地位》,载《郑州大学学报(哲学社会科学版)》2012 年 11 月第 45 卷第 6 期。

② 该案涉及的基本案情约略如下:某位驻扎德国的英军人员驾驶军备货车时引发车祸,致一位德国劳工死亡。随后,按照德国法律属于公法人组织的该劳工投保的某邦立社会保险机构核发社会保险给付给劳工家属。该交通事故经"国防负担署"认定,可以依照道路交通法以及国家赔偿的相关规定来由其承担赔偿责任,而承诺支付邦立社会保险机构所核发的社会保险给付。但之后,"国防负担署又声称,民法第 839 条第 1 项第 2 款规定,若公务员之侵权行为如属于过失责任,保险机构则无法对公务员本人及国家取得求偿权,因而拒绝偿还社会保险给付。该保险机构在寻求民事法律救济无果的情况下,提起宪法诉愿,主张联邦普通法院认为社会保险机构无求偿权的判决侵犯了《基本法》所保障平等权与财产权"。

③ 李建良、刘淑范:《论公法人之基本权利能力——基本权利"本质"之一道未解难题》,载汤德宗:《宪法解释之理论与实务》(第 4 辑),"中研院"法律学研究所筹备处 2005 年版,第 296 页。

④ 转引自秦奥蕾:《〈德国基本法〉上的公法人基本权利主体地位》,载《郑州大学学报(哲学社会科学版)》2012 年 11 月第 45 卷第 6 期。

科层制为组织特点的行政机关定位为法人,从而导致法人的内在属性与外在组织形式之间的严重逻辑冲突。二是法人化不足现象。作为依据法律明确规定及国家行政权力许可的特定组织形式,事业单位、行业协会等公共事务组织属于独立于科层制之外的特定公共事务组织,理应具备法人之实之名,依法享有法人依法享有的权利和义务。若无法通过自治、自主的方式实行内部管理,与外部法律关系的确立仍将主要受制于行政机关的命令,则与以服从为特点的行政机关在法律地位上便无实质性的差异。

及至二十世纪五六十年代,随着联邦德国行政任务私法化的推进,国家不再是行政任务的唯一实施主体,形式复杂多样的公法人组织随着行政任务的私法化得以逐步确立,借助公共团体填补国家在特定领域的行政能力不足问题成为解决国家干预能力不足的首选方案。同时,基本权利保护扩大化的需求,否认公法人基本权利主体地位观点的学说基础也渐趋松动,重新审慎判断公法人的行为属性以及公法人之基本权利的观点逐渐趋于主流。同时,随着《德国基本法》的诞生,有关基本权利的基础理论研究也日渐充沛、日渐成熟,区别情况分析和界定公法人的基本权利主体地位成为相对主流的观点。①

事实上,我国作为公法人制度发育相对迟缓的国家,公法人制度的缺失所引发的泛法人化现象及法人化不足现象相较于德国更甚。《中华人民共和国民法通则》立法之初期,法人制度的构建的重要任务在于有效推进政企分离和国有企业的改革,实现企事业单位与国家责任的完全脱离。《中华人民共和国民法通则》第2条规定,中华人民共和国民法调整平等主体的公民之间、法人之间、公民和法人之间的财产关系和人身关系。将民法调整范围限定于自然人和法人两个范畴便是很好的例证。民法学者也一般认为"只有在民事法律关系中,'法人'才是权利义务的主体"。②

公法人制度的缺失,对公法人主体实体权益确认和保障的影响主要体现为以下几个方面:

①公法人制度的缺失不利于确立公法人公法方面的权利和义务。公法人制度缺失引发的公法人公法方面权利义务的缺失首先体现为对公法人基本权利保障的不足。如上述,自20世纪60年代公法人是否可以享有基本权利的保护命题问世以来,虽然《德国基本法》第19条第3项规定"基本权利对本国法人亦有效力,但依其本质适用",未明确"法人"仅为私法范畴内的主体,得以为公法人基本权利的确立和保护奠定了一定的基础,但德国法学界对公法人能否享有基本权利的保障问题始终未达成一致意见,公法人能否依法主张行使基本权利仍具有较大的不确定性。1967年德国联邦宪法法院发表的判决便一般性地否定了公法人的权利主体地位,并认为只有在特殊情形下具有基本权利的效力才能达到公法人。如大学(学院)、广播电视机构、教会,属于社团公法人的职业团体及地方自治团体等特殊团体,其基本权利便部分地获得德国宪法

---

① 秦奥蕾:《〈德国基本法〉上的公法人基本权利主体地位》,载《郑州大学学报(哲学社会科学版)》2012年11月第45卷第6期。
② 葛云松:《法人与行政主体理论的再探讨——以公法人概念为重点》,载《中国法学》2007年第3期。

法院宪法裁判的认可。

也即,在德国现代公法制度下,公法人的基本权利的确立仍具有一定的不确定性,须由宪法法院结合每个案件的具体情况进行具体分析,通过判断涉案公法人的具体法律地位、其所执行具体任务的属性及所涉基本权利本质等方面的要素后,才能具体确定所涉案件公法人主体是否具备基本权利能力。如德国宪法法院面临社团公法人性质的职业团体主张基本权利的宪法诉讼时,认为这些职业团体兼具双重性质:原则上,公法上的职业团体以公权力形式执行公共任务,属于履行国家行政职能;而职业团体也具有代表其组成成员之职业身份与维护其经济利益之功能。就后者而言,如果适用穿透理论,则职业团体的基本权利能力具有在特定情况下成立之可能。并在"矫形技师同业公会"一案中阐释了这一观点,认为此案所争并不关乎该团体的国家行政功能,仅涉及作为成员利益代表功能。就重要性而言,该团体背后成员的个人利益同普通私法团体个人利益无异,而团体适用的法律形式差异(公私法差异)并不具有决定意义,本案的公法人可以同其他私法职业团体一般具有基本权利。然而,在"牙技师同业公会""手工业同业公会"等职业团体主张基本保护的宪法诉讼案件中,联邦宪法法院却更多地强调前述职业团体在履行公共任务方面的功能,并直接适用履行公共事务原则,否定了"牙技师同业公会""手工业同业公会"等职业团体的基本权利能力。

在我国,一般认为,法人属于民法上的概念,《中华人民共和国宪法》等公法规范对法人并无明确规范。我国《宪法》第二章所保障的基本权利仅限于公民,第三章对国家机构的宪法主体地位进行了明确,法人的基本权利并未纳入宪法规范的范畴。这也意味着在我国法人不具有类似《德国基本法》第19条第3项所赋予的法人基本权利,公法人依法享有和主张基本权利更是无从谈起,法人及公法人的权益保障问题并未上升到宪法保障的高度,宪法对法人基本权利的保障较为欠缺,这或许也是我国私法人制度混乱及公法人制度发育迟缓的重要原因。除国家及内部组织结构外的法人及公法人的存续,公法人制度的设计也将因此缺乏合宪性基础。

宪法对法人基本权利的忽视,使包含公法人在内的法人权益确认和保障缺乏根本法律的基础,也间接影响法律法规对法人等团体人格权益的确认和保障。除1979年颁布的《中华人民共和国中外合资经营企业法》、1986年颁布的《中华人民共和国外资企业法》、1988年颁布的《中华人民共和国中外合作经营企业法》、1993年颁布的《中华人民共和国公司法》及1997年颁布的《中华人民共和国合伙企业法》等公司企业类规范对团体人格及相应权利义务进行了确认外,含社会团体、事业单位、民办非企业单位、基金会等团体组织分别通过登记相应管理规范予以监管,具体制度规范包括《社会团体登记管理条例》《事业单位登记管理暂行条例》《民办非企业单位登记暂行办法》《基金会管理条例》等。

由此可见,囿于历史原因等种种因素,社会团体等众多公共团体组织虽长期以来作为行政任务私法化的手段及国家控制和分配社会资源的重要方式,依法在我国并不属于公法上的主体,也不享有相应的公法上的权力。国家通过对公共团体组织设立初期的登记管理手段实现对公共团体的准入控制,选择契合国家行政任务私法化方向的公共团体予以准入登记和管理,对不符合国家行政任务私法化方向的公共团体则以组织不合法不予准入或以组织目标不合法、组织活动不合法等理由予以取缔。在国家行政机关依托公共社团组织完成行政任务的私法化的过程中,国家对公共团体组织更多的是依靠窗口指导的方式予以规范,并未依法确立其公法人主体地位及赋予相应主体公法上的权利。

综合上述,社会团体等公共团体组织虽实质上行使部分公法上的权力,但其在我国并不具备公法上的主体地位。包括宪法在内的现行国家立法虽认可公共团体组织存续的事实,但未通过立法方式赋予公共团体组织应有的权利,对公共团体组织的规范更多停留于登记、管理的层面。由此导致部分公共团体组织虽名义上被认为具有独立人格,实质上不过是国家行政机关职权的延伸,存在严重的团体人格不足问题(如法人化不足现象)。不仅如此,国家通过行政手段控制公共团体组织发育和存续的同时,也淡化了公共团体组织权利意识,遏制了公共社会团体组织的民间性和自治性,间接导致公共团体组织向行政化方向畸形发展,以及造成包括司法机关等外部组织和人员对公共团体组织认识上的缺陷。这既不利于公法人依法及时有效履行自身职责,也使公法人对公法人之间的外部管理关系与公法人的内部组织关系相互混淆,弱化了除国家外的其他公法人的法律主体地位,使该类公法人实质上丧失了作为公法人应有的独立主体资格,相应的团体人格变得名存实亡。

②公法人制度的缺失不利于确立公法人在私法方面的权利和义务。公法人制度的缺失不仅不利于公法人在公法上的权利义务的确立,同时也不利于公法人在私法上的权利义务的确立。

自然人被认为是民事主体的一种,但是自然人要承担服兵役、纳税、遵守行政法律规范等诸多公法上的义务,同样享有诸多公法上的权利,比如宪法规定的各种基本权利、民事诉讼中的诉权、要求行政主体履行公法义务的权利以及提起行政诉讼的权利、请求国家赔偿的权利等。同样,一个私法人也要承担诸多的公法义务,比如纳税、服从行政管理等,私法人犯罪时所承担的刑事责任也是公法责任,私法人当然也享受各种公法权利。关于私法人(作为行政相对人时)的公法权利主体地位,我国以及其他国家的法律与行政法学理论都对之不持疑义,民法上更无任何形式和实质上的理由质疑其公法上的权利能力。[①]

与此相似,公法人作为直接依据法律或法律赋予的其他行政主体依法设立的社会组织,设立的目的是完善国家行政控制的手段,进而实现国家行政管理权力的有效行使和扩展及对社会资源的合理调配和控制。不容置疑,包括国家在内的公法人在存续期间内,虽以行使公权力为主要目的,但仍需要与其他公法人主体及私法人主体产生各种关系,如向登记机关进行登记等公法上的关系,及与私法主体进行买卖、接受赠与等私法上的关系。公法人制度的缺失,将影响公法人与公法人之间管理关系的确立(即内部组织管理还是外部管理关系),并导致不同的法律后果。同时,也会影响公法人与私法人之间的权利义务关系的确立。

---

① 葛云松:《法人与行政主体理论的再探讨——以公法人概念为重点》,载《中国法学》2007年第3期。

若国家、事业单位、公立社会团体的主要活动范围就是民事领域,其主要功能就是让广大市民社会的成员开展民事活动以实现其利益(像本来意义上的民事主体那样追求财产利益和人身利益),其组织法事项(如机构设置、人员管理、财务、监督、争议解决等制度)并不直接由公权力来决定,而且它们可以作为私法人就意味着这些组织体像私人自愿设立的法人一样可以承受全面的民事权利、义务和责任,当然可以将其规定为私法人的主要类型,并在民法中全面规定其组织法等内容。① 然而,公法人制度的不完善,将对公法人参与民事领域活动产生不利影响,使公法人在私法领域的权利义务关系无法得到及时有效确认和保障,具体体现为以下两个方面:

一是公法人制度的缺失使公法人在私法领域的主体身份难以得到有效确认。这一方面是源于包括民法通则在内的私法规范所规范的法人一般被认为是私法主体,并未将公法人包括其中。因此,在对现行法人制度进行重构前,包括国家、社会团体、事业单位、民办非企业在内的单位等能否作为私法主体纳入私法规范值得商榷。另一方面,虽然我国《民法通则》第 50 条将具有独立经费的机关及具备法人条件的事业单位、社会团体纳入法人范畴,然而理论界对这一规定仍有较大的争议,认为将机关视为法人属于泛法人化现象,将事业单位、社团团体纳入法人范畴又与事业单位、社会团体仍主要服务于行政任务私法化事实不相契合。事业单位、社会团体等公共团体组织与外部法律关系的确立很大程度上受制于主管机关的意思表示,经费来源、人员安排等很大程度上依赖于业务主管单位的划拨和指令,法人主体身份有其名无其实,因此依法从事民事活动的资格和能力值得商榷。

二是公法人在民事领域权利义务的确认能否直接类推适用于私法主体规范值得商榷。对此,日本学者美浓部达吉曾认为,历来区别公法与私法的论者最容易犯的错误,在于极端重视两者之间的区别,即认为公法关系与私法关系是全然异类的,全然不同其原则的观点。在某程度内公法与私法确是各由其特殊的原理支配的,因而实际上存在把两者加以区别的必要。但是公法和私法同样是法,在规范人与人之间的意思及利益这一点是具有共通的性质的。所以若极端地把两者区分,实不免谬误。两者在某程度内都由共通的原理支配这点,是绝对不能否认的。② 也即在美浓部达吉看来,公法与私法虽然隶属不同的体系,有其特殊的支配原点,但两者之间也有共通之处,"公法人和私法人的区别,是法人的存立目的之为'国家的'或为'私的'的区别,而非专就其为公法或私法所规律的区别"。美浓部达吉的观点具有一定的价值,然在公法人制度未确立公法人主体地位情形下,是否所有的公共团体组织都可以直接适用私法中有关私人主体权利义务关系的规定仍值得商榷。若此,则公法人与私法人便难有实质性的区别,将私法领域权利义务适用于公法人也缺乏类推适用的必要。因此,有学者呼吁,在法人的一般理论上,应当修正法人的一般定义,并在将来的民法典中以更加合理

---

① 崔拴林:《论我国私法人分类理念的缺陷与修正——以公法人理论为主要视角》,载《法律科学》2011 年第 4 期。

② [日]美浓部达吉:《公法与私法》,黄冯明译,中国政法大学出版社 2003 年版,第 72 页。

的方式规定公法人问题。①

③公法人制度的缺失不利于公法人主体诉权的保障

从诉讼管辖上来说,私法纠纷由普通法院管辖,适用民事诉讼法,公法上的纠纷通常由行政法院管辖,适用行政诉讼法。从实体法上说,私法上的决定以私法自治和所有人自由为两大支柱,私法上行为的动机问题不受法律的约束,私权主体无须说明其理由为正当,只有权利滥用情形下才属例外。相反,在公法上,虽然也存在一定程度的裁量权,但是该裁量权也要受到宪法的约束,其权利的行使必须陈述理由,法院可以对其是否遵守法律规定进行审查。②

公法与私法区分及公法人与私法人划分的重要司法实践意义在于各自在法院管辖方面的差异。私法人因日常活动与他人发生纠纷,可能遭遇他人的非法干涉,若属于民事领域则属于普通法院管辖,若是涉及行政干预则可依法申请行政复议或提起行政诉讼;若涉及刑事犯罪还可能被纳入刑事诉讼的范畴。与此相似,公法人在实施其组织功能行为或者从事经济活动甚至以私法形式去完成一个公共任务时,也可能遭遇来自公共权力的干预,面临基本权利保护问题。③ 公法人诉权的保障便有赖于公法人制度的完善。

关于公法领域法律主体的诉权,日本大审院的既有判例在"判断某团体向社员征收社费或社会以罚金处分之为属于公法或私法时,常以该团体之属公法人抑或私法人为先决问题,若为公法人,就主张必然应属于公法而不由法院审理"。④ 但日本学者美浓部达吉认为,公共团体即使是公法人,亦不能单根据这种理由就断定其当然属于公法,同时亦要根据各场合的法律规定去判断才对。假如法律没有特别规定,那么,那种社费和惩金同其性质,应视为同属私法。⑤ 二者在公共团体组织的性质,及团体实施的行为后果等方面认识上的分歧,也使二者在法院的管辖问题上产生争议。

因公法人制度的缺失引发的公共团体主体法律属性不确定,进而使公共团体组织诉权难以依法得到有效确认的问题,在我国现行法律体系中也有所体现。具体体现为:

一是公法人主体主体身份和实体权利得到确认,但因公法人制度的缺失使公法人诉权的行使存有一定的不确定性。如《中华人民共和国物权法》第83条规定,业主大会和业主委员会,对任意弃置垃圾、排放污染物或者噪声、违反规定饲养动物、违章搭建、侵占通道、拒付物业费等损害他人合法权益的行为,有权依照法律、法规以及管理规约,要求行为人停止侵害、消除危险、排除妨害、赔偿损失。业主对侵害自己合法权益的行为,可以依法向人民法院提起诉讼。根据前述规范,若存在任意弃置垃圾、排放污染物或者噪声、违反规定饲养动物、违章搭建、侵占通道、拒付物业费等损害他人合

---

① 葛云松:《法人与行政主体理论的再探讨》,载《中国法学》2007年第3期。
② [德]迪特尔·梅迪库斯:《德国民法总论》,邵建东译,法律出版社2000年版,第7~10页。
③ 秦奥蕾:《〈德国基本法〉上的公法人基本权利主体地位》,载《郑州大学学报(哲学社会科学版)》2012年11月第45卷第6期。
④ [日]美浓部达吉:《公法与私法》,黄冯明译,中国政法大学出版社2003年版,第101页。
⑤ [日]美浓部达吉:《公法与私法》,黄冯明译,中国政法大学出版社2003年版,第101页。

法权益的行为,业主大会、业主委员会有权依照法律、法规以及管理规约要求行为人停止侵害、消除危险、排除妨害、赔偿损失。但规定没有明确提及业主委员会可以向法院提起诉讼。① 业主大会、业主委员会能否就弃置垃圾、排放污染物或者噪声、违反规定饲养动物、违章搭建、侵占通道、拒付物业费等损害他人合法权益的行为请求司法救济尚有一定疑义,因此《物权法》第83条所给予业主大会、业主委员会要求行为人停止侵害、消除危险、排除妨害、赔偿损失的权益必将难以实际落到实处。

二是公法人主体身份和实体权利义务未得到依法确认,但权益受到侵犯时,难以及时依法获得有效救济。首先,因民事诉讼、行政诉讼、行政复议等权利救济方式均针对特定的法律主体和法律关系。民事诉讼属于平等民事主体寻求救济的方式,行政诉讼和行政复议为被管理者在行政管理机关非法行使权力的情形下寻求救济的司法程序。同时,对于法人机关内部争议不得诉诸司法程序寻求救济。这也意味着公法人主体身份的不确定使公法人在权益受到侵害时,能否以民事诉讼、行政诉讼或行政复议进行救济,以及能否诉诸司法救济尚有较大的不确定性。

其次,公法人主体资格的不确定性难以满足司法救济所要求的诉讼主体资格。如《中华人民共和国民事诉讼法》第119条规定:"起诉必须符合下列条件:(一)原告是与本案有直接利害关系的公民、法人和其他组织;(二)有明确的被告……"也即意味着在民事司法救济过程中,诉与被诉都应是依法获得诉讼主体资格的权利主体。又如《中华人民共和国行政复议法》第2条规定:"公民、法人或者其他组织认为具体行政行为侵犯其合法权益,向行政机关提出行政复议申请,行政机关受理行政复议申请、作出行政复议决定,适用本法。"该法将有权申请行政复议的主体限定于公民、法人或者其他组织,将被申请的主体限定于行政机关。而国家行政任务私法化过程中所诞生的其他公法人侵权行为被排除在被救济的范畴。对于公法人能否在权益受到侵害时申请行政复议也有一定的不确定性,我国《行政复议法》第2条的规定是否仅限于私法人范畴存在疑义。再如《中华人民共和国行政诉讼法》第2条第1款规定:"公民、法人或者其他组织认为行政机关和行政机关工作人员的行政行为侵犯其合法权益,有权依照本法向人民法院提起诉讼。"公法人权益受到侵害时能否适用该规定及如何适用不无疑义。

最后,不同的司法救济方式在司法管辖、主体举证责任要求等方面都有一定的差异,唯有确定公法人主体地位,抽象出其中的共性,才能执行现行相关法律规范,确保公法人诉权得到及时、有效的行使,权益得到及时、有效的救济。

网络社团作为现实社会主体依托互联网平台聚集形成的虚拟网络群体,大部分属于社会公共团体的范畴,但因网络社团规范在立法方面的缺失,很大程度上将导致网络社团权益一旦遭受损害便难以依法获得及时有效救济的后果。

④公法人制度的缺失不利于对公法人主体的规范

以国家规范或行政主体授权方式确立公法人制度的目的,在于赋予公法人异于私权主体的强制力,实现其对社会生活的管理和引导。公法人主体身份不同,所依法享

---

① 梁上上:《中国的法人概念无需重构》,载《现代法学》2016年第38卷第1期。

有的权力种类、范围均有所不同,对私权主体所产生的影响也有所不同。因此,公法人制度的缺失不利于实现对公法人主体的规范,具体体现为以下几个方面:

第一,公法人制度的缺失不利于对公法人进行系统性规范。

无论是大陆法系国家还是英美法系国家,国家都是最重要公法人,甚至还可能是建国初期唯一的公法人。国家通过内部行政体制的建立和完善实现对公共事务的监督和管理。国家内部行政机构的确立及行政机构行政管理手段的实施,成为国家实行社会控制的重要方式和手段。公法人制度的构建更多体现为公法人内部组织架构的设立,组织架构内部各层级之间的关系及各自职责的明确,以及各层级行政机关行使职权有法可依。同时科层制的确立也使国家内部行政机关上下级之间为隶属与服从关系,即一些无法通过法律制度予以明确的事项仍可以通过内部命令、协销予以消化,行政机关对外实施的一切法律行为所引发的后果都由具备独立团体人格的公法人来承担。

然而,国家作为唯一社会控制主体也存在控制失灵的情形,特别是在市场经济体制下,国家所采取能采取的行政管理手段和监管措施往往滞后于行政管理的现实需求,从而引发国家行政管理与社会管理需求之间的矛盾和冲突。公法人作为法律拟制的具有团体人格的公共团体组织,设立初期的主要目的在于通过国家外新的团体人格的确立,实现行政任务的私法化。因此,早期各国公法人的设立本质上表现为国家行政权力的外部化,即在国家这一传统公法人之外确立新的行政化管理机构,以法人人格化的方式实现行政分权下的自治,进而实现国家行政权力的延伸,填补国家行政干预手段不足。同时,通过赋予新设公法人独立团体人格的外壳,也可以避免衍生的公法人对国家法人责任的转嫁。既实现了国家行政任务的私法化,又为国家逃避公法人肆意行政所带来的不利后果做了铺垫,可有效避免国家对新设公法人对外采取措施承担责任。《中华人民共和国民法通则》中有关法人制度的规定便属其中的典型,立法初期虽仍然保留"单位"这一特定的科层制管理模式,却欲通过法人制度的构建将行政机关、事业单位、社会团体与国家责任全面剥离,从而导致公共团体组织以法人之名行行政权之实的怪相。

在现代行政组织法中,公法人制度存在的目的在于通过法人这一组织形态实现公务的分散化,以公法人不同于科层机关所特有的意志独立与行为自主的法律属性,丰富、补充现代行政的治理体系。作为国家治理的方式,公法人制度实质是国家对公共事务进行组织与整合的治理手段,是现实公共政策与法律技术相结合的产物。在大陆法系国家,公法人制度的功能体现为两个方面:以法人格化的方式实现行政分权下的自治,以法人化的方式应对科层制的弊端。前者是公法人制度的传统功能,后者是公法人制度功能的延伸与发展,是新公共管理理论与传统公法人制度相结合的产物。①

公法人内部管理与公法人之间的管理属于本质上的差别,公法人内部管理的模式相对多样,通过行政命令、窗口指导、组织机构调整等方式可在一定程度上弥补立法规

---

① 李昕:《论目的主导的公法人组织形态类型化》,载《法学杂志》2015年第11期。

定不足所引发的权限不清、职责不明等内部管理问题。与公法人内部组织管理有别，公法人之间虽然也存在管理与被管理的关系，但属于具有独立团体人格的公共团体组织之间的外部法律关系。除法律法规规定外，一公法人对其他公法人主体资格的影响相对有限，从而确保各具备独立团体人格的公共团体组织能在自身权限范围内独立行使职权。也即应通过构建完善的公法人制度对公法人内部组织管理、公法人之间的外部管理进行区别对待，避免公法人内部组织管理与公法人之间的外部管理关系相互混淆，以及公法人法人化不足的问题。

第二，公法人制度的缺失将给予公权力侵犯私权的空间。

公法人制度的缺失，除了不利于公法人主体身份的确立及公法人在自身权益受到侵害时获得及时有效的救济外，同时，也在一定程序使公权力借助公法人独立主体资格身份的外衣侵犯私权有了可乘之机。

公法人为法律拟制形成的特殊权力主体，公法人权力的取得来源于法律的直接赋予或法律认可的行政机关的授予。因此，公法人依法行使公权力需要具备如下基本条件：一是法律规范或行政机关对公法人主体身份的确认，明确公共团体组织具备对私法主体采取强制措施的主体适格性。唯有如此才能确保具备公权力的公法人所依法享有的公权不被滥用，同时遏制不具备公权力的公共团体组织冒用公法人身份对私法主体采取非法强制手段的现象。二是法律规范赋予或行政机关授权方式能有效确定公法人主体的权力范围，在确认公法人组织活动合法性的同时，也限定了公法人组织活动的范围，以防止公法人肆意行使权力或损害私法主体或其他公法人主体依法享有的合法权益的行为发生。

公法人制度的缺失，一方面使公法人主体的存续，既无其名也无其实。如上述，在我国，《宪法》等公法性规范缺乏公法人的制度规范，《民法通则》第50条虽然规定具备法人条件的行政机关、事业单位、社会团体具有法人资格，明确行政机关、事业单位及社会团体在具备法人条件的情形下，可依法获得法人资格，给予行政机关、事业单位及社会团体依法获得法人资格的空间。暂且不论行政机关获得公法人资格是否存在泛法人化的情形，如上述，单就《民法通则》此条规定而言，其是否等同确认行政机关、事业单位及社会团体公法人主体地位不无疑义，在此不再赘述。行政机关作为国家的重要组成部分，若依法行使职权并无影响，且尚有国家为之承担相应责任，然事业单位及社会团体等其他公共团体组织在欠缺公法人制度确认的情形下，通过公权力手段执行国家行政任务是否妥当将值得商榷。

另一方面，公法人制度的缺失也不利于公法人职权的确认。假使《民法通则》第50条规定可以作为公法人主体是否确认的法律依据，但如何划定公法人职权范围仍有较大疑义。纵观我国现行法律体系，宪法作为国家根本大法，对国家外的法人主体资格虽未明文否认，但也未予以确认。其在给予法人制度合宪性空间的同时，也使法人制度的构建欠缺应有的根本法支撑。《民法通则》第50条虽然给予具备法人条件的行政机关、事业单位和社会团体获取法人资格的通道，但对于法人职责权限等并无明确规定，也不适于作出相应的规定。《社会团体登记管理条例》《事业单位登记管理暂行条例》《民办非企业单位登记管理暂行条例》《基金会管理条例》对社会团体、事业单位、民办非企业单位及基金会的登记、管理进行了规范,但不涉及相应团体职权确认的规范内容。也即国家在行政任务私法化过程中产生的公法人团体事实上并不具备立法赋予的公法上的职权,国家行政机关分配的行政任务便是该类披着法人外衣的公共团体组织对私法主体采取措施的唯一权力来源。

毋庸置疑,每个公法人的权利能力范围还需要具体确定,不可一概而论。① 公法人制度的缺失,引发泛法人化的同时,也使公法人身份的确认边界无法得到确定,特别是在国家行政任务私法化的过程中,公法人主体身份的确立标准已日渐模糊,给予公法人肆意侵犯私法主体权益的空间。同时,公法人制度的缺失,也使公法人职责的限定丧失法律上的依据,对公法人职责的限定也缺乏相应的标准。国家行政机关授予公共团体组织执行国家行政任务的方式,难免出现公法人职责确认和划分过于随意,及囿于执行国家行政任务肆意侵犯私法主体合法权益的情形。因此,公法人制度的缺失,将提供公法人肆意侵犯私法主体合法权益的空间,不利于全面依法治国背景下对私法主体合法权益的进行全面有效保护。

第三,公法人制度的缺失给予了公权力主体脱逃制度化管理的空间。

正如我国台湾地区行政法学者李震山先生所指出的,私法界定了国家不得任意介入、人民可以自治自决的空间,严格划分公法和私法可以间接限制国家权力任意扩张至私人领域;由于存在公权力"遁入私法"(Fluncht in das Privatrecht)以逃避公法原则的约束以及责任的现象,也有必要严格划定公法私法的界限。② 公法人作为执行国家行政任务的主体,主体身份的确立及行政职权的获取都需要有立法上的依据,要么由法律法规直接授予,要么法律法规通过确立授权主体间接设立,以防止因公法人主体身份不确定或职责不明确影响公法人主体职权的行使,或侵害其他公法人或私法主体的合法权益。与此相应,国家对行政机关的管理方式也是采取科层制的制度化管理模式,通过制度化方式强化公法人内部行政管理,以减少公权力行使不当和公权力泛滥所带来的负面影响。

在国家行政任务的私法化的过程中,国家以外的公法人作为承接国家行政任务私法化的主体,成为国家行政机关以外具备独立团体人格的新的公法人主体,在实现国家公权力扩张的同时,也有效填补了国家公权力管理上的缺陷与不足,实现国家对经济社会生活的全面干预和管理。公法人制度的缺失,使新设立的公共团体组织职权无法通过立法方式予以确认,而国家行政机关在对公共团体组织进行管理的同时,也成为公共团体组织职权获取的唯一方式。这导致本应具备独立法人资格的公共团体组织,事实上转变为公共团体组织业务主管单位等行政机关的延伸,间接履行了业务主管单位等行政机关依法应履行的职权及依法应承担的相应义务。

公法人制度的缺失,将使公法人主体身份难以获得有效确认,公法人执行国家行政任务的权力来源方式也为国家行政机关公权力"遁入私法"提供了必要的条件。公

---

① 李建良:《论公法人在行政组织建制上的地位与功能——德国公法人概念与法制为借镜》,载《月旦法学》2002年5月第84期。
② 李震山:《行政法导论》,台湾三民书局1998年版,第27页。

共团体组织以法人身份执行国家行政任务的同时,法人人格外衣有效阻止了公共团体组织行使职权后果向国家层面的蔓延,使国家实质上执行国家行政任务的同时,避免了依法应承担的相应责任。可见,在公法人制度缺位的现行体制下,国家行政机关借助国家行政任务的私法化的契机,通过业务管理、窗口指导、登记管理等方式非法定授权方式,间接授予公共团体组织行政管理职权,本质上属于行政机关借助公法人制度管理上的漏洞,以实现脱逃国家对公权力主体制度化管理及依法应承担的行政管理职责的目的。

公权力制度的缺失,使本应纳入国家监督、管理范畴内的公权力逍遥法外,在侵害私法主体合法权益的同时,也使本应属填补国家行政机关行政管理不足地位的公共团体组织,一跃成为执行国家行政权力的主体。这并不利于现代行政组织体制下对公权力的管理。

第四,公法人制度的缺失使私权主体受到侵害时无法及时获得有效救济。公法人制度缺失,不利于公法人主体身份的确立,并给予公法人肆意侵犯私权及国家公权力"遁入私法"的空间,必然给私法主体权益带来严重的损害,甚至于剥夺或变相剥夺私法主体本应依法享有的权益。因此,应给予私法主体在权益受到侵害的情形下依法获得救济的途径。然而,在公法人制度缺失的情形下,私法主体权益受到侵害的情形下,应如何通过司法程序寻求救济并非毫无争议,具体可体现为以下几个方面:

首先,私法主体在权益受到侵害时,应通过何种途径寻求司法救济具有不确定性。公法人制度的缺失,使公法人作为国家行政任务私法化的途径及一种社会现实存在,难以真正获得普遍认可的法律主体地位,在影响公法人职权发挥的同时,也使行为相对方私法主体在权益受到侵害时,难以确定应采取何种方式维护自身权益。

《中华人民共和国物权法》第83条规定:"业主大会和业主委员会,对任意弃置垃圾、排放污染物或者噪声、违反规定饲养动物、违章搭建、侵占通道、拒付物业费等损害他人合法权益的行为,有权依照法律、法规以及管理规约,要求行为人停止侵害、消除危险、排除妨害、赔偿损失。业主对侵害自己合法权益的行为,可以依法向人民法院提起诉讼。"《物权法》规定确立了业主大会、业主委员会依法行使公权力的职权,同时该条第2款规定业主对侵害自身合法权益行为的诉讼享有主体资格。

事实上,侵害业主合法权益的情形可能有三种:一是国家行政机关依法行使职权过程中非法行使权力,侵害业主的合法权益;二是私法主体实施非法侵害行为,侵害业主的合法权益;三是公共团体组织执行国家行政任务过程中,使业主合法权益遭受侵害。若是国家行政机关行使职权过程中未依法行使职权,对业主合法权益造成损害,业主可依据行政复议法或行政诉讼法,将实施具体行政行为的行政主体诉诸法院,实现对自身合法权益的有效保障。若是私法主体侵害了业主的合法权益,业主可依据民事诉讼法,向法院申请要求侵权行为人停止侵害、排除妨碍、赔礼道歉或赔偿损失。然而,对于业主大会或业主委员会等公共团体组织在履行物权法赋予的管理职责过程中侵害业务合法权益的情形,业主应依行政复议法、行政诉讼法还是依据民事诉讼法获得救济不无疑义,《物权法》第83条规定也只是规定业主对侵害自身合法权益的情形有权向法院提起诉讼,但享有的是何种诉权、应通过何种诉讼程序、依法应承担何种程度的举证责任,以及可能得到的怎样的诉讼后果,仍不明确。

其次,私法主体权益受到侵害时,实体法上的权益能否获得与私法上同等的救济具有不确定性。如《中华人民共和国物权法》第 106 条规定:"无处分权人将不动产或者动产转让给受让人的,所有权人有权追回;除法律另有规定外,符合下列情形的,受让人取得该不动产或者动产的所有权:(一)受让人受让该不动产或者动产时是善意的;(二)以合理的价格转让;(三)转让的不动产或者动产依照法律规定应当登记的已经登记,不需要登记的已经交付给受让人。受让人依照前款规定取得不动产或者动产的所有权的,原所有权人有权向无处分权人请求赔偿损失。当事人善意取得其他物权的,参照前两款规定。"因此,对私法主体从事民事活动,且第三人对私法主体从事该民事活动存在信赖利益时,可依善意取得制度请求获得司法救济。

而对公法人而言,是否同样适用私法上的善意取得制度尚有一定争议。如有学者指出,如果拟制为私法人的公法人(和公法组织)在民法上超越目的范围与第三人从事民事活动,是否会产生保护善意第三人的信赖利益的问题应该针对不同情况具体分析,不宜采用一刀切的思路。① 也即如果公法人在民法上超越目的范围与私法主体进行交易,第三人以自身受让该不动产或者动产时是善意,或基于对公法人具有从事相应民事活动的主体资格等理由,主张保护善意第三人的信赖利益的主张未必均能获得司法机关的支持。

最后,私法权益主体受到侵害时,即便胜诉,权益能否得到全面有效的救济有较大的不确定性。国家行政任务私法化情形下诞生的公共社会团体组织,具备法人条件的情形下,虽被赋予独立承担民事责任的资格,但实际上能否独立承担民事责任不无疑义。《社会团体登记管理条例》第 27 条第 1 款规定:"社会团体必须执行国家规定的财务管理制度,接受财政部门的监督;资产来源属于国家拨款或者社会捐赠、资助的,还应当接受审计机关的监督。"社会团体资产来源为国家拨款、社会捐赠或资助等,其中,国家拨款为公法人社团的主要资产来源。

事实上,通过上面的分析,我们不难发现,公共社会团体组织作为国家行政任务私法化过程中逐步产生的特殊组织,筹备、登记及开展活动等都会受到业务主管单位的监管和干预。唯有契合业务主管单位需求的社会团体,才能获得业务主管机关的批准成为合法的社会团体。社会团体所开展的活动也不以满足社会需求为目标,其首先要满足的也是业务主管机关的需求,甚至直接成为业务主管机关的公权力的延伸,对私法主体活动进行干预。囿于上述因素影响,因国家行政任务私法化诞生的众多公共团体组织,本身并不具备通过社会捐赠、资助等市场化方式获得经费和资产的能力,国家拨款便实际上成为多数社会团体获得经费和资产的唯一或主要来源。《社会团体登记管理条例》第 26 条对社会团体专职人员工作人员薪酬等相关规定,便很好反映了社会团体的法人化不足问题。

社会团体在经费和资产来源均主要来源于政府拨款、专职人员参照事业单位管理

---

① 崔拴林:《论我国私法人分类理念的缺陷与修正——以公法人理论为主要视角》,载《法律科学》2011 年第 4 期。

的情形下,社会团体对私法主体采取行政化措施不当,或社会团体与私法主体在民事活动过程中存有违约或侵权行为时,私法主体诉权即便获得司法机关认可乃至胜诉,社会团体是否具备履行胜诉法律文书确定的义务仍不无疑义,假设社会团体不具备可供执行的财产,则私法主体所获得的胜诉法律文书必将成为一纸空文,本应承担社会团体责任的国家行政机关,却得以因此逃避本应依法承担的相应责任。这并不符合立法赋予法人独立人格应有的逻辑演变路径,也不利于公法人组织的良性发展。在私法人权益主体不能依法得到有效维护的情形下,社会团体的公共团体组织的法人化不足问题会因此得以进一步强化。

3. 法人制度重构与网络社团法律主体属性的确立

如上所述,宪法仅明确了公民的基本权利及国家机构的职责,未就法人基本权利予以明确,从而造成法人权益保障丧失宪法上的依据。《民法通则》虽明确了具备法人条件的机关、事业单位和社会团体可依法获得法人资格,但对于其中是否包括公法人主体资格的获取及是否涵盖对公法人行为的规范等问题,仍存在较大争议。《民法通则》作为私法领域的基本规范,所规范的对象自为私法领域的主体,其中所规定的法人条件及获取方式等是否包括公法人仍值得商榷。作为社会团体登记、管理的行政管理规范,《社会团体登记管理条例》对具备法人条件的社会团体予以了规范,明确具备法人条件的社会团体可依法获得法人资格,但其对非法人社会团体的登记、管理等未予以明确规定。

在我国,虽包括私法人在内的法人及其他公共社会团体组织等均未获得宪法上的支撑使得法人、公共团体组织的合法权益在某种程度上难以获得宪法层面的直接保障,但《宪法》第35条对公民结社自由这一基本权利的确认,又间接认可了对包括法人在内的公共团体组织权益的保护有一定宪法上的依据和必要性,遵循了保障法人等公共团体组织合法权益的宪法依据。《中华人民共和国民法通则》所确立的"公民、法人"二元体制、《中华人民共和国专利法》所确立的"个人、单位"二元体制,及以《中华人民共和国合同法》《中华人民共和国著作权法》等为代表所确立的"自然人、法人及其他组织"三元体制,体现了先行私法体系在团体人格确立方面的混乱状态。相关立法在公共团体组织法律主体属性的随意性,也并不利于有效保护公共团体组织的团体人格。同时,现行私法体系在公共团体组织方面规范的混乱状态及新近立法对"其他组织"概念的引入,也表明既有"法人"概念并未包括所有新型团体组织,而且对于如何确立包含网络社团在内的其他新型公共团体组织的团体人格属性任重而道远。

截至目前,就新型公共团体组织团体人格的认定也有二元体制和三元体制两种不同的观点。从上述分析可看出,"自然人、法人及其他组织"三元体制观点虽能在一定程度上维护"法人"概念的内涵和外延,但以"非法人组织"作为包括法人外其他公共团体组织有其固有的局限性,难以满足新形势下公共团体组织的发展需求,从而使网络社团等新型公共团体组织处于立法规范之外,相关团体权益难以得到确实有效保障。因此通过立法确立网络社团等新型公共团体组织的法人资格,重构现行法人制度,将网络社团等新型社会团体组织纳入法人制度框架,方能使网络社团等新型公共团体组织权益得到全面有效保障。

(1)法人基本权利的确立与网络社团法律主体属性的确定

《中华人民共和国宪法》共分为四章,第一章总纲对宪法规范的基本原则予以明确,第二章规范的对象为公民的基本权利和义务,第三章规范的对象为国家机构,第四章规范的对象为国旗和国徽。从宪法的基本结构来看,宪法规范的范畴重点为两个方面:一方面是公民的基本权利和义务,另一方面是国家机构。公民属于国家的基本构成,为各国宪法的重要组成部分,在国家建设发展过程中自有其举足轻重的作用。国家机构作为国家存续和管理的基本单元,与国家发展方向和治理模式联系密切,其自然也应作为宪法规范的基本范畴。然而,对于团体组织这一特殊法人人格是否应纳入宪法的规范范畴这一问题,各国存在一定差异,这一现象反映出各国对团体人格确立的不同态度。

在德国,1949年颁布的《德国基本法》第19条第3项对法人的基本权利予以规定,通过基本法形式确立了法人在德国法上的主体地位。20世纪60年代由德国宪法法院受理的一桩宪法诉讼案件将"公法人是否可以享有基本权利的保护"这一问题推向历史舞台。1967年,德国宪法法院判决认为,除特殊之例外情形,基本权利的保护不能到达公法人。因此,事实上在德国宪法法院看来,具备特殊例外情形条件的公法人应纳入《德国基本法》第19条第3项规范的范畴,属于《德国基本法》保护的范畴。虽然后续理论界和实务界对公法人应否纳入《德国基本法》第19条第3项法人范畴有较大争议,但德国宪法法院1967年判决可视为是将公法人纳入《德国基本法》规范法人范畴的重要依据,其对德国法上法人团体人格的保护起着举足轻重的作用。《德国基本法》第19条第3项有关法人的权益保障相关规定,将法人权益保障上升到宪法的层面,为公法上构建有别于私法人的独立公法人制度做了铺垫,避免通过私法制度确立公法人主体资格的尴尬,并为全面有效保障公法人主体权益奠定了坚实的基础。

在我国,《中华人民共和国宪法》第35条规定了对公民结社自由的保障,其结果往往也伴随公共团体组织的诞生,与此相应便是对公共团体组织权益进行保护的现实社会需求。宪法在法人主体确认及法人基本权利保障制度设置上的缺失,使法人制度的构建缺乏宪法上的依据,自然人(公民)以外的团体人格权益保障难以实际落到实处,公民聚集形成的团体组织人格及团体组织活动过程中的权益保障将因此缺乏宪法上的依据,我国《宪法》第35条所确立的结社自由能否得到确实有效保障值得期待。首先,《中华人民共和国民法通则》第35条明确具备法人条件的机关、事业单位和社会团体可依法获得法人资格,意味着国家、事业单位、社会团体等公法人在具备私法人条件的情形下,可依法以私法人主体身份参与市场公平交易活动,相应权益亦获得私法上的确认和保障。但这并不意味着《中华人民共和国民法通则》因此确立了国家、事业单位、社会团体的公法人主体地位。通过私法制度确立公法人主体身份,将使公法人资格的确立名不正、言不顺,难以全面有效保障公法人的主体权利。其次,《社会团体登记管理条例》也明确规定具备法人条件的法人可依法获得法人资格,未否认不具备法人资格及未登记为法人社团的社会团体主体地位,其契合宪法有效保障公民结社自由的宪法精神。但宪法对法人权益保障的缺失及《社会团体登记管理条例》在非法人社团规范方面的缺失,在客观层面对保障非法人社团合法权益造成障碍,使得非法人社团权益保障并未依法得到有效确认。

可见,宪法对法人基本权利确认的缺失,使对法人权益的保障难以有效落到实处,而相关制度对非法人公共团体组织规范的缺失,使非法人公共团体组织常常陷入非法的境地,权益保障更是无从谈起。通过宪法确立法人的法律主体地位,明确法人应有的基本权利,方能以此为基础逐步建立行之有效的公法人制度,使国家及国家行政任务在私法化过程中形成的其他公法人行为得以有效规范,且相应权益也能因此得到有效保障。作为公民参政议政的重要方式,网络社团属于互联网时代公民借助虚拟网络身份,通过互联网平台形成的虚拟公共团体组织。

(2)法人范畴的确定与网络社团法律主体属性的确定

与法人基本权利的缺失相应,法人范畴的不确定也是造成网络社团法律主体属性无法确认,网络社团权益保障难以确实有效落到实处的重要原因。如上述,《中华人民共和国宪法》对法人基本权利未予确认,《中华人民共和国民法通则》第50条虽赋予具备独立经费的机关及具备法人条件的事业单位、社会团体获取法人资格立法上的依据,但未明确赋予机关、事业单位和社会团体的公法主体身份,及机关、事业单位和社会团体的公法人权利,因此机关、事业单位及社会团体法人是否具备公法人主体身份仍存在较大疑义,以致事业单位、社会团体无论是在法律上还是现实中都存在严重的法人化不足问题。

同时,《中华人民共和国民法通则》第50条将具备独立经费的机关纳入法人范畴亦存在较大争议。国家行政机关作为国家机构的重要组成部分,其对有效完成国家行政任务起着举足轻重的作用。国家财政拨款、地方财政收入、地方国有企业和政府融资平台投资运作可以为政府机关管理、运作提供充足的资金来源和经费。因此,形式上,国家行政机关似乎具备独立承担承受责任的能力。然而,事实上,作为国家的重要组成部分,政府行政机关为国家对外执行行政任务的"手"和"脚",具体负责国家行政事务的执行,非经法定授权其不得从事职责范围以外的活动。国家行政机关经费来源也严格受限于国家的预算管理,在政府财政收入与财政支出实行收支两条线的情形下,依法获取的经费只能按国家预算管理办法实行专款专用。即政府行政机关权力来源,政府行政机关权力的执行本质上都受限于国家意志,政府行政机关行为不过是国家行为的特定表现形式。因此将政府行政机关纳入法人范畴存在明显的泛法人化问题,并将对国家及交易相对方权益造成不必要的损害。

法人范畴的不确定,还表现为理论界和实务界对法人范畴认识上的严重偏差,其严重影响网络社团等新兴公共团体组织权益的全面保障。具体表现为以下两个方面:

第一,《中华人民共和国民法通则》第二章并未严格限定应纳入法人范畴的公共团体组织为企业法人、机关法人、事业单位法人和社会团体法人等四种。《中华人民共和国民法通则》第36条规定,法人是具有民事权利能力和民事行为能力,依法独立享有民事权利和承担民事义务的组织。第37条规定,法人应当具备下列条件:(1)依法成立;(2)有必要的财产和经费;(3)有自己的名称、组织机构和场所;(4)能够独立承担民事责任。《民法通则》第三章第二节、第三节、第四节还分别就企业法人、机关、事业单位、社会团体及通过联营方式形成的团体法人资格的确立进行了具体明确。因此,一般认为《民法通则》第 36 条、第 37 条对法人资格取得的基本条件予以规范,企业法人、机关法人、事业单位法人及社会团体法人均为法人的具体表现形式。

然而,通过《中华人民共和国民法通则》第三章却不难发现,第一节为法人的一般规定,第二节为企业法人,第三节为机关、事业单位和社会团体法人,第四节为联营。即除企业法人、机关法人、事业单位法人和社会团体法人之外,通过联营方式组成的团体组织,在具备法人条件的情形下,也可依法获得法人资格。因此,法人范畴应不仅仅限定于企业法人、机关法人、事业单位法人和社会团体法人等四类,立法并未排除法人以机关法人、企业法人、事业单位法人及社会团体法人以外的其他形式存续的可能。尽管如此,从当前法人登记管理等相关立法规定来看,可将事业单位法人纳入《事业单位登记管理暂定条例》进行统一规范和管理,社会团体法人可纳入《社会团体登记管理条例》进行统一规范和管理,通过联营等上述四种类型以外的其他方式形成的新的公共团体组织,可能因立法规定方面的不明确致使其应有合法权益将无法获得及时有效保障,以致现实中除企业法人、事业单位法人及社会团体法人外,实际上并无其他法人形式存续,从而不利于及时有效保障企业法人、事业单位法人及社会团体法人外其他公共团体组织的合法权益。

《中华人民共和国民法通则》第三章有关法人的规定,及《事业单位登记管理暂行条例》《社会团体登记管理条例》《基金会登记管理条例》等公共团体组织登记管理规范的逐步明确,为事业单位、社会团体、基金会等公共团体组织的合法确立奠定了基础,同时却也间接限制了事业单位、社会团体基金会等公共团体组织以外的其他公共团体组织身份的合法化和多元化发展。与事业单位、社会团体权益保障不同的是,《中华人民共和国公司法》《中外合资经营企业法》《中外合作经营企业法》《中华人民共和国外资企业法》《中华人民共和国合伙企业法》等规范的确立,弥补了《中华人民共和国民法通则》《中华人民共和国公司登记管理条例》等规范在企业法人权益保障方面的不足,为全面有效保障企业法人合法权益奠定了相对坚实的基础。2016 年以来,随着商事登记改革过程中各地善事登记管理条例的颁布,企业法人合法权益得到进一步保障,逐步脱离通过"登记"获得法律主体身份的窘境。

由此可见,机关、事业单位、社会团体虽与企业法人同时列为可依法获取法人资格的法律主体,但其法人主体属性并未得到完全的确认。相关立法在企业法人、事业单位法人和社会团体法人权益保护方面的差异便是很好的例证,企业法人经过数十年的发展之后,已逐步发展为具备相对独立法律主体资格的市场主体,而事业单位、社会团体等非企业团体组织在很大程度上仍被视为国家任务私法化的工具,法律主体属性和主体权益自然也难以得到全面有效的保护。网络社团等新型团体组织的存续虽不违反《中华人民共和国宪法》《中华人民共和国民法通则》等相关法律规范,但相关团体组织登记管理规范的缺失实质上抑制了该类团体的发展和对已存续主体合法权益的保护。

第二,现行立法规定以"独立承担民事责任"作为区分法人与非法人组织的重要标志,虽然形式上有利于维护法人团体结构的稳定性,但实质上并不具备明确划分法人与非法人社团的基础。《中华人民共和国民法通则》第 36 条规定,法人是具有民事权利能力和民事行为能力,依法独立享有民事权利和承担民事义务的组织。对法人内涵进行了初步界定。该法第 37 条同时规定:"法人应当具备下列条件:(一)依法成立;(二)有必要的财产或者经费;(三)有自己的名称、组织机构和场所;(四)能够独立承担民事责任。"这初步明确获取法人资格依法应具备的基本条件。

　　公共团体组织能否依法获取法人资格,很大程度上取决于该公共团体组织是否具备依法独立承担民事责任的能力。然而,首先,是否具备独立承担民事责任这一表述本身存在较大的弹性。如具有大额资产的分公司通常并不认为具备独立承担民事责任的能力,而存在巨额亏损或新设立的公共团体组织,只要其本身获得企业法人登记,即被视为具备依法独立承担民事责任的能力。因此是否依法具备独立承担民事责任的能力,很大程度上取决于公共团体组织发起人的意愿及登记管理机关的认可,而与该团体组织本身是否具备资产,是否具备履约能力等其他事项并无明显关联。因此,法人与合伙企业类似,本质上属于立法拟制的法律主体,法人团体人格的取得取决于立法对该公共团体组织性质的确认。

　　其次,以"独立承担民事责任"与否作为确立法人资格的条件易模糊法人的界限,并使本应纳入法人范畴监管的公共团体组织被迫陷入不合法组织的境地。事实上,新中国成立以后,立法在创设"法人"概念时,对合伙企业、非法人社团等其他新型团体组织并无清晰地认识,对相应团体组织的团体人格并未通过立法予以明确确认。1982 年宪法将法律主体划分为公民和国家机构,并未确认法人的立法地位;1986 年《中华人民共和国民法通则》确立了自然人、法人的法律主体地位,并适度保护了以联营方式成立的公共团体组织的合法权益。《民法通则》规定,法人资格确认的基本条件为依法成立,有必要的财产或者经费,有自己的名称、组织机构和场所,能够独立承担民事责任等四项,符合上述条件的公共团体组织可依法申请获得法人资格,不具备上述基本条件的公共团体组织依法仅能以非法人团体形式继续存续。与此相应,《事业单位登记管理暂行条例》《社会团体登记管理条例》《基金会管理条例》等相关法规也明确具备法人条件的公共团体组织可依法申请获得法人资格。能否独立承担民事责任,也成为是否应取得法人资格及以事业单位、社团团体资格进行活动违法与否的重要标志。

　　随着社会经济的发展,以非法人形式呈现的公共团体组织日益增多,并逐步得到立法的确认。如 1997 年颁布的《中华人民共和国合伙企业法》对合伙企业的法律主体身份予以确认,现行《中华人民共和国合同法》《中华人民共和国著作权法》《中华人民共和国商标法》《中华人民共和国民事诉讼法》《中华人民共和国行政诉讼法》《中华人民共和国仲裁法》等相关法律规范则直接引入"其他组织"概念,通过"其他组织"这一概念包括各非法人团体组织,并以立法方式逐步确认非法人团体组织的各项合法权益,认同"不具备独立常丹民事责任"的团体组织的法律主体地位。然而,如上述,能否独立承担民事责任,在一定程度上取决于公共团体组织的申请意愿及业务主管单位、登记管理机关的审批和登记。除立法明确不需要登记的公共团体组织,其他组织都将已登记与否作为判断是否具备独立承担民事责任的标志,从而形成形式上具备法人身份但实际上不具备独立承担责任的"僵尸法人"与形式上不具备法人身份但实际上已成为日趋活跃的"不合法组织"两者长期共存的局面。

最后，即便"独立承担民事责任"为私法人取得法律主体资格的条件，但并非所有公共社会团体组织取得法人资格的条件。事实上，法人包括"公法人"和"私法人"两类。"私法人"为私法上的法律主体，具备"私法人"法律主体地位的公共团体组织可以"私法人"主体身份参与私法上的活动，具备"公法人"法律主体地位的公共团体组织可以"公法人"主体身份参与公法上的活动。因此，即便认可法人资格的取得需具备"独立承担责任"，也不能将取得法人资格的条件限定为"独立承担民事责任"。将具备"独立承担民事责任"作为左右法人主体资格取得的条件，也意味着否定公法人的法律主体地位，将"法人"限缩于"私法人"范畴之内将进一步导致公法人存续的现实与立法上对公法人主体资格的间接否定之间的矛盾和冲突及法人范畴的不明确。

可见，现行立法将"独立承担民事责任"作为划分法人与非法人团体组织的重要依据，并将不具备"独立承担民事责任"的特定公共团体组织划入"其他组织"的范畴，通过创立"其他组织"概念，从而囊括现实社会实践不断创立的非法人团体组织。出于对公共团体组织监管上的需要，催生出《中华人民共和国公司登记管理条例》《中华人民共和国合伙企业登记管理办法》《事业单位登记管理暂行办法》《社会团体登记管理暂行条例》《基金会管理条例》等行政管理规范，它们对企业、事业单位、社会团体及基金会等公共团体组织进行区别登记和管理，实现了形式上行政机关对法人及其他组织的全面有效监管。然而，其将法人限定于独立承担民事责任的私法人范畴，使法人仅存续于私法人领域。企业、事业单位及社会团体等公共团体组织登记管理规范的出台，也将企业、事业单位、社会团体大多限定于法人范畴，导致"僵尸法人"与"不合法组织"共同存续的局面及法人化不足与泛法人化大量存续的现象。因此不利于维护法人制度内在的稳定性，也使网络社团等新型公共社会团体组织权益难以得到切实有效保障。

(3) 法人类型划分与网络社团法律主体属性的确定

按不同的标准，可以对法人进行不同的分类。外国法上，根据不同的划分标准，对法人的分类有以下几种：①社团法人与财团法人。社团法人是以社员为基础的人的集合体，以公司、合作社及各种协会等为代表。财团法人是指为一定目的而设立，并由专门委任的人按照特定的目的使用的各种财产的法人，如基金会、寺院及慈善组织等表便是典型的财团组织。②营利法人、公益法人和中间法人。营利法人是指以营利为目的，并将营利分配给其成员的法人，如公司。公益法人是指以公益为目的的法人，如基金会、寺院、慈善组织等。中间法人是指既不以营利为目的，也不以公益为目的的法人，如同乡会、校友会等。③公法人和私法人。公法人是指以社会公共利益为目的，由国家或者公共团体依公法所设立的方式行使国家权力和政府职能的组织，如国家任务私法化过程中形成的各类具备法人条件，并依法获得团体法人登记的公共团体组织。私法人则是以私人利益为目的，依据私法设立形成的法人，如民营企业。④本国法人与外国法人。具有本国国籍的法人为本国法人，不具有本国国籍的法人为外国法人。

与上述划分所不同的是，我国现行立法对法人的划分相对较为狭隘。这首先表现为《中华人民共和国民法通则》《中华人民共和国合同法》等相关法律规范将法人仅限定于具备独立承担民事责任的公共团体组织领域，本质上将法人严格限定于私法人的范畴。同时,《中华人民共和国民法通则》第三章将法人划分为企业法人、机关法人、事业单位法人、社会团体法人及通过联营方式去的法人资格的法人等数类,对私法领域法人类型做了进一步的划分。然而,我国现行立法有关法人的划分存在固有的缺陷与不足。一是将法人限定于私法人领域与现行社会实践认可公法人法律主体地位的社会现实相互矛盾。二是模糊了公法人与私法人之间的界限,在赋予事业单位、社会团体等公法人国家行政任务私法化职能的同时,将事业单位、社会团体组织责任限定于民事责任领域,从而形成立法上对事业单位、社会团体组织独立承担民事责任能力的确认与相应组织本质上不具备履约能力之间的巨大鸿沟。三是限制了符合国家行政任务私法化要求以外的其他公共团体组织的形成,使网络社团等实质上符合现实社会需求的公共团体组织难以得到立法的有效确认,相应团体人格和合法权益也难以得到有效的确认和保障。

可见,我国现行立法有关法人的划分,已无法满足网络社团等新型公共社会团体组织不断诞生的现实社会需求,将法人限定于"独立承担民事责任"的私法人领域,虽有利于解决国家行政任务私法化过程中国家责任的减免,但已无法满足保护现实社会实践不断诞生的不具有国家行政任务私法化职责的其他公共社会团体组织的权益的需求。即在我国现行法律体系有关法人的界定和分类模式下,网络社团等新型公共团体组织的法律主体地位及合法权益无法得到全面有效保护。相关立法对新型公共社会团体组织权益确认的规避,难免将造成行政机关对新型公共团体组织监管尺度的差异。在强调联合执法打击非法组织的社会环境及严苛的打击任务要求下,网络社团等新型公共社会团体组织也将由于无法纳入现行立法中法人的任一类型而被迫纳入非法组织,从而遭受监管部门的合法取缔。

第二章

网络社团的勃兴

第一节 社会环境：群体时代是网络社团孕育的土壤

"对任何法律制度的理解都不能完全脱离该法律制度所为之服务并且对之加以调整的社会的历史。"① 网络社团勃兴也要考察其形成背后特定的社会环境。法国著名社会心理学家勒庞说过，"我们要进入的时代，千真万确将是一个群体的时代"②。传统正式社团在设立、发展方面的障碍，传统非正式社团设立、发展的合法性困境，现实社会主体参与公共社会团体组织渠道的严重不足，是引发网络社团出现和蓬勃发展的现实社会环境。

一、传统非正式社团的兴起及发展

新中国成立后，中国大陆社团的兴起和发展经历了较为波折的形成和发展阶段。新中国成立后至改革开放前期，受当时国际、国内环境影响，我国大陆逐步建立了具有中国特色的社会主义政治经济体制。特定的历史条件下形成的权力高度集中的政治经济体制与当时一元化的意识形态相互契合，使得社会成员被严格地束缚于以"单位"为基础的体制之内。在这种单一封闭的社会体制之中，形成了一种独特的社会政治现象，学术界有人称之为"总体性社会"。③

在总体性社会中，国家通过"单位"的形式对社会成员和社会资源进行全面的垄断和控制。任何社会资源的分配和流动，均须获得国家行政主管部门的审批和确认，社会成员的流动也因国家行政管理需求被严格限定于特定的区域。因此，在总体性社会形态下，受当时特有的政治形势影响，民间组织的设立、运行和存续必然受到政府主管部门的严格控制，民间组织日常运行所需的经费主要依赖于政府的财政拨款。因此，当时所谓的民间组织都不过是国家行政任务私法化的工具，而那些符合市场发展需

---

① ［英］巴里·尼古拉斯：《罗马法概论》，黄风译，法律出版社2000年版，第2页。
② ［法］古斯塔夫·勒庞：《乌合之众》，冯克利译，中央编译出版社2016年版，第7页。
③ 孙立平：《改革前后中国国家、民间统治精英及民众间互动关系的演变》。转引自熊光清：《中国网络社团兴起的影响：国家与社会关系的视角》，载《南京社会科学》2009年第11期。

求,满足人民需要的相对独立、自主的民间社团实际上并未产生。这一时期的民间组织的运行、组织形式、活动策划及社团发展方向等均受到政府的全盘掌控,"国家对社会生活的方方面面进行全面干预和控制,独立于国家的民间组织根本没有生存的空间",①现代法律体系下的民间社团组织实际上并不存在,契合国家行政任务私法化的民间社团组织数量也相对有限。20世纪50年代初,全国性社团只有44个,20世纪60年代也不到100个,地方性社团大约在6000个。②

改革开放以后,国家对社会资源和社会成员控制的逐步松绑,给予社会力量自我发育和生长的空间,并且符合市场发展规律的组织化的社会需求也逐步得到满足,用民间社会自身的力量来协调民间社会自身的行为,逐渐成为社会调节的重要方式。在市场化改革推进速度较快的地区,商会等中间组织已逐步分担政府在社会资源配置和调节方面的作用,并开始在社会经济活动中发挥越来越重要的作用,而政府对社会资源垄断控制和支配地位逐步被削弱。随着以市场为导向的经济体制改革的不断深入,国家与社会间的结构分化更加深化。这种变化正在并将继续对整个社会结构产生深远的影响。③民间力量在社团组织中的影响力和作用逐步得到凸显,以民间力量为主导的社团组织也随着改革的推进数量日渐增多。到了1989年,全国性社团增至1600个,地方性社团达到20多万个。④根据民政部2015年6月发布的2014年社会服务发展统计公报显示,及至2014年年底,全国共有社会服务机构166.8万个,⑤其中符合当前社团双重管理要求的民间社团的数量较1989年也有了较大幅度的提升。

随着改革开放的深入开展,政府或主动或被动地响应了市场的需求,允许并推动各类市场中介组织的发展。⑥民间社团在数量剧增的同时,质量也有了一定的提升,其逐步朝着"去官方化"民间性社团的方向转变。民间社团的设立在某种程度上已逐步契合市场和民间社会发展需求,不再完全服务于政府行政机关,其组织和活动也能在某种程度上脱离政府行政机关的完全控制和约束,且成立和运作能在一定程度上体现社团自身设立的目标和宗旨。到了90年代中期以后,行业协会逐渐成为企业与政府之间的桥梁,同时还发挥单个企业和政府都无法承担的"行业自律职能",政府不但允许和主动推动行业协会和其他市场中介组织的发展,而且逐步赋予他们越来越大的自治权利和部分公共管理权力。⑦

国家行政机关对社会资源和社会成员垄断和控制的松绑不仅体现于行政管理方

---

① 熊光清:《中国网络社团兴起的影响:国家与社会关系的视角》,载《南京社会科学》2009年第11期。
② 王名、刘国翰、何建宇:《中国社团改革》,社会科学文献出版社2002年版,第4页。
③ 孙立平、王汉生、王思斌等:《改革以来中国社会结构的变迁》,载《中国社会科学》1994年第2期。
④ 王名、刘国翰、何建宇:《中国社团改革》,社会科学文献出版社2002年版,第105页。
⑤ 《民政部发布2014年社会服务发展统计公报》,中华人民共和国民政部,http://www.mca.gov.cn/article/zwgk/mzyw/201506/20150600832371.shtml,下载日期:2016年12月8日。
⑥ 康晓光:《转型时期的中国社团》(论文节选),载《中国青年科技》1999年10月第64期。
⑦ 康晓光:《转型时期的中国社团》(论文节选),载《中国青年科技》1999年10月第64期。

面,还体现于制度的建设方面。1950年颁布的《社会团体登记暂行办法》规定,社团的登记管理机关是政务院下属的内务部和地方各级政府,对社团的登记、管理进行确认,通过立法方式确认社团的主体地位。然而,该办法颁布后,政府内部并未设立专门的机构和部门对社团的登记和管理,导致"民政部门实际上未能垄断社团的审批权,各个政府部门都有权审批和管理社团,甚至有些社团也在审批和管理社团,也有一些社团'浑水摸鱼'未经任何部门审批就擅自成立并开展活动"。① 在此背景下,各政府部门可根据自身实际需求,通过设立社团协助执行国家行政任务,但在无限扩大政府机关行政管理职能的同时,也造成社团管理方面的极度混乱。

1989年,国务院颁布《社会团体登记管理条例》对社团登记、管理等事项进行进一步的明确和规范。《社会团体登记管理条例》规定,社会团体是指中国公民自愿组成,为实现会员共同意愿,按照其章程开展活动的非营利性社会组织;条例明确,成立社会团体,应当经其业务主管单位审查同意,并依照本条例的规定进行登记。条例抽象了社会团体内涵和外延,在明确社会团体范畴的同时,也建立了社会团体的"双重分层管理"体制,即新设社会团体首先须经过相关业务主管单位审查同意,并向登记管理机关进行登记,方可取得社会团体资格及以社会团体名义对外开展活动,并对社会团体的成立、登记和管理方式进行了相对较为严格的规定。

《社会团体登记管理条例》的颁布,社会团体双重管理体制的建立,在确立社会团体业务主管单位及登记管理机关的同时,也引发了行政管理机关对既存社会团体的大规模复查登记和清理整顿,通过复查登记、清理整顿等方式对全国范围内既有社会团体进行清理和整顿,使不符合业务主管单位需求、超越业务主管单位管理范畴的社会团体被清理出局,并使不符合业务主管单位执行国家行政任务的社会团体、跨越单一行政主管单位管理范畴的社会团体登记日益受限,从而导致"未经登记的非正式社团大量涌现"。②

从传统民间社团的发展历程来看,民间社团发展过程中主要呈现以下特色:

1. 社团数量急剧增加,社团服务范围日趋庞杂,服务功能日渐齐全

社团的运行完全依赖于政府机关业务主管部门的意志和指令,社团的设立在很大程度上是为了强化相关政府部门的职能,而政府机关通过设立和运行社团来延伸自身在相关领域的触角以达到总体性社会控制的目的,政府和国家的力量在社团设立和运行的过程中得到了扩张,使社会生活领域的各个方面几乎都处于国家和政府的控制之下。截至1989年,全国性社团则增至1600个,地方性社团达到20多万个。进入20世纪以来,民间社团的种类和数量更是与日俱增,截至2014年全国社团已超过160余万个。社团数量剧增的同时,"政府逐渐意识到,有些事情自己做不了也做不好,而且让社会来做对自己也没有什么直接的危害"③,因此社团得以逐步脱离政府机关的控制和约束,并朝着社会化的方向进化和发展。

---

① 康晓光:《转型时期的中国社团》(论文节选),载《中国青年科技》1999年10月第64期。
② 康晓光:《转型时期的中国社团》(论文节选),载《中国青年科技》1999年10月第64期。
③ 康晓光:《转型时期的中国社团》(论文节选),载《中国青年科技》1999年10月第64期。

可见,随着经济体制改革的深入,中国政府逐步认识到原有的计划经济体制已无法适应市场经济发展的要求,单一式的社会管理和保障方式也无法满足多样化的社会需求,一元化的政府资源占有、供给和控制方式与日趋旺盛的市场需求之间的矛盾日渐凸显。政府已不得不依赖民间社团和社会力量,通过民间社团和社会力量的润滑作用来逐步缓解二者之间日趋尖锐的矛盾关系。随着社会资源占有与控制的多元化,政府组织之外开始了民间社会的组织化过程,相关社团的设立与运行已不完全受制于政府部门,并出现了一些具有政府行政管理职能的行业协会(如中国轻工总会),逐步开启了民间社团与政府组织相互合作的先例。社团在脱离政府控制和约束的同时,也不再单向服务于政府部门,其服务内容和服务范围也逐步扩展到旅游、环保、公益等方面,在服务社团内部成员的同时,也发挥其服务公众的作用。

2. 合法设立的社团直接受制于政府,社团的运行直接或间接受到政府行政机关的管理和约束

原中央人民政府政务院政务会议于1950年9月29日通过的《社会团体登记暂行办法》明确规定,凡社会团体均应依照本办法的规定向人民政府申请登记,社团自筹备至解散须经过筹备登记、设立登记和注销登记等三个阶段,相关社团的设立、运行等收到严格的审查和约束,凡不符合政府意志的社团都将可能因此在设立阶段不被批准,社团的设立不过是政府触角延伸的方式和手段,社团日常运作的经费和资源也都基本来源于政府部门直接或间接的供给,因此造就了一个既依赖又游离于政府机关的特殊社会群体。社团负责人也以政府任命的方式确立,相关社团自然也是以官本位的思维模式和方式处理日常事务,并未形成真正满足现代"社团"概念要求的民间社团。

1989年10月25日由国务院颁布的《社会团体登记管理条例》在明确民政部门是唯一的社会团体登记机关的同时,也建立了社团的"双重管理体制"。该《条例》规定,申请成立社会团体,应当经其业务主管单位审查同意,由发起人向登记管理机关申请筹备。意味着社团不仅仅需要向全国性或区域性的民政部门申请登记,还需要在申请登记前明确自身业务范围及业务主管单位,并以此为基础向相关业务主管单位先行提出申请,经业务主管单位批准后方可向民政部门申请设立登记。不符合业务主管单位需求,或超越现有业务主管单位业务范围的新型社团必然不受业务主管单位欢迎,社团相关的设立往往也困难重重。

由此可见,当前合法的社团仍直接置于政府的直接或间接的严格控制之下,政府业务主管机关的确立及业务主管机关对社团设立的审核和批准都将影响社团的设立,并从源头上遏制不符合政府意愿的社团及政府当前资源无法有效控制的民间社团的成立。反之,能获得业务主管部门批准设立的社团要么是完全符合政府意愿并能有效实现政府控制和管理社会的社团,要么是属于政府控制之下并能弥补政府在某些社会领域缺陷与不足的社团,但它们并非都能有效反映社会成员本身设立社会团体的意愿和要求。已成立的社团仍在较大程度上依附和服务于政府,而非组成社团的社员本身。

3. 非正式社团与合法社团共存的情形成为社团发展过程中的特有现象

人类社会发展的历史和实践表明,市场和政府时常出现失灵。利维坦或者私有化

均不是唯一有效的解决方案,人类社会中的自我组织和自治,实际上是更为有效的管理公共事务的制度安排。① 通过对自新中国成立以来的社团发展历程的梳理和分析,我们不难发现,不受政府主管单位和登记单位欢迎的非正式社团始终大量存在。有调查显示,受制于严格的社团管理制度,二十世纪七八十年代,"有些社团'浑水摸鱼'未经任何部门审批就擅自成立并开展活动",至九十年代,"未经登记的社团大量涌现,而且发挥的作用越来越大"。② 进入 21 世纪以来,这一态势并未得到改观,反而愈发严重,有学者调查显示至 2003 年上半年深圳、安徽部分地区经过正式登记的民间组织数量只占民间组织实际数量的 8%～13%。③

事实上,社团的设立首先应满足筹备该社团的成员特定愿望或目的。国家行政机关主导的社团成立的目的在于国家行政任务的私法化,契合国家行政管理要求的公共团体组织也易于获得业务主管单位的审批和登记。基于社会经济发展的需要,由公民或公共团体组织主导发起设立的公共团体组织,其成立的目的在于筹备该公共团体组织成员有特定目的、意愿或需求,但该目的、愿望和需求却未必契合业务主管单位的意愿,甚或超越业务主管单位监管范围。因此,非国家行政机关主导发起设立的公共团体组织,往往因筹备目的、宗旨和发展方向不符合国家行政机关监管要求,难以获得业务主管单位的批准,更无法取得民政部门颁发的社团法人登记证书,因此只能以非正式社团的身份参与活动。

非正式社团(非法社团)与正式社团(合法社团)共存的现象,无论是在社团发展初期还是社团发展相对成熟的今天,都始终存在。非正式社团的产生和存续,很大程度上与正式社团的产生和存续有很大关联。正式社团主体资格取得的特有方式,决定了其设立难以满足现实社会需求,社会力量只能通过设立非正式社团填补正式社团的不足,由此催生了大量的非正式社团的成立,导致正式社团与非正式社团共同存续的状态。

4. 正式社团作用式微与非正式社团功能日渐强大之间形成巨大反差

业务主管单位与登记机关的双重管理体制,导致非正式社团这一特殊非法群体的产生,造成其与正式社团共同发挥作用的局面。不仅如此,在双重管理体制下,获得国家行政主管单位批准的公共团体组织,未必都朝着设立初期的目的和宗旨开展活动。正式登记社团不按宗旨正常开展活动,或者干脆不作为的情形也多有出现。④ 时至今日,甚至还出现诸如工会代表企业与职工进行诉讼⑤、律协限制律师代理敏感案件⑥等

---

① [美]埃菲塔·奥斯特罗姆:《公共事物的治理之道》,余逊达、陈旭东译,上海三联书店 2000 年版,第 6 页。
② 康晓光:《转型时期的中国社团》(论文节选),载《中国青年科技》1999 年 10 月第 64 期。
③ 谢海淀:《中国民间组织的合法性困境》,载《法学研究》2004 年第 2 期。
④ 《徐瑞新副部长在部分社团负责同志座谈会上的讲话》,载民政部社团管理司管理处编:《社会团体管理工作手册》(内部资料)1996 年 7 月,第 132 页。
⑤ 黄博等:《工会主席代表企业与职工对簿公堂》,2003 年 3 月 31 日,http://zqb.cyol.com/content/2003-03/31/content_638039.htm,下载日期:2016 年 8 月 26 日。
⑥ 王群:《限制律师代理"敏感案件",有违司法改革》,载《新京报》2015 年 9 月 18 日,第 A5 版。

一系列有违社会团体常态化发展需求的异常情形,其根本原因在于此类社会团体是为契合国家行政机关特定社会管理需求而设立的。随着社会的发展及国家行政管理需求的不断变化,由国家行政机关主导设立的社会团体其相应活动目的和宗旨便缺乏一定的现实社会基础,以致正式社团成立初期的任务完成之后,存续期间的作用也日渐式微,活动的目的和宗旨也日渐模糊,使得正式社团作为社会与国家之间的润滑和中介功能也因此变得越发薄弱。

正式社团登记的障碍及正式社团设立后期的不作为,使公众探寻新的民间组织参与渠道的愿望日益强烈,因此催生大量的非正式社团与正式社团共同存续的情形。正式社团润滑和中介功能的削弱,也促使社会力量借助非正式社团等其他方式寻求新的救济,因此非正式社团逐步成为缓和国家与社会之间矛盾和冲突的新的载体。不仅如此,正如昂格尔所指出的,日益明显的是这些组织以准公共方式行使的,影响其内部成员生活的权力使人们更难保持国家行为与私人行为之间的区别。① 未经登记的非正式社团的大量涌现和发展壮大及正式社团功能和作用的日渐式微,使非正式社团在社会经济生活领域的功能和作用也越来越大,造成正式社团作用式微与非正式社团功能日渐强大之间的巨大反差。

二、传统非正式社团的合法性困境与网络社团的诞生

传统非正式社团的涌现在一定程度上填补了正式社团作用不足及设立困难的方面的困境,并为加强国家与社会之间的沟通和交流奠定了基础。然而,传统非正式社团的特殊存续方式,也意味着非正式社团的存续难以获得立法和行政管理机关的直接认可,甚至可能被行政管理机关归入非法组织的范畴,从而以"非法组织"的名义予以取缔。现行立法确定的双重管理体制,导致正式社团成立门槛过高,传统非正式社团所面临的合法性困境,迫使公众寻求其他的参与渠道,以表达他们特定的意愿或实现特定的目的。

互联网、智能手机等智能网络终端设备的开发、运用、推广和不断升级,为无法通过正式社团和传统非正式社团参与社会组织的个体创造了新的机会,特别是为传统参与渠道不足的地域注入了新的希望和生机。互联网科技的发展,拓宽现实社会主体的参与渠道,为现实社会主体参与公共团体组织活动提供了新的便捷途径。在新渠道疏通的同时,也可能会激发阶层内部及阶层间固有的矛盾和冲突,特别是群体间的既有的不平等和歧视问题将因网络沟通渠道的开放变得日渐凸显。对此,有学者认为,随着互联网的发展,将导致"网络媒体促进社会全面进步的潜力还没开发出来,传统的社会矛盾和冲突就借科技还魂,在网络和现实的空间里一发不可收"。在移动互联网的发展日趋成熟的今天,借助互联网平台和互联网终端,"让原先沉默的大多数现在可以以当事人的身份直接叙述自己的经历,或是作为草根群体的一员表达自己的观点和评论"。互联网及网络社团本身并非为产生上述系列社会问题的原点,经由互联网及网

---

① [美]昂格尔:《现代社会中的法律》,吴玉章、周汉华译,中国政法大学出版社1994年版,第7页。

络社团暴露的种种社会问题事实上早已存在。"随着网络的普及,用户创制内容的大潮只是让中下阶层的社会现实,特别是其中的社会问题,更快、更有力地浮出水面。"①

由此可见,在互联网及互联网终端技术相对成熟的今天,网络社团得以飞速发展的重要原因在于其特殊的社会环境。如有学者在论述传播技术与社会问题的关系时所指出的,"归根结底,中低端信息传播技术不是解决社会问题的万灵药,阶级关系才是信息中下阶层面临的根本问题,而手机互联网也是阶级关系得以彰显的新渠道"。②当前,中国现有制度环境严格限制社会团体的发展和控制社团的运作,从而制约着社会团体实力和规模的发展壮大,使中国公民的结社行为受到很大约束,这样,作为一种受约束较少的结社方式,网络结社成为中国公民实现结社意愿的重要方式。③ 现实社会问题的堆积与参与渠道的匮乏,自发地催生和助长了网络社团这一独具特色的网络虚拟群体。

第二节 成长基因:社会主体的需求是网络社团形成的基础

外部环境的形成和变化会在一定程度上影响社会团体存续的方式,在正式社团受到全面支持和鼓舞的情况下,参与正式社会会成为现实社会主体参与公共团体组织活动的主要方式。在正式社团参与途径不足或受限的情况下,通过传统非正式社团成为现实社会主体参与公共团体组织活动的重要方式。然而,传统非正式社团是以传统熟人社会为基础逐步发展起来的,传统非正式团体的合法性困境及以熟人社会为基础搭建的公共团体组织固有的局限性被无限放大,使其难以有效填补正式社团不足所带来的沟通渠道不足问题。网络社团等公共团体组织的成型离不开特定的历史背景和社会环境。

事物的发展是由内因和外应两方面共同决定的,外因能在某种程度上加速网络社团的成型,但影响事物发展方向的最终决定因素是影响事物发展的内因。现实社会环境的变化虽能为网络社团的催生提供必要的土壤,却并非是事物发展的最终决定因素。与此不同,现实社会主体的内在需求对网络社团的催生、存续和发展起着决定性作用,正是当下现实社会主体对通过网络社团进行沟通、交流的现实社会需求,才在一定程度上决定了网络社团的诞生。

一、社会主体在不同阶段有不同层次的需求

美国著名心理学家马斯洛提出,"人只靠面包活着"并不是谬论,但这只有在没有

---

① 邱林川:《信息时代的世界工厂》,广西师范大学出版社2013年版,第255、283页。
② 邱林川:《信息时代的世界工厂》,广西师范大学出版社2013年版,第256页。
③ 熊光清:《中国网络社团兴起的影响——国家与社会关系的视角》,载《南京社会科学》2009年第11期。

面包时才是事实,那么当面包充足,并且人们腹中长期有食物时,其他更高级的需求就会开始出现,这些需要(而不是生理上的饥饿)开始控制机体。假如身体需要和安全需要都得到了很好的满足,爱、感情和归属的需要就会产生,并且以新的中心……他一般渴望同人们有一种充满深情的关系,渴望在他的团体和家庭中有一个位置,他将为达到这个目标而做出努力……我们相信我们社会的流动性,传统的团体的瓦解,家庭的分崩离析、代沟,持续不断的都市化以及消失的乡村式的亲密,还有美国式友谊的肤浅加剧了人们对接触、亲密、归属的无法满足的渴望,以及战胜目前广为蔓延的异化感、孤独感、疏离感的需要。①

在马斯洛看来,人类基本需要的层次可以划分为生理需要、安全需要、归属和爱的需要、自尊需要及自我实现的需要等几个方面。生理需要是作为动机理论基点的需要,"如果生理需要没有得到满足,并且机体因此而受到生理需要的主宰,那么其他需要可能变得似乎全然消失,或者退居幕后"。"如果生理需求相对充分地得到了满足,接着就会出现一整套新的需要,我们可以把他们大致归类为安全类型的需要。"②以此类推,直至生理需要、安全需要、归属和爱的需要、自尊需要等都得到了相对充分的满足后,人类自我实现的需要开始诞生。因此,自生理需要至自我实现的需要,层次逐渐递增,每一低层次的需要充分得到满足后,人类基本需要会朝着更高层级的需要迈进。

一般认为,人类社会发展至今至少经历了食物采集者社会阶段、农业社会阶段、工业社会阶段和自动化社会阶段(或称为后工业社会阶段)等四个阶段。在不同的阶段,人类的需求各有不同,满足需求的方式也各不相同。总体而言,随着人类社会的发展,人类整体生存环境日趋向好,原始人类能动的改变自身生存环境的能力较为微弱,被动接受自然安排成为原始人类与自然和谐相处的唯一方式。随着人类的进化,自步入农业社会阶段以后,人类开始通过自身主观能动的行使,使其生存条件有所改善,通过培育农作物的方式获取必要的生活资料成为该阶段人类社会的主要特征。随着人们对生产资料改善需求的日渐迫切,人类迎来了工业社会发展阶段,机械设备的推广和使用为人类社会生活带来了极大的便利,机械化设备的大量使用也为工业城市和工业社会的诞生奠定了基础。随着自动化社会的运用及人工智能的诞生,人类社会进入了工业社会发展的高级阶段——自动化社会阶段。在自动化社会阶段,工业化设备的研发已不仅仅局限于改善工业生产条件,直接改善人类生活环境和生活质量成了该阶段人们的主要需求。

生理需要、安全需要、归属和爱的需要、自尊需要及自我实现的需要在人类社会发展的不同阶段均有所体现。"高级需要与低级需要有着不同的特性,但有一点是相同的:两者都必须属于基本、天定的人的本性,它们不会异于或违背人性,它们是人性的一部分。"人性本身并不会随着社会经济发展而发生颠覆性的变化。然而,通过对人类社会发展阶段的初步分析,我们也不难发现,随着人类社会的发展,在人类社会发展的不同阶段,由于外部环境不同,人类的主要需求也有一定的差异。在原始人类社会发

---

① [美]马斯洛:《动机与人格》,许金声等译,中国人民大学出版社2012年版,第43、49、50页。
② [美]马斯洛:《动机与人格》,许金声等译,中国人民大学出版社2012年版,第22页。

展阶段,生理需要几乎占据人类需要的全部,通过被动转移以获取食物成为人们的主要生活方式。进入农业社会发展阶段后,人类对庄稼培育的能力得到显著提高,生理需要可得到相对充分满足,一个个自然村的形成,意味着人们通过群居方式满足安全需要的愿望日渐迫切。当每阶段低层次基本需要得到满足后,更高层次的需要会随之诞生,并逐步成为特定阶段内人类基本需要的主要呈现方式。

与人类不同阶段需要的主要呈现方式不同相应,在不同的社会历史发展阶段,人类用于满足和实现特定阶段的需要的方式和路径也有所不同,不同实现路径的成本、效果也有所不同。然而,历史的发展并非一蹴而就,人类社会的发展具有一定的延续性,低层次阶段向高层次阶段的发展是一个缓慢和循序渐进的过程。这也意味着,不仅在不同的历史发展阶段,人们为实现特定的需求,所采取的路径和方式必然不同,即便在同一历史阶段,人们基于边际成本和边际收益等方面因素的考量,所选择和采取的路径也可能有较大的差异。反馈在公共团体组织参与方面,表现为若正式社团参与方式便捷、高效,能切实有效满足人们参与的需要,则通过参与正式社团以满足参与主体的特定方式将成为社会团体存续的主要方式;而在正式社团等既有合法参与路径的不足或堵塞的情况下,人们将因需要难以得到切实有效满足,继而选择更为便捷、有效的替代性方案,这便是正式社团参与路径不足的必然结果,非正式社团的诞生便是典型的例证。

就人的属性而言,对权利的主张及对社会生活的参与无疑是人应有的自觉意识。在社团双重管理体制下,通过登记为正式社团所需时间、机会成本无法满足特定的参与需求时,发展非正式社团以达到特定的目的势在必行。而非正式社团在传统双重管理体制下难以得到行政管理部门的确认,甚至遭受执法部门的打击,依托传统熟人社会组织方式建立合法有效的沟通渠道难以满足现实社会主体的沟通需要,并逐步凸显其固有的局限性。因此,在现实社会生活缺乏有效组织手段或表达途径时,借助互联网上的虚拟主体身份进行权益表达便成为大势所趋。网络社团正是在社会主体需求在现实生活中无法得到有效满足情形下,借助新媒体技术组建形成的虚拟网络社群。

由此可见,当历史发展进入自动化发展阶段后,生理需要、安全需要、归属和爱的需要、自尊需要及自我实现的需要均已在人类社会逐步彰显,且高层次的需要已日将占据人类需要的主要部分。同时,随着社会环境的变化,人们满足需要的方式也逐步发生变化,可供人们选择用于实现需要的途径日趋完善,便捷高效的互联网沟通渠道已逐步成为人们满足自身需要的重要方式,网络社团便是人类需要和外部环境共同进化至当前阶段的必然的一种公共团体组织方式。不难想见,若现实社会主体不具备相应需求,无论途径受阻或是技术革新等都无法引发网络社团这一特殊的社群产生,社会生活本身也难以呈现如此多样化的形态。可见,现实社会主体的需求是社会生活多元化发展的成长基因,而网络社团的形成和发展正是需求的种子撒向特定土壤的结果。

二、不同社会主体需求和实现需求的路径选择也有所不同

有学者指出,科学完全是自主的,它能够自我调节,并将科学视作一场与人类利益

无关的,有着固有的、任意的棋类规则的游戏。将认识和科学视同自然社会发展的必然结果,是应然的。然而,马斯洛指出,对科学的心理学解释起源于这样一种敏锐的认识,科学是人类的创造,而不是自主的、非人类的,或者具有自身固有规律的纯粹的"事物"。科学产生于人类的动机,它的目标是人类的目标。科学是由人类创造、更新、发展的,它的规律、结构以及表达,不仅取决于它所发现的现实的性质,而且还取决于完成这些发现的人类本性的性质。①

也即在马斯洛看来,虽然生理需要、安全需要、归属和爱的需要、自尊需要及自我实现的需要等人类基本需要都属于基本的、天定的人性,是属于全人类共同的基本需求。然而,科学并非是完全自主的、具有自身固有规律的纯粹的事务,不同现实社会主体需求、能力、视角等也有较大差异,"科学仅仅是认识有关于自然、社会以及心理实在的一种手段。有创造性的艺术家、哲学家、人道主义作家,甚至就是挖渠道的工人也可以成为真理的发现者"。② 即在同一社会发展阶段,既有现实社会主体需求及所选择的实现需求的方式并不完全相同,其中有通过艺术手法进行表达的,也有通过诗歌、科学作品或其他表达方式以实现特定的目的或表达特定的愿望。因此,由不同的职业群体构成的丰富多彩的世界才得以诞生。

同一阶段不同现实社会主体需求的不同及满足需求所采取的满足需求的路径不同,反映在参与公共团体组织方面便是:

第一,同一阶段各现实社会主体所处的需求层次不同,有处于自我实现需要阶段的,也有仍处于生理需要或安全需要等相对低级阶段的。前者如物质需求、生活需求等得到充分满足的科学家,后者如贫困地区仍靠节衣缩食度日的贫困家庭。处于各需求阶段的现实社会主体共同组成了当前丰富多彩的现实世界。因此,即便在同一历史发展阶段,各现实社会主体的不同需求,也决定了各相关主体采取的解决自身需求的方式有所不同。

第二,同一阶段各现实社会主体的需要层次并非是单一的,而是各基本需要并存的。当人类的生理需要未得到满足时,安全需要、归属和爱的需要、自尊的需要及自我实现的需要等其他层次的需要容易被压制,机体将因此主要受到生理需要的主宰。然而,当生理需要得到相对充分的满足后,更高一级的基本需要将替代第一层级的基本需要,成为主宰该现实社会主体需要的主要方式。即便如此,却并不意味着主宰现实社会主体需要的某一特定基本需求是该现实社会主体的唯一需求。一是该现实社会主体生理需要、安全需要等低层级的基本需要仍然须得到满足,当低层级的基本需要无法得到满足时,主宰该现实社会主体的基本需要将发生变更,低层级的基本需要将替代原本主宰该现实社会主体需要,转而成为该现实社会主体的主要需求,直至回到最低层级的基本需求——生理需求。相反,若低层级的生理需求得到相对充分地的满足后,高一层极的基本需求将直接替代该低层级基本需求,转而成为主宰该现实社会主体的基本需求,直至最高一层极的需求——自我实现的需求。二是现实社会主体在

---

① [美]马斯洛:《动机与人格》,许金声等译,中国人民大学出版社2012年版,第227页。
② [美]马斯洛:《动机与人格》,许金声等译,中国人民大学出版社2012年版,第235页。

满足高一层极的需要的同时,低层级的需要仍然存在,满足低层级需要的事实仍然存在,低层级需求的满足与高一层极需要的满足之间并非相互孤立的存在。

第三,同一阶段各现实社会主体实现同一需求的路径和方式各有不同。马斯洛曾指出,充足的人类学证据表明,全人类的基本或最终欲望并不完全像他们有意识的日常欲望那样各不相同。其主要原因在于,两种不同的文化可能提供两种完全不同的方法来满足某一特定的欲望。以自尊心为例。在一个社会里,一个人靠成为好猎手来满足自尊心,而在另一个社会中,却要靠当一个伟大的医生、勇猛的武士或者一个十足铁石心肠的人来满足自尊心等等。因此,如果我们从根本上考虑问题,或许可以这样认为,这个人想要成为好猎手的欲望与那个人想要成为好医生的欲望有着同样的原动力和根本目的。这样便可断定,把这两个看起来风马牛不相及的有意识欲望归于同一范畴而不是以单纯的行为为根据将它们分为不同的范畴的做法将会有益于心理学家的相关研究。很明显,目标本身远比通向这些目标的条条道路更具有普遍性,因为这些道路是由特定的文化局部决定的。①

即便在同一历史发展阶段,不同现实社会主体满足同一基本需求的方式和路径也将有所不同。如生理需求,有通过积极寻找食物等方式满足自身特定社会需求的情形,也有通过减少食物消耗以达到满足自身生理需求的情形,两种截然相反的满足需求的方式其最终指向都是满足人的生理需要这一人类基本需要。至于其他层次基本需要也不例外,上述马斯洛所举自尊的需要的满足便是例证,通过靠成为好的猎手与成为伟大的医生、勇猛的武士及一个十足的铁石心肠等方式,都可能成为同一历史发展阶段不同现实社会主体达到满足自尊的需要的重要方式。在其他人看来,为某一现实社会主体用于满足自身某一或某一特定基本需要的方式也可能是满足他们其他层次基本需求的路径或方法。如成为一个好的猎手既可能满足某一现实现实社会主体自尊的需要,也可能是其他现实社会主体满足生理需要、安全需要等其他基本需要的路径或方式。

由此可见,条条大路通罗马。正如马斯洛所指出的,目标本身远比通向这些目标的条条道路更具有普遍性,因为这些道路是由特定的文化局部决定的。在特定的历史文化环境下,处于同一历史发展阶段的不同现实社会主体选择用于满足同一基本需求的路径和方式也有所不同,选择同一方式的不同现实社会主体所指向的需求可能也有较大的差别,目标的普遍性与通向这些目标的道路的多样性,形成不同的职业群体,因而造成了不同地域、文化群体满足特定需求的方式选择上的差异。

三、社会主体需求与网络社团的形成

不同历史发展阶段人类基本需求表现各异,人类社会自原始社会至自动化社会发展过程中,低层级基本需求得到满足的方式、手段和路径已然日渐充足。与此相应,在人类社会发展的高级阶段,主宰人类的基本需求的层级也相对较高。即生理需要、安

---

① [美]马斯洛:《动机与人格》,许金声等译,中国人民大学出版社2012年版,第6～7页。

全需要等低层级的需要已然不再是主宰人类基本需要的主要方式,归属和爱的需要、自尊的需要及自我实现的需要等,成为各社会发展高级阶段主宰相应阶段现实社会主体基本需要的主要方式。

公共团体组织作为现实社会主体参与公共事务,其改善自身生产、生活需要及参与公益性活动的重要方式,已成为各历史发展阶段不同现实社会主体满足特定基本需求的重要方式。如在原始社会,通过参与群体性活动和公共团体组织,在获得更大收益的现实社会需要的同时,可以弥补个人外部抵御能力不足。在农业社会,通过参与公共团体组织弥补单一群体外部抵御能力相对不足的同时,也可以使某一特定现实社会群体自尊的需要得到满足。进入工业社会以后,公共团体组织的参与对满足生理需要、安全需要等基本需要的作用相对式微,但对满足归属和爱的需要、自尊的需要及自我实现的需要等方面的作用得到日渐强化。进入自动化社会以后,人们参与公共团体组织的方式和路径发生重大转变,低层次基本需求得到满足的路径和方式也日渐增多,更高层次的基本需求逐步更换下一层级的需求,转而成为主宰现实社会主体基本需求的主要方式。

然而,尽管如此,在人类社会发展的任一阶段,现实社会主体的需要都不是单一的,同一历史发展阶段的不同现实社会主体的需要也会有所不同。网络社团形成和存续的重要原因,在于当前阶段不同现实社会主体的不同社会需求,具体体现为以下几个方面:

第一,低层次需求的满足与网络社团的形成。人类社会发展到自动化发展阶段时,虽然人类整体用于满足低层次社会需求的方式和路径已日渐丰富,现实社会主体低层次基本需求能在较大程度上得到全面满足,即进入自动化阶段以后,现实社会主体的需求多属于相对高层级的需求,如归属与爱的需求、自尊的需求与自我实现的需求,各主要现实社会主体之间的需求等等。然而,这并不能排除自动化社会发展阶段低层次基本需求仍未得到全面满足的可能性,不同现实社会主体的基本需求仍分布于生理需求、安全需求、归属与爱的需求、自尊的需求及自我实现的需求等,同一现实社会主体各层次的需求满足程度略有不同,不同现实社会主体各层次的需求满足程度也存在较大差异。

事实上,在自动化社会发展阶段,低层次需求并未完全消除,如生理需求始终存在于自动化发展阶段各现实社会主体中。其差异性在于对大部分现实社会主体而言,低层次需求满足的方式和途径较为丰富,因此较容易得到全面满足。同时,对大多数现实社会主体而言,所处历史发展阶段和社会环境的相似性决定了同一历史发展阶段主宰大多数现实社会主体的基本需求也基本趋于一致。而对于其他现实社会主体而言,因低层次基本需求并未得到相对充分满足的情况下,生理需求、安全需求等低层次需求等仍存续于自动化社会发展阶段内某些特定现实社会主体中。如基金会等公共团体组织的形成便部分用于满足特定现实社会主体的生理需求、安全需求等低层次需求。基于扶弱逗强的目的和宗旨设立的网络社团,也成为满足现实社会主体生理需求、完全需求等低层次需求的重要途径。

第二,高层次需求的满足与网络社团的形成。社会发展至自动化社会发展阶段后,现实社会主体低层次需求得以满足的方式和路径日趋增多,特别是互联网和智能化终端设备的使用,在优化低层次需求满足方式的同时,也为高层次需求的形成及高层次需要的满足创造了空间。借助互联网平台,现实社会主体以虚拟网络主体身份,聚集形成的虚拟网络社团,为生理需要等低层次需要的满足提供了更多的路径和方式,也在一定程度上改变了现实社会主体的生产、生活方式,触发了现实社会主体高层次的需要,为高层次需要的解决提供了必要的方案。具体而言,高层次需求的满足与网络社团的形成之间有以下关系:

首先,网络社团的形成为催生高层次需要的诞生创造了条件。马斯洛认为,在最底层次的生理需要没有满足的情况下,整个有机体的特点就是饥饿,因为意识几乎完全被饥饿所控制。此时,全部能力都投入到满足饥饿的服务中去。这些能力的状态几乎完全为满足饥饿这一目的所决定。感受器,效应器,智力,记忆,习惯,这一切现在可能仅是满足饥饿的工具。对于在达到这一目的过程中没有用处的其他能力则处于休眠状态或者隐蔽起来。在这种极端的情况下,写诗的冲动、买汽车的欲望、对美国历史的兴趣、对一双新鞋的需求等都被忘记或退居其次。对于一个其饥饿已经达到危险程度的人,除了食物,其他任何兴趣都不存在。他梦里是食物,记忆里是食物,思想活动的中心是食物,他感情的对象是食物。当人的机体被某种需要主宰时,它还会显示另一个奇异的特性:人关于未来的人生观也有变化的趋势。对于一个长期极度饥饿的人来说,乌托邦就是一个食物充足的地方。他往往会这样想。假如确保他余生的食物来源,他就会感到绝对幸福并且不再有任何其他奢望。生活本身的意义就是吃,其他任何东西都是不重要的。自由、爱、公众感情、尊重、哲学,都被当作无用的奢侈品弃置一边,因为它们不能填饱肚子。可以说,这种人仅仅是为了面包而活着。①

在现实社会主体仍处于低层次生理需要状态时,现实社会主体的一切都将为低层次的生理需要所主宰,感受器、效应器、智力、记忆、习惯等都是为了满足低层次生理需要而存在。低层次生理需要以外的其他层次的基本需要虽也属于人类天性不可缺少的部分,但在低层次生理需要尚未得到相对充分满足的情况下,低层次生理需要外的高层次需要对该现实社会主体而言并无实际意义,甚或在该现实社会主体的理念中也并不存在生理需要外的其他层次的基本需要。这意味着,在低层次生理需要得到相对充分满足前,高层次需要将缺乏形成和存续存在的基础。

以满足现实社会主体低层次需要为目的和宗旨的公共团体组织的设立,为仍为低层次需求所主宰的现实社会主体寻求满足生理需求等低层次需求的方式和途径创造了新的条件和机会,并为现实社会主体高层次需求的诞生做了铺垫。如上述,现实社会主体高层次需求的诞生以该现实社会主体低层次需求得到相对有效满足为前提,低层次需要得以有效满足前,该现实社会主体感受器、效应器、智力、记忆、习惯等与其生产、生活相关的一切事项都必然仅与低层次需求相联系。而正式社团、非正式社团、网络社团等公共团体组织的诞生,为本处于熟人社会且为低层次需求主宰的现实社会主

---

① [美]马斯洛:《动机与人格》,许金声等译,中国人民大学出版社2012年版,第21页。

体打破既有格局,为其寻求新的满足低层次需求的方式、路径提供了可能。特别是网络社团的形成及互联网的虚拟性、无边界性、低门槛性等特性,排除了正式社团双重管理体制及非正式社团合法性困境等方面障碍,其成为仍为低层次需求所主宰的现实社会主体寻求满足低层次需要的重要媒介。

由此可见,网络社团虽无法满足现实社会主体的低层次需要,但能为现实社会主体寻求满足低层次需要的方式和路径创造条件,促进现实社会主体低层次需要满足方式和路径的多样化的实现。现实社会主体低层次需要满足的方式和路径的多样化为现实社会主体全面有效满足低层次需要提供了可能。低层次需要得以有效满足后,该现实社会主体高层次需求便随着低层次需要的满足同时诞生。

其次,网络社团的形成本身便意味着高层次需要的诞生。网络社团作为自动化社会发展阶段才得以形成的产物,是人类社会发展到一定阶段才得以形成的公共团体组织形式。从网络社团的形成方式来看,互联网平台(特别是移动互联网的推广)、智能化终端设备、现实社会主体参与欲望(含购买或租用设备、注册账号及参与网络社团活动等)等网络社团的形成、有序运行的各环节都属于在自动化社会发展阶段才得以呈现的,互联网平台、智能化终端设备的诞生主要源于现实社会主体低层次需要的满足,并通过相对简洁、便利的方式实现满足低层次需要来达到同样目的。然而,互联网平台、智能化终端设备的诞生并非全部源自于低层次需要实现方式的多样化,归属与爱的需要、自尊的需要及自我实现的需要等在某种程度上也归属于互联网平台、智能化终端设备等诞生的根源。

换言之,当现实社会主体基于低层次需要满足方式和路径的多样化而进行研究、开发,则相应互联网平台及智能化终端设备的诞生仍不过是满足低层次需要的方式,与上述马斯洛所述感受器、效应器、智力、记忆、习惯等都为低层次需要所主宰的情形并无二致。然而,当现实社会主体研发、设计互联网平台及智能化终端设备时,研发、设计该互联网平台、智能化终端设备的目的和宗旨并非出于低层次需要满足方式和路径的多样化,而是处于归属和爱的需要、自尊的需要及自我实现的需要等其他方面的驱动力形成,则该现实社会主体研发、设计该互联网平台及智能化终端设备便已不再是满足低层次的生理需要,而是为高层次需要所主宰。

由此可见,网络社团的形成并不仅仅意味着现实社会主体低层次需要满足方式和路径多样化,同时也与同一阶段其他社会主体高层次需要的诞生和实现相伴相生,属于部分现实社会主体低层次需要满足方式和路径的网络社团,对其他现实社会主体而言,可能意味着高层次需要的诞生,甚至是高层次需要满足的方式或路径。

最后,网络社团的形成能改变高层次需求的结构。网络社团的诞生丰富现实社会主体低层次需要满足方式和路径的同时,也为催生现实社会主体高层次需要及高层次需要的诞生做了铺垫。然而,不仅如此,事实上,网络社团的形成和存续,多样化现实社会主体低层次需要满足实现路径和方式的同时,也会在极大程度上改变现实社会主体的生活习惯和行为方式,进而改变现实社会主体高层次需要的结构。

正如马斯洛在论述自尊的需要时所提出的,成为好的猎手、当一个伟大的医生、勇猛的武士或者一个十足铁石心肠的人能成为不同现实社会主体满足自尊的需要的途径和方式,目标本身远比通向这些目标的条条道路更具有普遍性。然而,生活于任一历史发展阶段的现实社会主体并非是为了生理需要、安全需要、归属与爱的需要、自尊的需要及自我实现的需要等抽象的目标而生活,各层次的需要的呈现形式与各需要本身并非完全一致,如生理需要可呈现为衣食住行等。自尊的需要也可能呈现为当一个好的猎手、一个伟大的医生、勇猛的武士或者一个十足铁石心肠的人等。互联网平台、智能终端设备等自动化社会发展阶段常态化的生产生活工具,却必然不是原始社会、农业社会、工业社会现实社会主体所常有,处于原始社会、农业社会及工业社会阶段的现实社会主体自然也无法产生诸如通过网络社团改善结社方式等方面的需求。熟人社会下的正式社团、非正式社团成为原始社会、农业社会及工业社会中现实社会主体聚集形成公共团体组织的主要方式。

与传统正式社团、非正式社团等公共团体组织对现实社会主体的生产生活所带来的影响不同的是,网络社团的形成和存续在很大程度上改变了熟人社会公共团体组织的方式及现实社会主体结社、聚群等方面的习惯。借助虚拟网络主体身份,通过互联网平台与陌生主体进行协作,以实现特定的目的或宗旨成为网络社团活动的主要方式。聚集形成网络社团及通过网络社团改善熟人社会环境等诸多方面的需要使网络社团的形成和存续逐步成为高层次需要的重要组成部分。

由此可见,随着网络社团的诞生,不但丰富了低层次需要实现的路径和方式,催生了特定的高层次需要,同时也会在一定程度上改善现实社会主体的高层次需要的结构,从而使各层次需要结构朝着更加多元化的方向发展。

第三节　技术动力:新媒体技术的运用是网络社团发展的助推器

社会团体双重管理体制的实施,直接影响非政府行政机关主导的正式社团的设立,迫使市场力量主导的公共团体组织向非正式社团的方向靠拢。因此,在互联网平台和智能化终端设备发展相对落后的时代,正式社团等成为政府所认可的公共团体组织,而双重管理体制所引发的在正式社团设立方面存在的障碍,并不必然导致网络社团的形成,相关现实社会主体通过筹建、组织、设立非正式社团,也能在某种程度上缓解正式社团等正统沟通渠道不足问题。

因此,网络社团的设立、存续及大规模发展,在很大程度上也受益于互联网平台(特别是移动互联网平台)及智能化终端设备的运用。脱离互联网平台和智能化终端设备的运用,以熟人社会为基础聚集形成传统正式社团、非正式社团公共团体组织仍应将是实现现实社会主体沟通、解决群体问题的关键。虚拟网络空间不同于现实空间之处,也在于其可以受到技术力量的影响和控制,既可以无限放大熟人社会关系,也可以构建有别于熟人社会关系的虚拟网络关系,在该组织体内,以陌生人为基础形成的社会关系将取代以熟人为基础形成的既有社会关系。

由此可见,网络社团作为依托互联网平台建立起来的虚拟网络社团,其形成、发展与壮大与社会资源控制的松动及新媒体等高新技术的运用、推广和发展息息相关。新媒体技术的运用和不断创新发展,已然成为特定历史背景下网络社团得以迅猛发展的助推器。整体而言,新媒体技术的运用对网络社团形成、发展及持续存续的影响主要体现为以下几个方面。

一、互联网资源的广泛运用为网络社团发展提供了必要条件

网络社团的形成和快速发展离不开互联网平台及智能化终端设备的应用,特别是移动互联网和移动智能终端设备的运用,为网络社团的形成创造了条件。移动互联网的快速发展及智能化终端设备的不断更新迭代,为网络社团的快速发展奠定了坚实的基础。近年来,随着移动互联网技术的推广,本仅属于白领阶层的奢侈品逐步为发展成为大众化的商品,而移动互联网技术的商业化运用和迅猛发展及随身WIFI等互联网接出技术商业化运用和推广为普通大众了解虚拟网络世界,接入虚拟网络空间及参与虚拟网络团体活动提供了诸多便利条件,从而催生并促进网络社团的快速发展。

(一)互联网的国际化发展概况

互联网的发展最早始于美国。1969年,美军将美国西南部的大学UCLA、Stanford Research Institute、UCSB和University of Utah等四处的四台主要的计算机连接起来,形成了松散网络终端设备之间的连接。1970年6月,MIT、Harvard、BBN和Systems Development Corpin Santa Monica等单位也加入UCLA、Stanford Research Institute、UCSB和University of Utah网络连接体系中来。1972年,Stanford、MIT's Lincoln Labs、Carnegie-Mellon和Case-Western Reserve U、NASA/Ames、Mitre、Burroughs、RAND和the U of Illinois也加入前述计算机网络体系中。不同地域计算机终端设备之间的互相连接,逐步形成以美国国防部为主导,大学、研究所和企业共同参与的网络互动组织。最初的网络也只供计算机专家、工程师和科学家使用,而互联网的发展的最初目的也主要是为了特定的军事目的。

随着TCP/IP体系结构的发展,互联网在70年代迅速发展起来。1978,UUCP(UNIX和UNIX拷贝协议)在美国贝尔实验室被首次提出。1979年,在UUCP的基础上,新闻组(集中某一主题的讨论组)网络系统得以发展,为全世界范围内交换信息提供了一种新的方法。连接到世界教育组织的IBM大型机的BITNET于1981年开始提供邮件服务,并随之诞生Listserv等服务软件及网关。Listserv和其他的邮件讨论列表形成互联网发展中的重要部分。

1989年,大家所熟知的World Wide Web被首次提出,但其发展相对缓慢,而且实用性也不及同时期诞生的Gopher系统。由Peter Deutsch等为FTP站点建立的一个档案(后来命名为Archie)能周期性地到达所有开放的文件下载站点,列出他们的文件,并且建立一个可以检索的软件索引。大约同一时期,Brewster Kahle发明了WAIS(广域网信息服务),能够检索一个数据库下所有文件和允许文件检索。但无论是Archie还是WAIS接口的呈现都不是很直观,并不能满足用户简便高效使用的目的。为了弥补Archie及WAIS接口方面的缺陷与不足,1991年,Gopher系统被研发

出来,使用 Gopher 系统的用户不需要了解过多 UNIX 和计算机体系结构的知识,只需要敲入一个数字选择你想要的菜单选项即可实现检索的目的。VERONICA(通过 Gopher 使用的一种自动检索服务)的研发,使 Gopher 的实用性大大增强,遍布世界的 Gopher 像网一样搜集网络连接和索引,类似的单用户的索引软件还有 JUGHEAD。

由于早期的互联网是由政府部门投资建设,因此最初只限于研究部门、学校和政府部门使用,商业化使用未获准许。直到独立的商业网络发展以后,这种局面才被打破,从一个商业站点发送信息到另一个商业站点而不经过政府资助的网络中枢的方式才成为可能。1995 年 5 月,NFS(国际科学基金会)失去了互联网中枢的地位,所有的信息传播都依赖于商业网络,AOL(美国在线)、Prodigy 和 CompuServe(美国在线服务机构)开始网上服务,微软全面进入浏览器、服务器和互联网服务提供商(ISP)市场。

自从美国国防部对互联网资源控制进行松绑,将互联网划分为军用和民用之后,互联网才得以为非政府组织和个人使用。作为政府监管部门,美国国防部对互联网资源管制的松绑,解决了民用领域信息传递和沟通需要,极大地改善了民用领域生产经营和生活质量。从一个商业站点发送信息到另一个商业站点市场化的使用方式,及微软等国际性互联网公司在浏览器、服务器及互联网服务商市场领域的逐步扩大,都为互联网的进一步商业化使用奠定了坚实的基础。

(二)互联网在我国的发展概况

我国在互联网技术方面发展相对较为滞后。1986 年,北京市计算机应用技术研究所协同德国卡尔斯鲁厄大学(University of Karlsruhe)启动首个国际联网项目——中国学术网(Chinese Academic Network,简称 CANET)。1987 年 9 月,CANET 在北京市计算机应用技术研究所内正式建成中国第一个国际互联网电子邮件节点,并于 9 月 14 日发出了中国第一封电子邮件:"Across the Great Wall, we can reach every corner in the world."(越过长城,走向世界),揭开了中国人使用互联网的序幕。

1988 年年初,中国第一个 X.25 分组交换网 CNPAC 建成。同年,清华大学校园网通过 X.25 网与加拿大 UBC 大学相连,开通了电子邮件应用。1990 年 11 月 28 日,钱天白教授代表中国正式在 SRI-NIC(Stanford Research Institute's Network Information Center)注册登记了中国的顶级域名 CN,从此开通了使用中国顶级域名 CN 的国际电子邮件服务。1991 年,中国科学院高能物理研究所采用 DECNET 协议,以 X.25 方式连入美国斯坦福线性加速器中心(SLAC)的 LIVEMORE 实验室,并开通电子邮件应用。1992 年 12 月底,清华大学校园网(TUNET)建成并投入使用,成为中国第一个采用 TCP/IP 体系结构的校园网。

1993 年 3 月 12 日,朱镕基副总理主持会议,提出和部署建设国家公用经济信息通信网(简称金桥工程)的目标。1993 年 4 月,中国科学院计算机网络信息中心召集部分在京网络专家调查了各国的域名体系,提出并确定了中国的域名体系。1993 年 6 月,NCFC 专家们在 INET'93 会议上利用各种机会重申了中国连入 Internet 的要求,且就此问题与国际 Internet 界人士进行商议。INET'93 会议后,钱华林研究员参加了 CCIRN(Coordinating Committee for Intercontinental Research Networking)会议,其中一项议程专门讨论中国连入 Internet 的问题,并获得大部分到会人员的支持。这次会议对中国能够最终真正连入 Internet 起到了很大的推动作用。

1994 年 4 月初,中美科技合作联委会在美国华盛顿举行。会前,中国科学院副院长胡启恒代表中方向美国国家科学基金会(NSF)重申连入 Internet 的要求得到了认可。1994 年 4 月 20 日,通过美国 Sprint 公司连入 Internet 的 64K 国际专线开通,NCFC 工程实现了与 Internet 的全功能连接,从此中国被国际上正式承认为真正拥有全功能 Internet 的国家。1994 年 5 月 15 日,中国科学院高能物理研究所设立了国内第一个 WEB 服务器,推出中国第一套网页。1994 年 5 月 21 日,在钱天白教授和德国卡尔斯鲁厄大学的协助下,中国科学院计算机网络信息中心完成了中国国家顶级域名(CN)服务器的设置,改变了中国的 CN 顶级域名服务器一直放在国外的历史。由钱天白、钱华林分别担任中国 CN 域名的行政联络员和技术联络员。同月,由国家智能计算机研究开发中心开通的曙光 BBS 站,成为中国大陆的第一个 BBS 站。

1994 年 6 月 8 日,国务院办公厅发布《国务院办公厅关于"三金工程"有关问题的通知(国办发明电〔1994〕18 号)》,正式被启动成为国民经济信息化工程——"三金工程"。① 1994 年 7 月初,由清华大学等六所高校建设的"中国教育和科研计算机网"试验网开通,该网络采用 IP/x.25 技术,连接北京、上海、广州、南京、西安等五所城市,并通过 NCFC 的国际出口与 Internet 互联,成为运行 TCP/IP 协议的计算机互联网络。1995 年 1 月,邮电部电信总局在北京、上海分别设立的通过美国 Sprint 公司接入美国的 64K 专线开通,并且其通过电话网、DDN 专线以及 X.25 网等方式开始向社会提供 Internet 接入服务。中国公用计算机互联网(CHINANET)的建设正式启动。

1995 年 1 月,经中国教育和科研计算机网(CERNET)由国家教委主管主办的《神州学人》杂志进入 Internet,向广大在外留学人员及时传递新闻和信息,成为中国第一份中文电子杂志。1995 年 3 月,中国科学院完成上海、合肥、武汉、南京四个分院的远程连接(使用 IP/X.25 技术),开始了将 Internet 向全国扩展的第一步。1995 年 4 月,中国科学院启动京外单位联网工程(简称"百所联网"工程)。其目标是在已经入网的北京地区 30 多个研究所的基础上把网络扩展到全国 24 个城市,实现国内各学术机构的计算机互联并和 Internet 相连。在此基础上,网络不断扩展,逐步连接了中国科学院以外的一批科研院所和科技单位,成为一个面向科技用户、科技管理部门及与科技有关的政府部门服务的全国性网络,并改名为"中国科技网"(CSTNet)。

1995 年 5 月,中国电信开始筹建中国公用计算机互联网(CHINANET)全国骨干网。7 月,中国教育和科研计算机网(CERNET)第一条接连美国的 128K 国际专线开通,连接北京、上海、广州、南京、沈阳、西安、武汉、成都八个城市的 CERNET 主干网 DDN 信道同时开通,当时的速率为 64Kbps,并实现与 NCFC 互联。8 月,金桥工程初

---

① "三金工程",即金桥、金关、金卡工程。"金桥工程"首先建立国家共用经济信息网,具体目标是建立一个覆盖全国并与国务院各部委专用网连接的国家共用经济信息网;"金关工程"是对国家外贸企业的信息系统实联网,推广电子数据交换技术(EDI),实行无纸贸易的外贸信息管理工程;"金卡工程"则是以推广使用"信息卡"和"现金卡"为目标的货币电子化工程。

步建成,在24省市开通联网(卫星网),并与国际网络实现互联。12月,中科院百所联网工程完成、"中国教育和科研计算机网(CERNET)示范工程"建设完成。

1996年1月,中国公用计算机互联网(CHINANET)全国骨干网建成并正式开通,全国范围的公用计算机互联网络开始提供服务。2月,国务院第195号令发布了《中华人民共和国计算机信息网络国际联网管理暂行规定》。3月,清华大学提交的适应不同国家和地区中文编码的汉字统一传输标准被IETF通过为RFC1922,成为中国国内第一个被认可为RFC文件的提交协议。4月,邮电部发布实施《中国公用计算机互联网国际联网管理办法》。6月,电子工业部作出《关于计算机信息网络国际联网管理的有关决定》。

1996年9月,中国金桥信息网(CHINAGBN)连入美国的256K专线正式开通。中国金桥信息网宣布开始提供Internet服务,主要提供专线集团用户的接入和个人用户的单点上网服务。同月,全国第一个城域网——上海热线——正式开通试运行,标志着作为上海信息港主体工程的上海公共信息网正式建成。11月,实华开公司在北京首都体育馆旁边开设了中国第一家网络咖啡屋。同月,CERNET开通到美国的2M国际线路,并建立了中国大陆到欧洲的第一个Internet连接。12月,中国公众多媒体通信网(169网)开始全面启动,广东视聆通、四川天府热线、上海热线作为首批站点正式开通。

1997年1月,人民日报主办的人民网进入国际互联网络,这是中国第一家中央重点新闻宣传网站。2月,瀛海威全国大网在北京、上海、广州、福州、深圳、西安、沈阳、哈尔滨8个城市开通,成为中国最早、最大的民营ISP、ICP。5月,国务院颁布了《国务院关于修改〈中华人民共和国计算机信息网络国际联网管理暂行规定〉的决定》,对1996年2月颁布的《中华人民共和国计算机信息网络国际联网管理暂行规定》进行了修正。5月,国务院信息化工作领导小组办公室发布《中国互联网络域名注册暂行管理办法》,授权中国科学院组建和管理中国互联网络信息中心(CNNIC),授权中国教育和科研计算机网网络中心与CNNIC签约并管理二级域名".edu.cn"。11月,中国互联网络信息中心(CNNIC)发布了第一次《中国互联网络发展状况统计报告》:"截止到1997年10月31日,中国共有上网计算机29.9万台,上网用户数62万,CN下注册的域名4066个,WWW站点约1500个,国际出口带宽25.408M。"12月,公安部发布《计算机信息网络国际联网安全保护管理办法》,对计算机信息网络安全进行规范管理。

1998年3月,国务院信息化工作领导小组办公室发布实施《中华人民共和国计算机信息网络国际联网管理暂行规定实施办法》。同月,第九届全国人民代表大会第一次会议批准成立信息产业部,主管全国电子信息产品制造业、通信业和软件业,推进国民经济和社会服务信息化。8月,公安部正式成立公共信息网络安全监察局,负责组织实施维护计算机网络安全,打击网上犯罪,对计算机信息系统安全保护情况进行监督管理。

1999年1月,由中国电信和国家经贸委经济信息中心牵头、联合四十多家部委(办、局)信息主管部门在京共同举办"政府上网工程启动大会",倡议发起了"政府上网工程",政府上网工程主站点"www.gov.cn"开通试运行。同月,中国互联网络信息中心(CNNIC)发布了第三次《中国互联网络发展状况统计报告》:截止到1998年12月31日,中国共有上网计算机74.7万台,上网用户数210万,CN下注册的域名18396个,WWW站点约5300个,国际出口带宽143M256K。2月,由中国国际电子商务中心承担的"九五"国家重点科技攻关项目"商业电子信息安全认证系统",通过科技部和国家密码管理委员会的科技成果鉴定,成为国内第一家自主开发、具有完全自主版权的电子商务CA安全认证系统。7月,中华网在纳斯达克首发上市,成为第一个在美国纳斯达克上市的中国概念网络公司股。9月,招商银行率先在国内全面启动"一网通"网上银行服务,建立了由网上企业银行、网上个人银行、网上支付、网上证券及网上商城为核心的网络银行服务体系,并经中国人民银行批准开展首家网上个人银行业务,成为国内首先实现全国联通"网上银行"的商业银行。12月,国家信息化工作领导小组成立,国务院副总理吴邦国任组长,并将国家信息化办公室改名为国家信息化推进工作办公室。

2000年1月,由国家保密局发布的《计算机信息系统国际联网保密管理规定》开始施行。同月,中国互联网络信息中心(CNNIC)发布第五次《中国互联网络发展状况统计报告》:"截止到1999年12月31日,中国共有上网计算机350万台,上网用户数约890万,CN下注册的域名48695个,WWW站点约15153个,国际出口带宽351M。"2000年1月18日,经信息产业部批准,中国互联网络信息中心(CNNIC)推出中文域名试验系统。5月,中国移动互联网(CMNET)投入运行,并正式推出"全球通WAP(无线应用协议)"服务。7月,由国家经贸委、信息产业部指导,中国电信集团公司与国家经贸委经济信息中心共同发起的"企业上网工程"正式启动。同月,中国联通公用计算机互联网(UNINET)正式开通。9月,国务院发布实施《中华人民共和国电信条例》,并公布施行《互联网信息服务管理办法》。《中华人民共和国电信条例》的发布,意味着中国第一部管理电信业的综合性法规诞生,标志着中国电信业的发展步入法制化轨道。

2000年10月,中国共产党第十五届中央委员会第五次全体会议就信息化建设做出重大决策,全会审议并通过的《中共中央关于制定国民经济和社会发展第十个五年计划的建议》明确指出:"大力推进国民经济和社会信息化,是覆盖现代化建设全局的战略举措。以信息化带动工业化,发挥后发优势,实现社会生产力的跨越式发展。"11月,中国互联网络信息中心(CNNIC)发布《中文域名注册管理办法(试行)》和《中文域名争议解决办法(试行)》。同月,国务院新闻办公室、信息产业部发布《互联网站从事登载新闻业务管理暂行规定》,信息产业部发布《互联网电子公告服务管理规定》《关于互联网中文域名管理的通告》,这些公告对境内中文域名注册服务和管理等加以规范,并明确授权CNNIC为中文域名注册管理机构。12月,人民网、新华网、中国网、央视国际网、国际在线网、中国日报网、中青网等获得国务院新闻办公室批准进行登载新闻业务,率先成为获得登载新闻许可的重点新闻网站。同月,九届全国人大常委会第十九次会议表决通过《全国人民代表大会常务委员会关于维护互联网安全的决定》,明确应进一步加强对互联网信息网络安全维护。

2001年1月,中国互联网络信息中心(CNNIC)发布第七次《中国互联网络发展状况统计报告》:"截止到2000年12月31日,中国共有上网计算机约892万台,上网用户数约2250万,CN下注册的域名122099个,WWW站点约265405个,国际出口带宽2799M。"2月,中国电信开通Internet国际漫游业务,标志着中国电信全球性业务进一步拓展。4月,信息产业部、公安部、文化部、国家工商行政管理总局联合发布实施《互联网上网服务营业场所管理办法》,并部署开展"网吧"专项清理整顿工作。5月,在信息产业部的指导下,经民政部批准,由国内从事互联网行业的网络运营商、服务提供商、设备制造商、系统集成商以及科研、教育机构等70多家互联网从业者参与的中国互联网协会成立。7月,《国民经济和社会发展第十个五年计划信息化重点专项规划》出台。9月,国家确立信息化重大战略后的第一个行业规划《信息产业"十五"规划纲要》正式发布。12月,由信息产业部、全国妇联、共青团中央、科技部、文化部主办的"家庭上网工程"正式启动。同月,中国十大骨干互联网签署了互联互通协议。这意味着中国网民可以更方便、通畅地进行跨地区访问。12月,中国联通CDMA移动通信网一期工程如期建成,并在全国31个省、自治区、直辖市开通运营,标志着中国移动通信技术的发展进入了一个新领域。

2002年1月,中国互联网络信息中心(CNNIC)发布第九次《中国互联网络发展状况统计报告》:"截止到2001年12月31日,中国共有上网计算机约1254万台,上网用户数约3370万,CN下注册的域名127319个,WWW站点约277100个,国际出口带宽7597.5M。"3月,信息产业部第9次部务会议审议通过《中国互联网络域名管理办法》(2002年9月30日起施行)。同月,中国互联网协会发布《中国互联网行业自律公约》,该公约的推出为建立中国互联网行业自律机制提供了保证。5月,文化部下发《关于加强网络文化市场管理的通知》。6月,新闻出版总署和信息产业部联合出台《互联网出版管理暂行规定》(2002年8月1日起正式实施)。7月,国家信息化领导小组第二次会议,审议通过了《国民经济和社会发展第十个五年计划信息化重点专项规划》《关于我国电子政务建设的指导意见》和《振兴软件产业行动纲要》。随后,《域名注册实施细则》、《域名争议解决办法》、《域名注册服务机构认证办法》、《互联网上网服务营业场所管理条例》(2002年11月15日起施行)、《中国互联网络域名管理办法》、《关于中国互联网络域名系统的公告》等规范正式发布实施。

自北京市计算机应用技术研究所1986年首次介入互联网服务以来,互联网在中国大陆已经历了近三十年的发展。与国外网络技术的推广类似,在中国大陆,网络技术最早也主要是用于科研所、教育机构和政府部门等领域。北京市计算机应用技术研究所于9月14日发出了中国第一封电子邮件,揭开了中国人使用互联网的序幕。虽然信息产业部、全国妇联、共青团中央、科技部、文化部主办了"家庭上网工程",但十余年的时间内,互联网在中国仍处于科研所、教育机构及政府部门专用范围内,而能够接触网络的大众仍限于极少数经济条件较好的民众。由1996年实华开公司首开的互联网公众场所"咖啡屋"便可知互联网资源的稀缺性,民众接触网络资源的机会极其难得。

自中国大陆互联网资源出现广泛运用以来,"家庭上网工程"正式落地后,互联网在中国大陆的发展仍历经了从中国电信一家独大,互联网资源由中国电信独家垄断,到中国电信、中国联通和中国移动三足鼎立、共享资源的长期发展过程。中国电信,最初作为国内最早成立的互联网专营单位被称为"中国电信移动通讯邮电总局"。1995年,中国电信进行企业法人登记,实行政企分离,中国电信开始以企业法人身份参与互联网服务。1998年,邮政、电信分营。1999年,中国电信的寻呼、卫星和移动业务被剥离出去。2000年,中国移动通信集团公司(简称"中国移动")、中国铁通集团有限公司(简称"中国铁通")成立。2001年,中国联合网络通信股份有限公司(简称"中国联通")以发起方式设立。2001年,中国电信被再次重组,进行了南北分拆,产生了北网通,南电信。2002年,新的中国电信集团公司("中国电信")重新正式挂牌成立,中国网络通信集团公司("中国网通")也正式挂牌成立。2008年,中国铁通集团有限公司并入中国移动通信集团公司,成为其全资子企业,保持相对独立运营。2008年5月,中国电信1100亿收购中国联通CDMA网(包括资产和用户);2009年1月,在原中国网通和原中国联通的基础上合并组建成中国联合网络通信集团有限公司(简称"中国联通")。

中国电信互联网资源剥离,中国移动、中国联通分立、整合的过程,本质上也是受政府主导的中国互联网资源的社会化过程。在中国电信、中国移动、中国联通相聚设立后,2009年1月,工业和信息化部为中国移动、中国电信和中国联通发放3张第三代移动通信(3G)牌照,并对这三家公司的实力做了一个平衡整顿。

其中,覆盖面不广但速度较快的3G网络划分给了中国联通,宽带网络给了中国电信(但中国电信只能经营用户量极少的CDMA网络),移动客户群则划分给了中国移动。作为中国互联网资源的主要提供者,中国电信、中国移动、中国联通为社会提供互联网服务的同时,也参与了早期中国互联网的建设及互联网资源的分配。随后,互联网资源随着社会发展需求不断扩展,社会公众接触、使用互联网的机会日渐增多,互联网也从最初象征身份的奢侈品逐步演变为社会大众生活必需品。

中国互联网络信息中心发布的最新数据显示,截至2016年12月,我国网民规模达7.31亿,普及率达到53.2%,超过全球平均水平3.1个百分点,超过亚洲平均水平7.6个百分点。全年共计新增网民4299万人,增长率为6.2%。中国网民规模已经相当于欧洲人口总量。我国手机网民规模达6.95亿,增长率连续三年超过10%。台式电脑、笔记本电脑的使用率均出现下降,手机不断挤占其他个人上网设备的使用。移动互联网与线下经济联系日益紧密。2016年,我国手机网上支付用户规模增长迅速,达到4.69亿,年增长率为31.2%,网民手机网上支付的使用比例由57.7%提升至67.5%。手机支付向线下支付领域的快速渗透,极大丰富了支付场景,有50.3%的网民在线下实体店购物时使用手机支付结算。报告同时披露,截至2016年12月,网络预约专车用户规模为1.68亿,比2016年上半年增加4616万,增长率为37.9%。作为共享经济的代表性服务,网约车在盘活车辆资源、满足用户出行需求方面发挥了重要作用,并随着相关政策的出台进入规范发展期。截至2016年年底,有32.5%的中国网民使用过互联网进行慈善行为,用户规模达到2.38亿。以互联网为载体的募捐、公益众筹、社交圈筹款等公益新模式推动着慈善捐助的过程向阳光化、操作便捷化、形式多样化发展。

(三)互联网资源的广泛运用对网络社团的影响

纵观国内外互联网资源的发展历程,我们不难发现,无论是在国内还是在国外,互联网发展之初都是政府主导的,互联网资源最初主要是为政府机关、研究所、高校机构服务。随着互联网资源的社会化,互联网的社会化需求也进一步促进了互联网资源的松动,使互联网资源不仅仅服务于政府。截至目前,互联网资源虽仍主要控制在政府机关主导的中国电信、中国移动、中国联通之下,然而互联网资源逐渐向社会公众松动,使中国电信、中国移动及中国联通在互联网资源方面的供给方式朝着互联网服务提供商的方式转变,互联网内容提供者的角色则主要由百度及其他社会力量主导的互联网企业承担,逐步实现了网络服务提供商与网络内容提供商之间的分离。

与社会团体的发展过程类似,互联网资源最初也是由政府主管机关所控制。随着互联网资源的社会化运用,政府主管机关本欲实行与社会团体类似的控制方式,即通过对中国电信、中国移动、中国联通等网络服务提供商的直接控制,间接实现对网络内容服务提供商的控制,进而使互联网资源仍主要服务于政府机关。然而,随着百度、盛大等兼具网络服务提供商角色与网络内容提供商角色互联网资源控制主体的出现,特别是拓维信息系统股份有限公司、北京北纬通信科技股份有限公司、北京神州泰岳软件股份有限公司、国脉科技股份有限公司、三维通信股份有限公司、云南南天电子信息产业股份有限公司、东信和平智能卡股份有限公司、卫士通信息产业股份有限公司、深圳市证通电子股份有限公司、北京华胜天成科技股份有限公司等移动互联网内容提供商的不断涌现与发展壮大,政府主管机关对互联网资源的控制手段日渐宽松,因社会需求萌生的互联网资源分配方式日益得到满足,互联网资源的分配也逐步朝着社会化需求方向发展。

网络内容服务提供商的角色不仅仅表现为民营企业在网络内容服务提供方面的介入,同时也表现为社会大众在网络服务框架下角色的转变。随着 Web2.0 以来交互式互联网技术的推广及 RSS(简易内容聚合服务)的运用,人们不但可以通过互联网接收信息,还可以通过互联网,依托互联网平台发布信息、参与讨论并进行即时通讯、社交。现阶段,社会大众已不再仅仅作为网络服务提供者和网络内容提供者所服务的对象,部分社会大众已逐步转变为网络内容提供者,并因此诞生了"自媒体"这一特殊的网络参与方式。在自媒体环境下,普通社会大众既是网络资源的分享者,同时也是网络资源的缔造者,接受其他社会主体分享的网络资源的同时,也向其他社会主体分享相应的社会资源,实现社会主体之间资源的共享及存量社会资源的重新分配。现实社会主体借助网络资源共享和分配资源的过程,同时也伴随着现实社会主体拟制的虚拟网络主体的群集,并演变成了与线下正式社团、非正式社团效果一致的虚拟网络社团。

现实社会主体借助虚拟网络主体身份进行购物、消费、聊天互动等已然成为社会常态,借助虚拟网络主体身份与其他现实社会主体进行沟通、交流,甚至交易,已成为现实社会主体在熟人社会之外的新的社会生活方式。前者如 QQ、微信,通过添加QQ、微信好友,可实现与从未谋面的现实社会主体及虚拟网络主体之间的互动;后者如淘宝、京东等,通过虚拟网络主体身份参与各种交易,实现获取各式生产、生活资料的目的。网络交流、互动及网上交易的日渐常态化已逐步改变以熟人社会为单一活动范围的社会生活方式,通过网上群聚实现现实社会中通过熟人社会难以实现的愿望,或弥补现实社会中基于熟人社会所产生的各种不便、障碍已成了资源获取能力相对较弱的现实社会主体获取必要社会资源的重要方式。而具有一定群聚性的网络社团尤其受到年轻网民的青睐,打破了年长一辈对社会资源的绝对控制。同时,随着互联网技术的发展,社会主体的活动参与方式也日渐多样化,通过语音、视频方式沟通和交流已日渐平常,网络聚群效应也表现得日益明显。

二、互联网接入方式的变革与网络社团的发展

互联网的发展伴随着网络硬件设备的发展和软件的更新换代,网络硬件设备的发展是互联网的技术发展,软件的发展为互联网的发展锦上添花。互联网连接方式的发展也包括网络硬件设备的发展和软件的不断升级。

1969年美军将美国西南部的大学 UCLA、Stanford Research Institute、UCSB 和 University of Utah 的四台主要的计算机连接起来,开创了互联网终端设备之间互联互通的先例,使不同的互联网终端设备之间得以相互传递,并实现了不同互联网终端设备之间的信息共享。1987年 CANET 在北京市计算机应用技术研究所内,于9月14日发出了中国第一封电子邮件,揭开了中国人使用互联网的序幕,实现了互联网终端设备在中国大陆的互联互通。无论是1969年美军将 UCLA、Stanford Research Institute、UCSB 和 University of Utah 等四台进行连接,还是时隔二十年后北京市计算机引用技术研究所内第一份电子邮件的发送,所依赖的互联网接入方式都是有线网络连接。

有线网络实现了网络终端设备之间的互联互通,使松散的计算机可通过有线网络传递和共享信息。但有线网络存有其自身固有的局限性,即一旦离开有线网络,计算机终端设备还是松散的计算机终端设备,有形网线一旦被毁坏,网络终端设备之间互联互通便难以实现。1971年夏威夷大学开创出了第一个基于封包式技术的无线电通信网络(ALOHANET),被称为早期的无线局域网络(Wireless Local Area Network,WLAN)。最早的 WLAN 包括了7台计算机,横跨夏威夷的四座岛屿。1979年,瑞士 IBM Ruesehlikon 实验室的 Gfeller,首先提出了无线局域网的概念,他采用红外线作为传输媒体,用以解决生产车间里的布线困难,避免大型机器的电磁干扰。

无线局域网自诞生以来,大致经历了四个阶段。1985年,FCC 颁布的电波法规为无线局域网的发展扫清了道路。它为无线局域网系统分配了两种频段:一种是专用频段,这个频段避开了比较拥挤的用于蜂窝电话和个人通信服务的 1-ZGHZ 频段,而采用更高频率;另一种是免许可证的频段,主要是 ISM 频段,它在无线局域网的发展历史上发挥了重要作用。此谓之为第一代无线局域网。随后,随着 IEEESO2.11 标准、HIPERLAN 标准及 IEEE802.11b 等标准的发布,符合 IEEESO2.11 标准的产品被称之为第二代局域网产品,符合 IEEE802.11b 标准的产品被称之为第三代局域网产品,符合 IEEE802.11a、HIPerLAN2 和 IEEE802.11g 标准的产品称为第四代无线局域网

产品。

尽管如此,无线局域网的发展并未就此终结,随着社会需求的不断发展,无线网络的接入方式也发生了较大变化。通过无线天线接收信息的无线网络是最早的输入输出方式,通过无线设备将有线网络信号转变为无线局域网络信号后,无线网络便可实现无线通信。然而,自无线局域网面世以来,在很长的一段时间内,无线局域网并未发生实质性的变化。一是因为偏远地区无法接收无线网络信号,通过有线网络进行通信成了早期偏远地区进行信息通信的主要方式,因此偏远地区长期以来无法享受无线网络变化所带来的福利。二是因为即便城市和山区可以通过有线网络进行通信,在一些无线网络无法覆盖的区域,通过连接网线获取网络信号仍是大部分网络用户上网的主要方式。而在可以通过无线网络获取信息的领域,通过有线网络获取更优质的信息服务仍成为众多网络用户的现实需求。三是无论在城市还是在偏远的山村,家庭生活或外出公务,通过有线网络获取网络信号仍是人们接入网络的主要方式,无线上网尚未成为一种时尚。

随着可随身携带网络流量的广泛推广和使用,以及随身 WIFI 等网络接入设备的推广和更新换代,通过无线接入方式进行上网日渐成为人们获取网络信息的主要方式。对于偏远山区仍未安装有线网络,但无线局域网已全面覆盖的领域,人们可通过无线 WIFI 和随身 WIFI 等允许电子设备连接到一个无线局域网(WLAN)的设备将有线网络转化为无线网络,从而实现无线上网。在无线局域网全面覆盖的领域,无线终端设备开放便携式热点也可以将无线网络流量共享给其他无线终端设备。无线 WIFI 和随身 WIFI 等无线局域网(WLAN)设备的研发和推广运用及便携式热点等无线网络共享技术,不但变革了网络的接入方式,而且颠覆了人们的生活习惯,实现了不常上网或未安装有线网络设备的民众可通过无线网络终端设备轻松获取和发送信息的目的。

无线局域网的研发、推广和更新换代,为普通民众共享网络资源带来了福利,同时也提供了极大的便利。摆脱有线网络的束缚,普通民众借助无线网络可随时随地的上网,并分享自身在学习、工作、生活等各方面的信息和观点。随时随地分享信息和观点及网络设备特有的推送功能,对一些无法通过熟人聚会的方式获取信息的人提供了了解、参与他人生活的机会,这为网络社团的勃兴提供了重要的基础条件。

三、互联网终端设备的普及和与网络社团的发展

互联网资源的广泛运用和互联网接入方式的变革,为网络社团的发展奠定了必要的基础和条件,人们由此可以随时随地将无线终端设备接入网络,从而实现信息传输的目的。智能手机、平板电脑等智能化终端设备的研发和其在全社会的普及,也极大地助推了网络社团的发展。

第一代电子管计算机大致源于 19 世纪 40 年代。第一代电子计算机于 1946 年在美国制成,取名"埃尼阿克",又称"电子计算机"。电子计算机占地面积 170 平方米,总重量 30 吨,使用了 18000 只电子管,6000 个开关,7000 只电阻,10000 只电容,50 万条线,耗电量 140 千瓦,可进行 5000 次加法/秒运算,于 1946 年 2 月 15 日在美国举行了

揭幕典礼。电子计算机的问世,标志着电脑时代的开始。然而,电子管元件有许多明显的缺点。例如,在运行时产生的热量太多,可靠性较差,运算速度不快,价格昂贵,体积庞大,这些都使计算机发展受到了一定限制。

基于电子管元件的诸多缺点,晶体管开始被用来作计算机的元件,以改善第一代电子管计算机运行时的缺点和不足。晶体管不仅能实现电子管的功能,而且具有尺寸小、重量轻、寿命长、效率高、发热少、功耗低等优点。使用晶体管以后,电子线路的结构大大改观,制造高速电子计算机的设想也就更容易实现了。1954年,美国贝尔实验室研制成功第一台使用晶体管线路的计算机,取名"催迪克",装有800个晶体管。由于第二代计算机采用晶体管逻辑元件及快速磁芯存储器,使计算机速度从每秒几千次提高到几十万次,主存储器的存贮量从几千提高到10万以上。1959年,IBM公司又生产出全部晶体管化的电子计算机IBM7090。1958年至1964年,晶体管电子计算机经历了大范围的发展历程。从印刷电路板到单元电路和随机存储器,从运算理论到程序设计语言,不断的革新使晶体管电子计算机日臻完善。1961年,世界上最大的晶体管电子计算机ATLAS安装完毕。

至第三代电子计算机,中、小规模的集成电路被广泛运用于电子计算机之中。20世纪60年代末,以中、小规模的集成电路为主要元器件的电子计算机被大规模生产出来。第三代电子计算机不仅体积更小、速度更快,机种也朝着多样化、系列化的方向发展,计算机外部设备品种也日渐繁多,并开始与通信设备相结合发展为由多机组成的计算机网,运算速度可达每秒几百万次,甚至几千万次、上亿次。

1967年始出现了大规模和超大规模的集成电路,并发展出了第四代电子计算机。美国ILLIAC-IV计算机,是第一台全面使用大规模集成电路作为逻辑元件和存储器的计算机,它标志着计算机的发展已到了第四代。1975年,美国阿姆尔公司研制成470V/6型计算机,随后日本富士通公司生产出M-190机,这是比较有代表性的第四代计算机。英国曼彻斯特大学于1968年开始研制第四代机并分别在1974年研制成功ICL2900计算机,1976年研制成功DAP系列机。1973年,德国西门子公司、法国国际信息公司与荷兰飞利浦公司联合成立了统一数据公司,共同研制出Unidata7710系列机。第四代计算机的另一个重要分支是以大规模、超大规模集成电路为基础发展起来的微处理器和微型计算机。微型计算机的发展大致经历了四位机、八位机、十六位机、三十二位机和六十四位机等五种机型。目前使用较多的是三十二位机和六十四位机。

计算机的发展不仅表现为速度和体积方面的变化,也表现为计算机的外部呈现形态。如上述,第一代电子计算机的外部表现形态与别墅无异。随着集成电路等电子元器件的使用,计算机表现形态也逐步朝着多样化的方向发展。台式电脑、平板电脑等为电子计算机发展的重要形态,并同时也衍生大哥大、BP机、有线电话、智能手机、智能手机、计步器等其他众多形态。

与计算机表现形态多样化发展相类似,人类信息表达的方式经历了从面对面口头传达到借助通信工具进行跨越时空的传递的巨大转变,通过书信方式进行沟通和交流已逐渐淡出人们的视线,大哥大、BP机、有线电话、普通电视、非智能手机等已逐步退出历史舞台,取而代之的性能越来越强大的智能手机、平板电脑及网络电视等。与此相应,人们进行沟通和交流的方式也相应发生了变化,以群体性沟通方式为例,电话会议、视频会议已日趋普遍,通过 QQ 群聊、微信群聊已能在一定程度上实现群聚和讨论的目的,更大范围的沟通和交流也可以通过社区、论坛等由网络虚拟主体聚成的网络社团来完成,随时随地通过网络社团获取知识、发布信息、进行讨论,嫣然已成为现代社会公众生活的重要组成部分。

正如有学者指出的,与迄今的历史媒介不同,由互联网与互联网终端技术融合形成的新媒体是"20 世纪和 21 世纪之交具有综合、互动特性运用数字信号的媒介",已经超越了"连接时空的媒介"这种界定。新媒体线上与线下相结合的特点不仅在特定的时空点上被运用到传统的社会环境中,还在网络环境中体现出来,从而产生了结构上的新特点,新媒体最有可能性的社会效应不是用线上的媒介交流代替生活中的人际交流,而是促成两种交流的互动。① 从互联网产生之时起,它就被视为改变现存社会关系和培育全新社会关系的一种革命性动力。作为一种去中心化的和交互性的人类交流平台,互联网的本质是需要为了解网络空间新功能提供全新视角。② 网络社团对互联网和互联网终端技术的依赖,及互联网和互联网终端技术的发展,使网络社团具备了在特定条件下飞速发展的物质技术基础,尤其是移动互联网的普及后,网络社团呈现爆发式增长的态势。

第四节 政策导向:全面依法治国的推进是网络社团发展的坚实保障

全面依法治国的实现并非一蹴而就。由于中国传统社会的差序社会特征,受传统观念、宗族、地域等各种因素的影响,各特定社会区域内的成员具有较大的稳定性,社会管理方面主要是自上而下的大一统式管理。新中国成立后,传统意义上的宗族观念受到较大的冲击和影响,但因行政区划及户籍制度的推行,人们仍被限制在以省、地县市、村镇为单位的特定空间范围内,民众离开特定的区域进入其他区域久住还需凭借政府部门出具的"暂住证"等凭证——"孙志刚事件"便是其中的典型。社会管理方式仍是典型的自上而下的大一统的管理模式。公众在较大程度上仍不能自由选择自身的工作和生活环境,生活、交流与活动的空间相对较为有限,产生社会问题的缘由及所产生的社会问题都具有一定的区域性特点。

改革开放以后,共同贫穷的时代已经成为历史。新时期的民生诉求已不再满足于吃饭、穿衣问题,而是普遍要求公平正义与全面提升生活质量,包括对教育、就业、分

---

① [荷]简·梵·迪克:《网络社会——新媒体的社会层面》(第二版),蔡静译,清华大学出版社 2014 年版,第 95 页。
② Tai Zixue, *The Internet in China: Cyberspace and Civil Society*, New York: Rout ledge, 2006, p. 205.

配、社会保障、安全、环境健康等的诉求都在持续升级。人们的维权意识与维权方式也在发生重大变化，从个体维权到集体维权，从底线维权到发展维权，成为一种新常态。① 政府管理模式的历史回顾证明：政府管理方式必须要和社会发展进程相适应，如果忽略经济与社会环境变化，在管理模式上以不变应万变，最终会加剧公共权力和社会权力之间的矛盾。②

自十八届一中全会以来，中国政府便就社会组织管理制度改革作出重大部署。十八届三中全会明确，适合由社会组织提供的公共服务和解决的事项，交由社会组织承担。支持和发展志愿服务组织。限期实现行业协会商会与行政机关真正脱钩，重点培育和优先发展行业协会商会类、科技类、公益慈善类、城乡社区服务类社会组织，成立时直接依法申请登记。政府对社会自治理念的逐步认可，社会管制上的自我约束，在给予社会主体强化自治的同时，也契合社会发展的内在逻辑。正如有学者指出的，在一个良性运行的社会中，自治应当是社会治理的基本方式，而管制则是规制、纠察与矫正社会规范、失序行为的补救方式。③

十八届四中全会在三中全会的基础上进一步作出全面推进依法治国重大部署，意味着了国家将对包括互联网在内的各个领域进行全面引导和规范。全面依法治国理念的提出无疑将使尚处于法治建设薄弱环节的互联网治理得到极大的改善，并催生出更多符合社会发展需求的网络社团。由此可见，国家在全面依法治国上的重大部署，及依法治国的全面推进，必将成为网络社团发展的坚实保障。

---

① 郑功成：《新时期社会治理的挑战与机遇》，载《光明日报》2015年1月26日，第11版。
② 马庆钰：《中国社会组织的发展方向与未来趋势》，载《国家行政学院学报》2015年第4期。
③ 郑功成：《新时期社会治理的挑战与机遇》，载《光明日报》2015年1月26日，第11版。

第三章

网络社团的"两面性"分析

社会组织存在的根本目的是为社会主体自主而灵活的交流、探索、研究提供有力的支持和良好的环境,是为了关注共同的或长期的社会问题,是为了公民参与公共决策和社会发展,是为了代表、综合、表达、捍卫特定群体的利益,是为了在政府和社会公众之间架设桥梁。① 然而,社会组织成立后能否切实起到相关方面的正面效应却并不具有必然性,负面效应引发的各种社会问题也比较复杂和严重,这体现在网络社团上尤为明显。

作为在特定环境下依托互联网设立的网络虚拟组织,经历了松散到有组织的自治性团体,网络社团在发挥其正面功能的同时,也产生了多方面的负面效应,并可能会在一定程度上影响网络社团的健康有序发展。因此,通过创新网络社团的监管方式对网络社团进行监管和规范已然迫在眉睫。

第一节 网络社团的正面性分析

一、基本权利保障功能:促进公民的结社自由与言论自由

(一)网络社团的存在能有效保障公民结社自由权利的行使

我国《宪法》第 35 条规定,中华人民共和国公民有结社的自由,这明确了结社自由为公民的基本权利。然而,相关法律法规对于公民结社的方式和渠道并未给予具体明确,而存在诸多限制或约束性规定。结合我国现行《社会团体登记管理条例》有关社团成立的条件,我们不难发现民间社团在设立方面受到诸多约束和限制。合法参与社团的不足,相关法律对公民结社活动的严格管制,客观上限制和影响了公民有效行使结社自由的权利。

新媒体作为"电信传播,数据传播和大众传播在一个介质中的集成",②不但革新

---

① 康晓光:《转型时期的中国社团》(论文节选),载《中国青年科技》1999 年 10 月第 64 期。
② [荷]简·梵·迪克:《网络社会——新媒体的社会层面》(第 2 版),蔡静译,清华大学出版社 2014 年版,第 7 页。

了传播的方式,同时也引发传播在结构方面的变革。一对多、面对面、同步互动的传播方式已成为现实,处于世界各地的人们几乎可以同时实现同步互动交流。在互联网时代,借助新媒体进行沟通、交流及获取信息的方式和机会变得日益普遍。传统的电话借助无线技术、集成技术等的发展演变成为集语音交流、视频通话、娱乐、工作等于一体的综合服务工具和端口;电脑也不再是传统意义上的信息处理工具,集话筒、摄像头于一身的电脑在数字技术日益发达的今天已具备更多的娱乐和社交特性,超薄、超大、高分辨率已不再仅仅是文字处理所必须;数字电视在某种意义上已不再局限于特定的单向信息传播,点播、互动技术等技术的运用使受众有了更多选择的机会,同时也可在直播情况下实现与信息传播主体之间的互动,以及任何情况下与其他受众之间进行信息交流。多向互动技术的发展意味着借助视频传播技术可在瞬间实现成百上千人在不同的空间里同步文字、音频或视频互动与交流,从而完成许多以往需在同一空间才能完成的事项,如结社等活动。

根据中国互联网络中心发布的《2014年中国社交类应用用户行为研究报告》显示,截至2014年6月,在三大社交类应用中,即时通信在整体网民中的覆盖率最高,为89.3%;其次是社交网站,覆盖率为61.7%;再次是微博,覆盖率为43.6%。社交网站及微博的高覆盖率,表明人们依托互联网平台参与结社活动已日渐成为主流。具体而言,网络社团对公民结社自由的保障功能主要体现为以下几个方面:

1. 网络社团的设立和运行表达了公众选择参与或不参与某一特定组织的意愿

互联网时代的到来及网络新媒介的运用有效优化了结社的方式,使同一区域及不同区域的公民均可借助互联网实现同步互动与交流。如截至目前,国内最有影响力之一的天涯社区注册人数约为10500万人,同时在线人数可达100余万人,在线人数涵盖国内外各行业及地域,用户结合自身喜好等因素集结在不同的板块,或发帖,或评论,或灌水,或阅读。网络社团的设立为公众在陌生人社会随时随地问询、发起公益活动提供了必要的媒介,解决了线下结社所可能面临的时空等方面的窘境和不足,使那些具有共同兴趣和意愿的主体,可以结合自身需求自由选择是否在某一网络社团上"注册"或"添加关注",从而可最大限度避免被迫参与某一特定结社活动的情形。因此,其在有效保障公众结社自由的同时,也有效维护了各社团成员在网络社团结社方面的合法权益。

2. 网络社团成员的虚拟身份可有效发挥社团成员参与的积极性

长期以来,因民间社团等合法民间性组织的匮乏,及国家在结社、集会等方面严格控制和约束,使得公众结社意识和结社能力未获得有效施展。而随着交互式互联网技术的发展,网络的开放性、便捷性、虚拟性使公众得以借助网络虚拟身份参与网络结社。网络的通信能力去除了来自身份等方面的不平等,使人们可以通过网络与其他公众进行沟通,从而使传统的负责公共决策的官僚体系受到相应冲击和改变。[①] 参与身份的虚拟性使人们可以避开现实社会有关结社必须经过审批和登记的烦琐程序,也使

---

① See Tim Jordan. *Cyberpower: The Culture and Politics of Cyberspace and the Internet*, London: Routledge, 1999, p. 82.

大家被认定为非法结社或集会的可能性也相应降低。这些都可以在一定程度上增强公众参与网络社团的意愿和积极性。

随着互联网的普及,特别是移动互联网技术的推广,网络社团业已成为公民有效行使结社自由的最重要方式之一,其对有效保障宪法所赋予公民的结社自由权利,及公民结社自由权利行使等方面发挥越来越重要的影响和作用。

(二)网络社团能最大限度地保障公民言论自由权利的行使

言论自由作为人之为人应当享有的基本权利,受到国际法及各国立法的普遍认可。《公民权利与政治权利公约》第19条第2款规定,人人享有自由发表意见的权利,无论口头的、书面的、印刷的、采取艺术形式的,或通过任何媒介和无论国界寻求、接受和传递信息和思想。《世界人权宣言》第19条规定,人人有权享有主张和发表意见的自由,此项权利包括持有主张而不受干涉的自由,以及通过任何媒介和无论国界寻求、接受与传递消息和思想的自由。德国《基本法》第5条第1款规定,每个人都有表达和传播他们的观点的权利,通过书写或其他可视化方式可以通过被允许的途径获得信息而不受任何障碍。在美国,1997年由加利福尼亚北区法院审理的 Burnstein v. United States 一案中,法院认为,不仅仅是网络上传播的文字或者图像,计算机软件也是言论的一种,属于《宪法》第一条修正案保护的范围,政府禁止软件输出,实际上是对言论的一种事先审查行为,违反了第一条修正案。[①] 并在随后的 Religious Technology Center v. Netcom On-line Communication Services 及 Zeran v. America online 等案中再次确认保护言论自由的重要性,特别是借助新媒介自由发表言论的必要性与合理性。[②] 我国宪法也明文规定,中华人民共和国公民有言论的自由,从根本大法的角度确认了言论自由的基本权利地位。

网络社团作为依托互联网所形成的新型社团组织形式,并非简单的传统社团的互联网化。首先,网络社团的主体属于虚拟的网络主体,虚拟网络社团与线下社会实体之间并不必然存在某种对应关系,著名漫画家彼得·斯坦纳1993年在《纽约人》发表的一则漫画标题"On the internet, nobody know you're a dog"便是很好的例证。其次,与传统社团须具备特定的办公场所和活动经费不同,网络社团的设立和运行无须相应的经费和固定的工作场所。最后,网络社团的活动形式也与传统社团大不相同。互联网作为信息时代的重要信息传输方式,其主要的功能和作用在于通过网络这一特定的媒介向特定或不特定主体传递信息。借助互联网构建的网络社团必然受限于互联网本身的功能,社团的活动形式主要表现为"一对一""一对多"或"多对多"的信息互动,其本质为社会主体言论自由的网络表现形式。在网络社团中,社团成员参与社团活动的主要方式为信息接收与言语表达,如发布、传播、交流。

---

① Todd G. Hartman, The Marketplaces vs. The Ideals: The First Amendment Challenges to Internet Commerce, *Harvard Journal of Law and Technology*, 1999, p. 443.

② Todd G. Hartman, The Marketplaces vs. The Ideals: The First Amendment Challenges To Internet Commerce, *Harvard Journal of Law and Technology*, 1999, pp. 445-449.

在前互联网时代，受信息资源分配不均、流动和参与渠道受限及身份特定等因素的影响，人们获取信息的途径主要有广播、电视、纸媒或口口相传的小道消息等，言论自由在较大程度上受到各种限制，相关权利的行使并不充分。改革开放后，人口流动加剧，人们思想观念呈现多元化的发展态势，个体的自由度及社会资源占有和控制的松动给予各社会主体在财产、迁徙、言论自由等方面更多的选择空间，但脱离原有社群进入陌生人社会的人们却也同样不得不面对无话可谈的窘境。

熟人社会向陌生人社会的过度打破了原熟人社会所建立的交流平台，人们除通过中低端信息传播技术与特定亲朋进行"一对一"的信息传播外，与其他成员之间的沟通和交流往往相对匮乏，即便是在同某地工作、生活的社会主体之间进行有效沟通与交流的机会也不充分。如同在富士康曾出现过长期同居一室却互不相识的情形，更遑论进行有效的沟通和交流。随着信息技术的发展以及互联网的全面普及，"网络成为社会系统的神经，可以预见，这一基础会给我们的社会以及个人生活带来巨大影响，远远超过历史上公路建设对商品和人员流通带来的改变"。① 特别是随着 WEB2.0 技术、RSS 技术的开发及移动互联网技术的运用和推广，传统媒体"一对一"及"一对多"的格局完全被打破，交互式移动互联技术的成熟及社会资源的松动使公众获得更多参与和表达的机会，并使言论自由权利得到更全面有效的行使。

二、参与能力孵化功能：有效培养公民社会管理参与意识和参与能力

在我国，管理型政府的建立在很大程度上有其特定的历史渊源。既有宗族式、家长式社会理念的延续，使自认为位卑言轻的社会群体大多长期处于被动、服从的状态之中，占有、控制社会资源的尊长者往往也是其他民众参与社会管理的唯一代表，位卑言轻的基层民众往往缺乏有效参与社会管理的渠道，从而使官本位思想得以延续，官员、尊长者成为能主持公道、决定善恶的重要社会角色。新中国成立后，为加快经济发展速度，加速全国工业化步伐，实现富国强兵，强国家、弱社会管理模式为新中国成立以来国家的主要管理模式，社会资源再次被高度集中，社会生活的各个方面几乎都处于国家的规划、控制和掌握之中，公众参与仅限于被安排的特定领域，公众自治与自我管理能力无法得到有效发挥。随着工业化阶段超过简单资本动员阶段及改革开放释放的社会活力，政府逐步放松社会管制，从旧体制摆脱出来的新的社会力量和社会角色也因此得以不断发展壮大，并在社会发展过程中不断发挥越来越重要的影响和作用。

尽管如此，新的社会力量和社会角色的合法性地位并未完全得到相关法律的有效确认，未经登记的小商贩会因城市管理的需要被视同黑商贩予以取缔，由社会自发形成的非正式社团也会因未获批准和登记，不得不以非法社团的形式存在。如我国社会团体登记管理条例规定，"擅自开展社会团体筹备活动，或者未经登记，擅自以社会团体名义进行活动，以及被撤销登记的社会团体继续以社会团体名义进行活动的，由登

---

① ［荷］简·梵·迪克：《网络社会——新媒体的社会层面》（第二版），蔡静译，清华大学出版社2014年版，第2页。

记管理机关予以取缔,没收非法财产;构成犯罪的,依法追究刑事责任;尚不构成犯罪的,依法给予治安管理处罚"。这意味着民间自发形成的非正式社团在获得国家的确认和认可前,一切所为都是违法行为,相关社团及成员可能将因此面临遭受刑事制裁的窘境。这在某种程度上极大地影响了非正式社团作为的积极性。

随着互联网交互技术的发展及新媒体的运用,公众借助网络的虚拟性自觉参与社会管理的意识明显提升。正如《纽约时报》报道中指出的,"对于一个西方人来说,最令人震惊的是中国互联网文化与我们如此不同,新兴网站和个人博客在中国远没有我们的有影响力,社交网络还没有正式起步。最有生机的仍然是大量不知名的在线论坛,这也是人肉搜索开始的地方。这些论坛已经进化为比英语互联网上的任何事物更具参与性、更平民主义甚至更加民主的公众空间"。① 人肉搜索的大量出现引发隐私侵权等问题的同时,也意味着人们在线下渠道有限的情况下,借助网络虚拟身份参与社会管理的热情和愿望有所彰显,激发社会主体的合作及自治意识。具体体现为:一是借助网络社团传递各自在特定问题上的情结或价值认同,进而达成更深层次的共识,避免过激言论、行为的形成;二是借助网络社团社员之间的合作与交流,可协助公权力机关有效获知违法、犯罪线索,实现民间与官方在社会秩序维护方面的通力合作;三是网络社团在某种程度上也是弘扬正能量及优良道德传统的有效工具。如网络寻人贴在社团内即社团之间的爱心传递在某种程度上可以缓解或消除受害人或其亲友对社会和政府的憎恨,并起到增强陌生人社会群体成员之间的信任感的作用。

各类社团参与网络是推动公民之间合作的关键机制,并提供了培养信任的框架。② 参与代表着确定目标及对所有社会问题选择手段的过程。③ 网络社团参与的原因往往能是多方面的,共同的兴趣爱好、爱心帮扶、社会管理优化、民主政治化过程的自觉参与等现实社会主体的诉求,都可能在线下参与渠道堵塞、匮乏的情形下,成为现实社会主体借助虚拟网络社团进行组织和参与的重要诱因。而在虚拟网络社会中,缺乏参与的能力可能意味着缺乏在体系内成为完全成员的资格,④虚拟网络社团也将因网络社团成员参与意识和参与能力的不足逐步淡出公众的视线。浙大官方设立的"海纳百川"网络论坛建站后无法获得持续关注而长期处于不定期关站状态便是很好的例证。有研究表明,网络参与者的民主精神比一般公民要强,⑤社团成员的持续参与在维系网络社团的同时,也能进一步培育现实社会主体参与现实公共事务的意识和能力。

---

① 转引自刘晗:《隐私权、言论自由与中国网民文化:人肉搜索的规制困境》,载《中外法学》2011年第23卷第4期。
② 陈福平:《市场社会中社会参与的路径问题》,载《社会》2012年第2期。
③ 诺曼·H.尼、西德尼·伏巴:《政治参与》,载[美]格林斯坦、波尔斯比编:《政治学手册精选》(下册),储复耕译,王沪宁校,商务印书馆1996年版,第293页。
④ 诺曼·H.尼、西德尼·伏巴:《政治参与》,载[美]格林斯坦、波尔斯比编:《政治学手册精选》(下册),储复耕译,王沪宁校,商务印书馆1996年版,第294页。
⑤ Kevin A. Hill, John E. Hughes, *Cyberpolitics: Citizen Activism in the Age of the Internet*, Lanham: Rowman & Littlefield Publishers, Inc., 1998, p.42.

正如有学者在研究信息技术的社会影响时提出的,为更好地反思技术与政策的关系,就要自下而上地了解社会福利服务对象的现实生活状况。光由少数领导进行决策是行不通的,因为他们往往要么和现实脱节,要么只在乎管理者的便利,观念陈旧。解决这个问题最好的方法就是让中下阶层集体发声,包括通过中低端信息传播技术或其他传统发声方式,让他们的意见直接进入决策过程。福利政策是否成功,不仅在是否满足服务对象的基本生存需要,更在于是否能给予他们尊重,让他们感到自己是社会平等的一员。他们的声音也有决策者在仔细聆听,最终还能落实为具体的实惠。①

随着管理型社会向治理型社会的转型,国家对公民全面参与社会管理的愿望日益迫切。而公民参与意识的匮乏及社会自治与自我管理能力的不足,决定了管理型政府向治理型政府的转变并不能一蹴而就。基于网络社团虚拟性、松散性及低成本特性,现实社会主体在现实社会管理参与渠道有限并且容易导致自身参与能力不足,因此,可以借助虚拟网络社团表达自身在特定社会问题方面的见解和观点,以达到逐步影响社会整体意识形态及管理层在相关问题上的最终决策的目的。而这能在一定程度上培育和孵化出具有较强的社会参与意识和社会管理能力的社会主体,从而为全面推行治理型社会做好铺垫。

三、传播结构优化功能:进一步优化权威信息披露渠道和传播结构

1946 年第一次联合国大会第 59 号决议指出,信息自由是人的一项基本人权,也是联合国追求的所有自由的基石。而信息传播的方式可以是多种多样的,可以通过权威信息发布渠道进行披露和传播,也可以通过口口相传的方式进行扩散。信息在传播和扩散的过程中,表达或理解上的片面性都将导致信息传递失真,并逐渐演变成与信息源透露的信息重合度不一的信息——谣言。当前,无论是现实世界中还是在虚拟网络环境下,始终都充斥着身披迷惑外衣的形形色色的谣言,特别是互联网技术的广泛运用,谣言已不再限于特定区域内传播,更广范围内的不特定群体将必然成为谣言的受众,甚至传播者。

正如英国哲学家约翰·密尔所指出的,"如果那意见是对的,那么他们被剥夺了以错误换取真理的机会;假如那个意见是错误的,那么他们失掉了差不多同样大的利益,那就是从真理和错误冲突中产生出来的对于真理的更加清楚的认识和更加生动的印象。"② 谣言作为一种信息传播方式,在某种程度上可被视为"一个社会环境投射的影子",③ 体现了特定社会环境下人们获取和传播信息的途径和方式,同时也反映了特定社会环境下人们对特定社会问题的态度和处理方式。它既是一个语言现象,也是一种文化现象,反映谣言所在时代的社会问题与群体心理。④ 而不同的文化模塑出不同的

---

① 邱林川:《信息时代的世界工厂》,广西师范大学出版社 2013 年版,第 202 页。
② [英]约翰·密尔:《论自由》,程崇华译,商务印书馆 1959 年版,第 17 页。
③ [法]弗兰索瓦斯·勒莫:《黑寡妇——谣言的示意与传播》,唐家龙译,商务印书馆 1999 年版,第 21 页。
④ 李大勇:《谣言、言论自由与法律规制》,载《法学》2014 年第 1 期。

社会心态,不同的社会心态亦造就出不同谣言。① 基于前述特性,谣言在任何时代和环境中都有可能形成,而谣言的散布和传播,又会在一定程度上模糊和扭曲不特定受众对特定社会事实、现象、群体乃至政府形象认知,形成认识上的误区,并可能引发暴力和违法、犯罪行为。

作为一种信息载体,谣言形成的原因往往也是多方面的。既有可能是散布、传播者有意为之,也有可能是传播错位所形成的信息误区。谣言能在民间广为流传的重要原因在于权威信息获取途径的匮乏,以及由此引发的信息源与信息受众之间信息的不对称。便利的交通与通信设施既为信息共享提供了平台,也为谣言的传播提供了廉价的传播手段。当公共危机来临时,如果政府和权威媒体没有承担起传播真实信息的责任时,那么民间以及非正式的传播手段就会粉墨登场,占据主导地位。② 2009 年,河南杞县"核泄漏"事故谣言产生时,相关政府部门在"核泄漏"信息披露方面的怠惰便是其中的典型,自 6 月 7 日凌晨事故爆发至 7 月 12 日开封市政府召开新闻发布会通报"核泄漏"事故进展情况期间,近一个月政府部门未公开披露有关事故原因及处理进展方面的信息,给予散布和传播谣言足够的时间和空间,引发大规模民众"逃难"的恶性事件。③ "非典"时期的板蓝根、甲流袭来时的大蒜抢购潮及日本核泄漏事件引发的国内盐慌现象,都在一定程度上反映了权威信息获取渠道的匮乏俨然成为人们信谣、传谣及谣言久传不灭的重要原因。

网络社团作为自媒体时代信息获取和发布的重要途径,可在较大程度上缓解信息获取途径不足的难题,但同时也可能成为引发信息严重不对称等社会问题的重要诱因。网络社团社员分布的广泛性使网络社团具备一定的信息发布和辨识功能,同时也可能因信息辨识过程中引发的蝴蝶效应及信息辨识能力的不足,使既有谣言得以在更广泛的范围内进行传播,甚至引发新的与信息源传播的信息截然相反的谣言,进而引发权威信息渠道信任度和可接受度降低等更为严重的社会后果。然而,我们的社会需要的不是"寒蝉"缺席,而是将寒蝉效应维持在一个最佳程度。④ 解决网络社团寒蝉效应及有效遏制谣言的唯一路径在于扩建和重塑权威信息发布路径,使公众得以通过权威信息披露渠道及时获知事实真相,并采取相应的安全防范措施。

可见,网络社团不但有助于及时还原事实真相,同时也能倒逼谣言所涉相关群体及时通过权威渠道进行信息公开,以减少谣言可能影响的负面社会影响。网络社团的自我完善与型塑,使依赖民间资源自发形成的自媒体的权威性和可信赖度日趋增强;而网络社团在信息证伪能力方面的不足,也会促使不良信息受害者及时借助有效途径进行信息披露,以减少不良信息和谣言所可能引发的负面影响和不良后果。即在自身逐步发展成为权威信息披露渠道的同时,网络社团也会同步倒逼其他权威信息披露渠

---

① 苏萍:《谣言与近代教案》,上海远东出版社 2001 年版,第 4 页。
② 李大勇:《谣言、言论自由与法律规制》,载《法学》2014 年第 1 期。
③ 《河南杞县"核泄漏"谣言的前前后后》,2009 年 7 月 23 日,http://news.xinhuanet.com/legal/2009-07/23/content_11757299.htm,下载日期:2016 年 7 月 25 日。
④ [美]卡斯·R.桑斯坦:《谣言》,张楠迪扬译,中信出版社 2010 年版,第 124 页。

道的建立与完善，以此为进一步培育足以赢得公众信赖的新的权威信息披露渠道奠定了坚实的基础。

第二节 网络社团的负面性分析

当前网络社团在产生特定的正面效应的同时，也会产生和形成某些方面的负面效应，诸如网络社团非法存在与全面依法治国之间的悖论、网络社团组织目标的合法律性及引发的国家政治安全问题、网络社团活动的合法律性及引发的各类侵权问题。网络社团当前负面效应不断扩大的根源在于其存在、目标及活动的合法律性未得到有效解决。

一、组织的合法律性困境及负面效应分析

网络社团的合法律性，即社团的设立、运行符合国家有关注册、审批或登记备案的有关要求，并已完成相应的手续，取得法律上独立的主体资格和法律地位。然而，我国现行《社会团体登记管理条例》规定了民间社会组织应经业务主管部门审批和民政部登记的双重管理机制，并对民间社团的设立进行了较为严格的前置审批要求，而在网络结社等方面又无具体明确的规定，导致网络社团成为法律规范之外的社会主体。

中共十八届三中全会在民间社团组织设立方面作了新的部署，明确应"限期实现行业协会商会与行政机关真正脱钩，重点培育和优先发展行业协会商会类、科技类、公益慈善类、城乡社区服务类社会组织，成立时直接依法申请登记"。但不难想见的是，相关部署能否在短期内顺利实现尚待观察。即便如此，先申请后设立的方式在某种程度上也难以满足网络虚拟社群的特殊设立要求，具体体现为：一是网络虚拟社团具有较大的松散性，设立初期成员往往难以确定，设立后能否有效维持也具有加大的不确定性，先登记后设立的方式不但难以达到登记的目的，还可能在一定程度上浪费资源；二是网络社团作为民间组织在互联网上的嬗变形式，仍应具备自发性、民间性和自治性等一系列特性，网络社团先申请登记后设立的方式并不能有效反映社团成员在社团成立方面的意愿，结果可能是事倍功半；三是与传统非正式社团的形成相似，先申请登记后设立的方式也同样会衍生出许多非正式网络社团，从而不利于对网络社团进行有效的监管。

组成网络社团组织的合法律性问题，在某种程度上会使网络社团陷入难以监管的困境，并因此引发多个方面的负面效应。

（一）网络社团的合法律性问题会导致网络社团监管的混乱

网络社团合法律性地位的缺失及特定社会影响的引发，会使网络监管部门采取特定的措施予以管制。在集中开展互联网站清理整顿工作协调小组的基础上，2006年2月17日，信息产业部、国新办、文化部、广电总局、新闻出版总署、教育部、中宣部、公安部、国安部、国家保密局、发改委、工商总局、国务院法制办、互联网运营单位联合发布

《互联网站管理协调工作方案》,宣布各省(自治区、直辖市)将本行政区集中开展互联网站清理整顿工作领导小组同步调整为本行政区互联网站管理工作协调小组,明确了16部门在国家网站管理方面的职责,在某种程度上优化了互联网络环境。

然而,上述部署未将民政部纳入其中,且由于对互联网监管的法律、法规令出多门,各部委相互之间缺乏协调和配合,各行政部门根据本部门主管的行政业务对互联网出具不同的法律法规,行政部门相互推诿责任和争揽权力。① 各部门之间的监管边界不清,在很多地方出现重叠,特别是在那些新兴的技术和业务上,由于各部门的尺度不一,管理强度不一。② 当问题积累到严重程度时,各执法部门便通过采取声势浩大的运动式联合执法行动进行相应的整治和治理。③ 既有网络社团组织合法性未得到有效确认,或以业务准入为主的前置审批进行监管,或通过运动式执法对互联网进行管制,以致否定网络社团组织的合法性成为当前网络社团管理的常态方式。

可见,鉴于我国目前在网络行为引导方面尚缺乏相应的法律规范,以及网络社团本身的所处环境的复杂性、多变性,监管部门在网络社团监管上主要的是采取多部门分头实施、前置审批、"底线控制"、运动式执法的方式,在给予违法犯罪分子可乘之机的同时,也使网络社团陷入组织合法性困境。不仅如此,各部门各自为政的情形,也在较大程度上导致部门立法色彩浓重,从而造成法律冲突或部门立法,加剧具体监管层面上的矛盾和冲突。

(二)网络社团组织的合法律性问题会引发公众信任危机

网络社团组织的合法律性困境会在较大程度上影响社会公众对网络社团的信任及参与的积极性。具体又包含两个方面:

1.网络社团组织的合法律性会引发正规网络企业对网络社团平台运行的不信任感

动则涉嫌社会危害性、违反治安管理、违反社会秩序或监管不当进行惩戒会使正规网络企业缺乏参与的积极性,并将市场让渡给技术能力、监管意识和观念相对较差企业,或直接选择通过在境外设置服务器的方式以达到规避暴力执法和管制的目的。社会共同合作监管意识的匮乏将导致在网络社团监管方面的难度进一步加大。这一问题在网吧业经营管理过程中已有所验证,从北京中关村互联网地标瀛海公司"网络科技馆"到被称为黑网吧的"蓝极速",这一段网吧发展历程表明,正规经营向违规经营转移的重要原因往往不在于网络企业经营者,而在于特定事物本身的合法律地位未得到有效确认。

---

① 北京大学公共政策研究所:《我国互联网信息内容安全及治理模式研究报告》,2007年1月。转引自胡凌:《网站治理:制度与模式》,载《北大法律评论》2009年第10卷第2辑。
② 韦柳融、工融:《中国的互联网管理体制分析》,载《中国新通信》2007年第18期。
③ 谢永江:《论我国互联网治理体制的完善》,载《江西社会科学》2011年第1期。如在2009年年初进行的反低俗网站专项整治行动便是其中声势较大的一次,2000余家网站被关闭或点名批评。参见胡凌:《网站治理:制度与模式》,载《北大法律评论》2009年第10卷第2辑。

2. 网络社团组织的合法律性也会引发网络虚拟主体所对应的现实主体参与的积极性

网络社团迟迟处于国家法治建设和法律规范的盲区，不仅仅意味着网络社团缺乏相应的法律主体资格和相应的法律地位，同时也可能导致具有较强参与能力的主体通过相关平台持续参与积极性的丧失，以及采取其他更为暴力或更为隐蔽的方式，以实现特定需求或目的的现象。如长期出现网站的非正常关站、封号、禁言等都将导致参与人员的流失，这已属于普遍现象。浙大 BBS 论坛"缥缈水云间"曾在一次非正常关站后导致大量原有社团成员直接选择注销（销号）的极端方式以表达抗议。① 这会引发社会主体都网络社团本身的不信任感的同时，也必将导致部分成员转向 QQ 群、在境外设置服务器等更为隐秘、监管难度更大的方式进行群聚。

二、目标的合法律性困境及负面效应分析

网络社团在本质上是力图在社会中适应，并生存下来的社会团体。而网络社团的设立、运行只有在能够确实有效满足特定社会需求的情况下才能实现，否则便难以吸引人们注册或持续关注。与此相应，不同的网络社团应对不同的社会需求，否则其便没有存在的基础，社团成员需求的不同决定社团的目标或宗旨具有较大的差异性。总体而言，在国内正常开展活动的网络社团的目标都合乎法律的规定，如"肝胆相照"论坛以战胜疾病、维护乙肝患者合法权益为目标；"绿色北京"以传播环保知识、保护环境为目标；"多背一公斤"以在公益旅游中提高参与者的公益能力为目标；等等。

然而，互联网技术在改变现实生活的同时，也可能对现实社会产生不特定的负面影响。传统社会中以地域为界限的国家疆域被打破，信息技术以前所未有的速度渗透到社会的各个角落，互联网的开放性、平等性、廉价性使传统社会中政府主导的国家模式受到了极大的冲击，各种非政府组织及个人都能借助互联网的强大威力对国家安全构成威胁。② 除此之外，以推翻中国共产党领导及颠覆社会主义政治制度为主要目标的，以境外"民运"人员为主体的组织或群体，也通过网络结社方式参与特定网络社团的设立；以民主分裂为目标的民族分裂分子也会借助网络虚拟社团从事民族分裂活动；等等。③

由此可见，以网络虚拟结社方式聚集形成的网络社团也面临社团组织目标合法律性的困境。这会引发以下几个方面的负面效应：

---

① 1997 年年底，该校网办发出通知，要求西子浣沙城的注册用户全部拿学生证去注册登记。很快，全站的人们疯狂地糟蹋 bbs.zju.edu.cn，然后注销。参见《浙大 BBS 简史》，2003 年 3 月 14 日，http://proxy3.zju88.net/agent/thread.do?id=88story-3e71a1a7-dc41854f4d558fc69141a1bd15e714fd&page=0&bd=&bp=0&m=0，下载日期：2016 年 12 月 18 日。

② 袁峰等：《网络社会的政府与政治：网络技术在现代社会中的政治效应分析》，北京大学出版社 2006 年版，第 227 页。

③ 王存奎：《网络组党结社与国家政治安全》，载《江南社会学院学报》2008 年 3 月第 10 卷第 1 期。

(一)对网络企业的影响

网络企业在建立网络服务平台过程时,对网络平台可能聚集的虚拟网络主体一般是难以预测的(特定敌对组织、以开展恐怖活动或民族分裂活动的主体出资建立网络服务平台当属例外)。一旦特定敌对组织或以开展恐怖活动、进行民族分裂或邪教活动的组织渗入原本不具有社会危害性的网络社团,通过舆论导向等方式进行诱导并产生特定影响力时,网络企业也可能因特定的处罚或制裁,甚至可能会因在特定情况下采取关闭服务器的措施,被误认为是特定敌对组织或以开展恐怖活动、进行民族分裂或邪教活动的帮凶。

(二)对社团成员参与者的影响

既有研究表明,现在的网络聊天室和论坛不是把持不同意见的各类网民吸引到就共同关心的问题进行协商,而是把思想、政见、价值观和爱好基本相同的个人吸收到一块加深他们原有的价值观和偏见,而非挑战和改造原来的价值观和偏见。① 思想因片面而深刻,但过于偏激的观点和言论,及虚拟身份背后主体的不确定性,会在一定程度上使相对理性的群体不愿参与相关社团的活动或发表言论。过于偏激的政治言语及价值观的强制灌输将导致网络社团按群体极化的方向发展,使网络社团参与者的群体结构难以得到确实有效的改善。

(三)对监管部门的影响

信息安全问题压倒一切,成为政府网站治理的重要工作。不仅传统的信息保密制度成了信息安全的工作重点,就连一般性的不利于社会稳定的言论与表达也被纳入信息安全保护体制中。② 维护国家安全、政治稳定,某种程度上在监管部门及监管人员身上体现得尤为明显,并也因此形成较为强烈的政治敏感性。"执行好或者说用好条例,首先要政治立场坚定,时刻保持高度的政治敏感度性。要为党委政府站好岗,坚决把那些企图利用社团来破坏国家政治、社会稳定的人拒于社团之外。"③在网络社团的监管方面事实上也会产生类似现象。将是否影响政治稳定作为执法的首要任务,在有效维护国家安全及政治稳定的同时,也可能会使监管部门对网络社团采取一刀切的粗暴方式进行监管,影响网络社团的正常有序发展。

三、活动的合法律性困境及负面效应分析

网络社团作为现实社会主体借助互联网平台搭建的虚拟网络社群,能在维护乙肝携带者权益、倡导绿色环保及反扒窃等方面产生正面影响的同时,也可能因规范不足、疏导不够引发侵犯他人隐私权、名誉权的行为。但毋庸置疑,无论是对外开展社会活

---

① 刘文富:《网络政治——网络社会与国家治理》,商务印书馆2002年版,第298页。
② 胡凌:《网站治理:制度与模式》,载《北大法律评论》2009年第10卷第2辑。
③ 姚丽霞:《公民结社权在虚拟环境中的运用》,载《法学》2010年第1期。

动,还是对内进行日常管理活动,网络社团都必须在法律的范围内以合法的方式进行,不得违反法律的强制性规定。

网络社团的活动合法律性问题会在某种程度上受到挑战:一是组织目标违法,即以宣扬暴力、传播色情、散布危害国家安全等目标言论和信息。二是组织目标不违法,但因缺乏监管而出现违法情形的。如牛博网在汶川地震中的募捐活动。[①]三是组织目标不违法,但在活动开展过程中出现违法行为,如实施"人肉搜索"等侵犯他人隐私权的行为。对于组织目标违法的群聚性活动应予以坚决打击,但对于组织目标不违法的也应予以适当的规范和引发。否则,网络社团组织活动违法必将引发特定的负面效应,影响网络社团的健康有序发展。具体而言,相关负面效应体现为以下几个方面:

(一)对网络社团成员的影响

网络社团成员会在某种程度上容易因共同的思想、政见、价值观及爱好等产生一定的群体极化问题。群体极化的形成在加深特定群体思想、政见、价值观导向的同时,也会影响其他群体的参与——特别是相对理性群体。一旦群体极化现象在某一特定问题上达到极致,则会反向影响网络虚拟主体对应的现实社会主体,进而导致外部主体实施特定违法犯罪行为。

2011年12月16日,北京市人民政府办公室、北京市公安局、北京市通信管理局、北京市互联网信息办公室联合发布了《北京市微博客发展管理若干规定》。该《若干规定》第3条规定,任何组织后者个人注册微博客账号,制作、复制、发布、传播信息内容的,应当使用真实身份信息,不得以虚假冒用的居民身份信息、企业注册信息、组织机构代码信息进行注册。第15条规定,本规定公布前已开展微博客服务的网站,应当自本规定公布之日起三个月内依照本规定向市互联网信息内容主管部门申办有关手续,并对现有用户进行规范。然而,以北京市相关部门推行的"后台实名、前台自愿"微博客控制方式受到业界和学界的广泛质疑。[②]

正如有学者指出的,从规范微博用户、确保微博信息真实的角度来看,微博实名制所起到的作用还不如已经成熟的微博辟谣系列服务;在已经有了后者的情况下,再实行微博实名制,有画蛇添足的嫌疑。况且如上所述,公权力机关将职责转嫁到微博用户身上本来就是恣意的。[③] 在信息获取类、商务交易类、交流沟通类及网络娱乐类网民占比都呈现平稳增长的情形下,广受网民青睐的微博客在2014年12月至2015年

[①] 在汶川地震中,牛博网在短短4天内募集善款140余万元,显示网络社团通过网络平台筹集资金的优势和能力。但因从捐款到物资采购,再到物资发放都没有任何的外部性监督和控制,全靠募资者的自觉和良心,因此也引发了公众的质疑,银行也怀疑其涉及"非法募资",并一度强制冻结相关账户。那兜:《牛博网:惴惴不安的慈善》,2008年5月30日。http://past.nbweekly.com/Print/Article/5024_0.shtml,下载日期:2016年12月16日。

[②] 张红军、王瑞:《关于微博实名制的思考(3)》,2011年10月19日,http://media.people.com.cn/GB/22114/206896/232373/15945755.html,下载日期:2016年6月23日。

[③] 韩宁:《微博实名制之合法性探究——以言论自由为视角》,载《法学》2012年第4期。

6月用户人数和占比大幅下降的事实,也说明了类似"全裸式"网络社团已初步为公众所远离,以电话、短信、传单等一对一方式进行反党、违法政治言论宣传等违法犯罪活动已日渐增多,在新型交流、沟通平台被再次堵塞的情形下,通过一对一方式进行秘密教唆已逐渐成为常态。①

(二)对监管部门监管的影响

网络社团组织活动的合法律性问题会在一定程度上影响监管部门监管职能的发挥,加剧监管部门采取关站、拘留的强制管制措施的可能性,增加监管的不确定性。如2002年十六大召开前期,武汉大学"珞珈山水"BBS讨论高层人事话题,立即被湖北省公安厅强行关闭,站务和管理遭拘留,后在校方的交涉下释放。对公众人物的评论尚且如此,不难想见,若是相关网络社团的行为产生明显社会影响力,且还存在一定的组织活动违法性嫌疑时,以简单粗暴的方式进行网络社团的监管将是监管部门的必然选择。上述《北京市微博客发展管理若干规定》的出台,也说明了在网络社团活动合法律性未得到有效确认的情况下,各部门、各地对网络社团任意进行规范的情形。

---

① 中国互联网络信息中心:《第36次中国互联网络发展状况统计报告》,2015年7月22日,http://www.cnnic.net.cn/hlwfzyj/hlwxzbg/hlwtjbg/201507/P020150723549500667087.pdf,下载日期:2016年7月29日。报告显示,与2014年12月相比,半年时间内微博客用户减少约4400万,占比由38.4%减少为30.6%。

第四章

网络社团传播机制

第一节 传播主体

一、传—受主体一体化

传播学中非常基础的一种传播过程模式——拉斯韦尔的"5W过程模式"[①]。其称谓来自模式中五个要素同样的首字母"W"。这五个要素又构成了后来传播学研究五个基本内容：控制研究、内容分析、媒介研究、受众研究和效果研究。这五个要素各有其自身的特点。

"谁"就是传播者，在传播过程中担负信息的收集、加工和传递的任务。传播者既可以是单个的人，也可以是集体或专门的机构。"说什么"是指传播的讯息内容，它是由一组有意义的符号组成的信息组合。符号包括语言符号和非语言符号。"渠道"是信息传递所必须经过的中介或借助的物质载体，可以是诸如信件、电话等人与人之间的媒介，也可以是报纸、广播、电视等大众传播媒介。"对谁"，就是受传者或受众。受众是所有受传者如读者、听众、观众等的总称，是传播的最终对象和目的地。"效果"是信息到达受众后在其认知、情感、行为各层面所引起的反应，是检验传播活动是否成功的重要尺度。

我们最开始需要研究网络社团传播的传播主体，也就是解决"5W理论"中的"WHO"的问题。然而，在研究中我们发现了一些新情况，例如，自媒体的诞生与普遍使用、社会化媒体的广泛应用、移动互联网与物联网的发展等，这些新变化使网络社团的传播主体和传播对象发生了显著的变化，使我们很难界定在这样一个新的传播过程中到底谁是传播者，谁是接受者。传播中的传受"本位"问题，讲的主要是传播从谁出发的问题，即传播按照谁的利益和需要来选择确定的传播内容、信息传播方式，这是一个值得重视的问题。

早在网络于中国刚刚兴起之时，杨保军指出："在人们还没有明确的传受角色的自

[①] 1948年，拉斯韦尔明确提出传播过程及其五个基本构成要素，即谁(who)、说了什么(says what)、通过什么渠道(in which channel)、对谁说(to whom)、取得了什么效果(with what effect)。

我意识情况下,没有强制性中介物作为传播手段的情况下,自然不存在以谁为本位的问题,或者说本位是在非自觉的状态下不断的互换,也可以说传播者与收受者是一种模糊的、原始的互为本位的关系。当大众传播方式成为信息传播的主要方式之后,大众传播媒介插入传受主体之间,使传受角色出现了分立对应的关系,这时谁是本位就变成看得见、摸得着的现实问题。就信息传播的历史事实来看,'传播者本位'长期占据主导的地位,也就是说,'传播什么、怎样传播、为什么传播'这些最基本、也最根本的问题,主要是由传播者根据自己的需要和利益决定的。大众传播方式确立的传受主体关系,是一种分立对应关系,在这种关系中,传播主体居于不可否认的主导地位,因此可以说是一种传播主体主导的传受关系,这种现象在我看来,直到今天并没有根本性的变化。"①

由于信息需要一个最开始的"编码者",似乎无论如何,任何信息都会有一个传播主体,且这个传播主体身份是明确的,无其他传播身份的。随着进一步的思考和研究,我们发现,如果认同传播主体的唯一性,就相当于赞同"先有鸡还是先有蛋"中的"先有蛋"的观点了,其不能完整地反映互联网新时代网络社团的传播主体与受众。同时由于唯一性的例证并不充分,因此如果抱守这种旧的理论,则加大论证难度,反而将问题复杂化。

杨保军在此文中还大胆预测:"当人类进入信息、网络时代之后,传播信息的工具不再只是传统的三大媒介,而是加入了'第四媒体''第五媒体'等,这些新的传播媒介,改变的不仅是信息传播媒介的传统格局、信息的采制方式、刊播方式和收受使用方式,更重要的是它们正在改变人们传统的信息传播观念,其集中体现于传播主体与接受主体关系的变化。人们期望打破传播主体主导的传播模式,冲决单向的信息传播模式,期望接受主体能与传播主体共同驾驭作为社会公器的信息传播媒介。这一阶段萌芽于大众传播的兴起,显现于网络时代的到来,发展于未来的传播之中。"

在网络社会真正发展成熟的今天,验证了杨保军的"传—受一体化"理论。而网络社团中的传播主体与客体之间的关系更是如此。一方面,在一个普通网络社团中,从最开始发布消息的成员到最后接收消息的成员,这之间的传播可能是一个复杂的网状循环结构。假设这样一种情况:华人甲无意中发现,某国设计师设计的一件印有"吃一个中国人,拯救一条狗"字迹②的衬衫,并公然在一家网络平台上售卖。他便在他所在的华人圈子里发布了这样的消息。没过多久,华人乙、华人丙、华人丁造访那家网店,他们又进行了更广泛细致的传播,提供了更为详细的图片和资料。最后,在整合了众

---

① 杨保军:《论传播主体与接受主体的关系》,载《传播论坛》2003年第6期。
② 改自"救一只狗,吃一个中国人""救一条鲨鱼,吃一个中国人"事件,据美国《赫芬顿邮报》2017年3月7日报道,德国著名的纺织服装产品定制网站 Spreadshirt 惊现两款涉嫌歧视中国人的T恤,遭抗议后下架。不过《环球时报》记者8日在 Spreadshirt 的德语官网上看到,这款T恤衫仍在网上出售,售价是2539欧元。Spreadshirt 一位女发言人8日对《环球时报》记者表示,这是一位设计师的作品,并不代表公司的立场。不过她认为,上述字样的T恤没有"种族主义"色彩。此事件受到在德华人和全球华人的强烈不满,中国外交部11日也正式出面干涉。

多文化资料之后,一些具有讽刺那种歧视性设计的图文被华人戊传播出来,华人甲再次进行了转发。而后,当初开始收集资料进行传播的华人乙、华人丙、华人丁的人也收到并进行了再次转发。在这个过程中,华人戊给华人甲的传播不是简单的"反馈",而是一种信息的深加工和再传播。甲、乙、丙、丁、戊接收了信息,是信息接受者;他们也进行了加工,然后再发布出来,这些带有自己痕迹的信息,证明了他们是信息传播者。因此信息通过了一个复杂的加工过程并进行再循环,而在实际情况中,信息传播不会这么简单,往往还经过了更为广泛的传播和接受主体。

《未来是湿的》中有一个经典的传播学案例——假如有一个队列,共有 36 人,队列中两个人会在同一天过生日的概率大吗?大多数人都会认为是很小的概率,可以计算出是 36/365,然而事实并非如此。在涉及多个人的情况下,人们只考虑的是自己而不是群体。第一个人与其他 35 人要进行配对,这产生 35 对生日;第二个人还要和除了第一个人之外的其他 34 个人配对,这时产生 34 对生日;第三个人要和除了第一第二个人之外的 33 人人配对,这时产生 33 对生日……以此类推,到第 35 个人的话,产生 1 对生日,共计产生 630 对生日。如果把这个问题中的生日匹配看作是群体中的信息交流,那么,这些信息的产生一定是巨量的。

在一般的社团中,多人对信息加以传播和改造,已经很难明确信息传播给了多少人,又经过了多少人的理解和加工。不同的传播主体之间相互交叉、相互影响,以一种网状结构进行新媒体性质和网络社团性质的交流。

传受主体一体化实质上是网络社团传播中的重要特征,网络社团给最原始的人际传播带入了新技术和新模式,创造了新的传播特征——实时互动。互联网的本质、核心和灵魂,是由连接而达成互动,在互动中人们求得交流和理解,这就是信息时代,也是网络时代。网络变成血管,变成世界的神经系统,变成基础设施;信息变成血液,变成流经神经系统的种种讯号。每个人都在试图变成(有些人已经变成)这无边无际之网上的一个纽结,以便从一个看来微乎其微的点上来扯动整个世界的神经。互联网已是信息时代人类主体沟通并与现实世界相互联系的重要手段,当这样的手段成为新信息传播媒介时,它所带来的最有影响的信息传播观念和传播实践就是互动。这种互动观念迅速颠覆了所有的传统信息传播媒介,使它们或快或慢地以自己的方式追求着互动式的信息传播。

互动的本质是人与人的互动、人与社会的互动。对于网络社团传播来说,就是传播主体与接受主体的互动。互动的具体表现是网络社团中,信息的传播由单向的发送式向双向的、多向的交流式转变。交互性是指传播者和受众之间的双向互动传播。同时,互动也必须要求及时性,实时进行的互动往往最有效果,更能体现互动性。互动最突出的结果是强化了信息收受者作为传播活动主体的地位,使其与传播主体有更多的机会展开交流和对话,比如,网络传播打破了过去由信息传播者单向传送信息的格局,使信息的传者与受者之间的交流更加容易。但更为重要的是,互动使接受主体从相对被动的角色转变为相对主动的、与传播主体相似的观察者、分析者和发言者。面对网络传播和网络社团传播,人们可以自由进出,可以自选自发,这意味着一种新的理想的构筑正在走向现实。①

二、传—受主体多元化

中国社会目前处于社会转型期,社会结构发生了巨大的变化,其中社会阶层结构的变化尤为显著,整个社会结构呈现一种分化的趋势。一方面,在旧有的社会群体内部裂变产生新的阶层,如在传统的农民群体里,已经分化出农业人口、农业工人、农民企业家、农村基层行政管理人员、乡镇企业经营管理者等多个阶层;另一方面,在传统社会群体外部,随着改革开放的深入,人们有了更多自由选择,产生许多新兴的阶层,如民营企业家、外资企业雇员、自由职业者等。不同的社会阶层在社会地位、经济利益获取方式、生活态度、价值观念、文化理念等方面都有较大的差异,从而在社会需求上也必然呈现出不同的特点。

根据 CNNIC② 的 2016 年中国互联网络发展研究报告数据显示,截至 2016 年 12 月,中国网民中,学生群体规模最大,占比 25.0%;其次为个体户/自由职业者,占比 22.7%;企业公司一般职员占比 11.9%;党政机关事业单位一般职员占比 4.3%;农林牧渔劳动者占比 5.7%;无业/下岗/失业人员占比 6.6%,较 2015 年上涨 0.9%;退休人员占比 4.1%;专业技术人员占比 4.8%;商业服务业职工占比 4.4%;制造生产型企业工人占比 4.5%,较 2015 年上涨 1.9%;农村外出务工人员占比 1.8%。除此之外还有党政机关领导干部、企业管理人员等。可见,网民的组成涵盖了中国目前的主要职业类型。现实社会中多元化的环境,必然造就网络中群体的多元性,以及网络社团中多元的利益诉求。③

三、传—受主体幂律分布

在网络社团中,起主体作用的成员与其他的成员相比,数量和贡献程度呈现幂律分布的特点。以英雄类游戏为例,技术非常高的,并且在线时间长的总是极少数玩家,但这些人在其网络社团中拥有极高的影响力,有的甚至对以游戏区域服务器区分的"区"起着重要作用,同时,也是游戏公司宣传和获取收益的主要对象。而其他的技术一般且上线时间很少的群体数量非常多,他们只通过少量充值来玩游戏,是游戏公司的潜在客户。微博也是如此,粉丝上百万的"大 V"是极少数的,却是微博原创作品或者吸引人气的重要成员。当视角再下一层,我们会发现,一个上百万级粉丝的微博作者,他不可能和上百万的粉丝交流互动,只能限于广播模式。随读者群规模下降,受众群变小,受众可能实现松散的交谈。

---

① 杨保军:《论传播主体与接受主体的关系》,载《传播论坛》2003 年第 6 期。
② CNNIC,即中国互联网络信息中心(China Internet Network Information Center,简称 CNNIC)是经国家主管部门批准,于 1997 年 6 月 3 日组建的管理和服务机构,行使国家互联网络信息中心的职责。
③ 钟瑛、余红等:《中国新媒体社会责任研究报告 2015》,社会科学文献出版社,第 253~267 页。

幂律的最显著的特征是等级越高则越不均衡。其数学原理很简单——幂律描述的是这样的一组数据,其第 n 个位置的秩是第一个位置的秩的 1/n。对于一个春幂律分布,第一位与第 2 位之间的差距要大于第 2 位与第 3 位之间的差距,以此类推。以维基百科的文章编辑为例,你可以聊到排名第 2 位的最活跃用户的编辑量只有第一名编辑量的一半,而排名第 10 的只做到了后者的 1/10 那么多。职业是所谓的 80/20 法则背后的形态。①

根据上述研究,可以将在网络社团中的成员,依据不同的活跃程度,分为领袖、呼应者、浏览者、共享者和学习者。② 各个成员类型的行为特点大致如下。领袖,人数少但发文频率高,具有信息把关人特征,对社团整体知识的形成与共享贡献大。呼应者,主要回应其他成员的发言,发言数量少,语言简单,对社团整体知识的形成和共享贡献较小,但有助于成员间交流。随着网络社团的发展,浏览者的数量最多,是初级用户,与其他成员互动较少,很少共享知识。共享者属于中等地位,在社区与其他成员交流中零散地发表者自己的观点,愿意分享知识但不频繁,其中有很多是具有较多专业知识背景的成员。学习者,多数专业知识有限,参与社团的目的是获取知识,很少提供知识,较少参与互动,与其他成员没有固定的社区关系。

四、意见领袖

一个社团,个别成员的专业和号召力远超大多数的成员,其形成的意见是集中和传播的中心,这些掌握网络社团话语权的成员是网络社团中的意见领袖。这种现象也是幂律分布的表现之一。从一般社群来看,意见领袖群体主要由实名认证的社会精英构成,职业包括学者、企业家、媒体从业者、律师、作家等。其中,媒体从业者凭借其在公共事件报道中的专业优势成为意见领袖中的主要力量,微博公共事件的产生与发展离不开媒体从业者的推动。传播过程——相关研究集中归纳了微博和博客两类平台中意见领袖的信息传播模式,将意见领袖的传播路径归纳为意见领袖与粉丝、意见领袖与媒体、意见领袖与意见领袖三个层面的互动传播。③

以地产大佬潘石屹为例,他的新浪微博粉丝数达到 1800 多万,位居微博意见领袖排行榜前 100。他于 2011 年 10 月 22 日之后,坚持每天发布美国驻华使馆,关于 PM2.5 的监测数据,让 PM2.5 迅速走向群众视野。而且,因为所公布的美国驻华大使馆数据预期与北京环保局的监测存在巨大差别,引发多次广泛讨论。潘石屹还被中央统战部邀请参加 2013 年无党派人士考察调研活动,共同把脉 PM2.5 的治理。可以说,大量民众对 PM2.5 的重视程度日益提高,潘石屹的努力功不可没。在这一过程中,潘石屹本人与广大粉丝、政府和媒体(也可以说是信息源),形成三个层面的互动传播,产生不可忽视的社会影响力。

---

① [美]克莱·舍基(Clay Shirly):《未来是湿的》,胡冰、沈满琳译,中国人民大学出版社 2009 年版,第 79~80 页。
② 毛波、尤雯雯:《虚拟社区成员分类模型》,清华大学学报 2006 年第 1 期。
③ 李良荣:《网络与新媒体概论》,高等教育出版社 2014 年版,第 147~149 页。

小到地区草根红人、地区性的微信公众号，大到行业精英、传媒巨头。在网络社团中，意见领袖负责将碎片化且海量性的信息加以筛选，给自己的粉丝群体提供话语环境，加强群体凝聚力，塑造网络群体文化，并对外部社会产生一定的影响。

第二节 传播平台

一、网络资讯平台

互联网的发展，诞生了互联网资讯媒体，而且得益于移动端新闻阅读，越来越多的新闻从网络资讯媒体上发出。以 UC 浏览器为例——利用大数据以及用户的喜好来推送资讯内容，通过这种方式大大缓解了信息过载的问题，所选内容也很具有话题性，适合网民进行集群讨论。其中，有部分资讯话题或被分享至专业网站、社交平台进行深层次讨论，或被自媒体转发和分析。除此之外，由于没有社交媒体那样丰富而且稳定的流量，如果这些基于网络资讯平台的群体传播内容比较普通、枯燥，那么在这个平台上只会产生一些比较无趣和简单的评论，很难达到社群讨论的程度。所以，这些网站一般都是新闻报道和其他资讯的分发地，而不是网络社团的活动场所。

另一个例子是四大门户网站之一的搜狐[①]，号称中国网民的首选"冲浪"网站，其资讯内容齐全，新闻采编队伍在网络媒体中相对比较专业，曾举行大量网络社群活动和线下活动。但近年来，随着同行业的传统媒体的"新媒体化"，竞争对手腾讯网、新浪网分别依靠微信、微博获取巨大流量，搜狐的先发优势逐渐丧失。不过，作为互联网重要的信息分发口，作为 Web1.0 到 Web2.0 时代过渡的产物，如果其内容能够不断优化，依据搜狐旗下的多元化服务，只要可以吸引和更多的网民和网络社团关注，搜狐这个资讯平台还是可以长期存在的。

二、专业内容平台

基于专业内容平台形成的网络社团传播，目前大部分专业内容平台都同时存在于 PC 端和移动端。如设计师网站——站酷[②]，科技创业类网站——36 氪[③]，问答社

[①] 成立于1998年，提供24小时不间断的最新资讯，以及搜索、邮件等网络服务，是包括全球热点事件、突发新闻、时事评论、热播影视剧、体育赛事、行业动态、生活服务信息等内容的综合网站。

[②] 站酷（ZCOOL），上线于2006年8月，为中国著名的设计师互动平台。站酷聚集了450万优秀设计师、摄影师、插画师、艺术家、创意人，在设计创意群体中具有较高的影响力与号召力。

[③] 36氪上线于2010年12月8日的一家科技媒体，提供创业资讯、科技新闻、投融资对接、股权投资、极速融资等创业服务，致力成为创业者可以依赖的创业服务平台，为创业者提供最好的产品和服务。

区——知乎①,高端的求职交流社区——领英②。这些平台,依据其行业、兴趣爱好、地域、所属组织等等划分群体,开发网站特色,组织线上与线下活动,不断壮大所述的网络社团。个人在各自社团提出、分析和交流专业知识,并不断向外辐射,多元交流,传播和创造更广泛的信息。

以站酷网为例,作为一个专门为设计师、插画师、摄影师、艺术院校师生提供原创设计交流和互动的平台,目前有300多万用户,每天产生近2万个新设计作品,访问量在700万左右。除此之外,这个设计师专生态圈的黏性和变现能力很强。不久前,一直盈利状况良好的站酷,拿到了IDG资本和时尚集团数百万美元的A轮投资,重点进行在线教育等新产品的开发。目前,围绕设计师的需求,站酷有三大核心业务,提供互动交流和招聘等服务的UGC③社区,正版图片在线交易以及在线教育平台。通过站酷,设计师可以交流业务,学习成长,把有版权的原创图片拿到平台进行交易,从而获得收入。这种方式尊重群体成员知识成果,给设计师提供一个值得信赖的平台,并不断地融合更多的设计师参与其中,从而吸收更多的企业和个人依托此平台进行共同交流。正版图片交易平台,是站酷未来前景很好的业务,从它上线一个月的数据来看,吸引了大约700个客户,每个客户平均消费700元,实现了几十万的收入,重复购买率超过10%。"发展比较理想的话,应该会有几十万的客户在平台上流转,每个客户支付在1000元左右。"站酷创始人梁耀明说。站酷为设计师提供了一个良好的变现平台,虽然每件作品每次交易的价格仅为20元,但根据梁耀明的经验,设计师的每件作品通过这个交易平台获得的总收益,不会低于5000元。他举例说,一个插画师画了一张画,在别的图库他可能卖2000元,但一个月可能卖不了5次,也许只卖掉一两次,但在站酷的平台上,他可能会卖掉100次,甚至上千次。"因为价格便宜,走的量肯定多,靠规模来实现利益最大化。"由此可见,网络社团所在的平台商业化运作使其全面成长,同时商业化运作也促进网络社团的健康成长。

除此之外,站酷的在线教育平台,也是基于设计师这一庞大的专业群体发展形成的,这源于各种培训课堂泛滥成灾,其资源和水平的参差不齐给初学设计的人带来了极大的困扰。站酷网已积累了足够的线上资源,并开始规划线下的活动。

站酷网形成专业的行业文化,在站酷网中的网络社团塑造的社区文化给予新人一种融入群体的感觉,同时很多学习方法的普及,降低了本群体的个体成长的成本。梁耀明认为,站酷本身就是一个小的社会缩影,平台上的设计师都会经历一个从入行到优秀,再到反哺新人的过程。站酷网负责人说,"如果一个美术学院的学生,学生时代就在站酷上分享作品,并和其他设计师交流。他可以从其他设计师作品里寻求灵感,也可以在教育平台上学到优秀设计师们的经验。当他的优秀作品被其他人关注到,他

---

① 知乎上线于2010年12月的问答网站,被称为中国版Quora问答网站。
② 领英(LinkedIn),为全球最大的职业社交网站,是一家面向商业客户的社交网络(SNS),于2011年5月20日在美上市。
③ UGC,即User Generated Content(用户原创内容)。UGC的概念最早起源于互联网领域,即用户将自己原创的内容通过互联网平台进行展示或者提供给其他用户。

还可以在平台上被猎头挖走。当他逐渐形成自己的设计风格,小有名气后,他可以将自己的作品拿到图库里去交易,也可以为客户一对一定制设计"。

三、自媒体平台

基于自媒体平台形成的网络社团传播,例如,今日头条,写作阅读社区——简书①,钛媒体,逻辑思维,B站②等。成功的自媒体从开始发展到最后到成熟,均依靠一个较为牢固的粉丝社群,并不断强化内部感情,营造更加清晰、专业的圈子文化。自媒体平台再通过细分用户等方法,筛选高价值用户,并通过有效的运营,发挥品牌社群的价值,在此过程中传播和创新群体文化。其中,凭借着良好的用户体验,微信公众平台利用信息生产和信息传播的良性互动,以及大众碎片化、轻阅读的生活特点,开创了全民刷微信的新时代。

2012年8月微信公众号正式上线,公众平台为政府、媒体、个人和企业提供进行信息传播的新渠道。该平台打出"再小的个体,也有自己的品牌"的口号,使得大至一个企业,小至一个微信用户都可以成为一个自媒体,微信公众平台也是一个自媒体平台。这一平台允许企业、媒体或个人注册属于自己的公众号,目前公共号分为服务号、订阅号和企业号。服务号给企业和组织提供更强大的业务服务与用户管理能力,帮助企业快速实现全新的公众号服务平台;订阅号为媒体和个人提供一种新的信息传播方式,构建与读者之间更好的沟通与管理模式;企业号为企业或组织提供移动应用入口,帮助企业建立与员工、上下游供应链及企业应用间的连接。相对于传统的信息传播过程,微信公众号在信息发送环节和信息接收环节都做了创新性的探索,为传统信息传播模式带来新的改变,融合并产生许多网络社团,最经典的就是公众号"咪蒙"的成功。

专业化的团队生产与用户个人生产相结合,创作者同时带有"意见领袖"和"把关人"概念③。微信公众平台上的信息发送者即微信公众号,公众号的拥有者既可以是个体,也可以是一个团队,这里的信息发送者既可以是个人,也可以是一个组织,组织背景包括政府、媒体或者企业等。组织拥有的公众号通常依据姐织的工作内容进行信息推送,例如政府公众号通常向关注者提供政府信息或便民服务,企业公众号通常向关注者提供产品信息或售前售后服务。个人拥有的订阅号通常与该个体的兴趣相一致,涉及范围广,例如电影、美食、穿衣打扮等。2015年微信使用用户数据报告显示,80%的微信用户关注微信公众号,因此公众平台的信息接收者数量庞大。信息接收者

---

① 简书上线于2013年4月,是一个将写作与阅读整合在一起的网络产品,也是一个提供阅读、评论、沟通、分享的服务性网络社区。

② B站,全称为bilibili,是年轻人潮流文化综合娱乐社区,目前拥有动画、番剧、音乐、舞蹈、游戏、科技、生活、娱乐、鬼畜、时尚等分区,并开设直播、游戏中心、周边等业务板块。

③ 把关人理论最早是由美国著名社会心理学家、传播学四大奠基人之一库尔特·卢因在《群体生活的渠道》一文中提出的。卢因认为,在研究群体传播时,信息的流动是在一些含有"门区"的渠道里进行的,在这些渠道中,存在一些把关人,只有符合群体规范或把关人价值标准的信息才能进入传播渠道。

出于获取咨询、方便生活和学习知识的目的,选择性地关注相关公众号。公众平台的信息接收者具有年轻化和职业化的特点。根据艾瑞咨询推出的《2015年年度微信公众号媒体价值研究报告》,公众号的关注者大多集中在18—35岁之间,其中22岁左右的关注者最为活跃,也是微信用户的主力军,因此,公众平台的信息接收者具有明显的年轻化特点。另外,关注者多为产品、技术、运营、设计、销售和客服等职业者,还包括广大学生团体,总体上呈现职业化特点。

在微信公众号信息传播模式中,信息传播的驱动力来源于推送机制,表现为公众号运营者的信息推送行为。在信息传播过程中公众号的运营者作为"把关人"可自定义功能和信息内容。"把关人"角色赋予公众号运营者在发送时间,发送内容,发送对象等方面拥有决定权。影响运营者的推送行为的因素主要是其自身的工作需求。例如政府公众账号通常为用户提供查询功能、文件公示和便民服务,商家的公众账号通常为用户提供线下活动信息、招聘信息和自助服务等。运营者的推送行为具有针对性强的特点。因为在后台操作中运营者可对关注者进行分组,从而对不同的组员推送不同的信息,实现一对多的点对点精确传播。

自媒体的信息传播,对广大大众来说,大大分化了受众时间。同时自己当写手的UGC特征,使传播主体更加碎片化。对传统媒体和名人来说,原本较强势的声音被弱化,除了需要更加互动性地沟通之外,还需要面对更多的质疑与"噪音干扰"。因此,在网络社团传播方面,深有影响力的自媒体应吸引、聚合并产生网络社团,同时也要找准网络社团或者是网络群体的目标,利用"自媒体+网络社团"的这种特征为自己的内容撰写提供资源,通过自媒体的内容扩大影响力,从而聚合网络社团。

四、社交媒体平台

基于社交媒体平台[①]形成的网络社团传播。以QQ为例,QQ支持模糊搜索的方式加群加好友,用户有更大的自由去搜寻与自己相对关系更弱的"人",甚至陌生人,使该社交平台比较开放。QQ的QQ群除了群聊,还融入游戏、红包和礼物场景、文件分享、群友等级pk等功能,使体验更加丰富。在2000年后出生的人群中,QQ的兴趣部落传播基础非常牢固,有向年轻人中的"豆瓣"发展的趋势。QQ不但强化情怀来留住"80后"和"90后",还创造新的交流模式——厘米秀,用形象展示与游戏结合的方式进行社交。QQ空间中的小视频和直播,提升了传播效率,扩展了平台功能,不断吸引和驻留"90后"和"00后"。微信群、QQ群、贴吧、微博、社交网站、论坛,分别是交流程度由深及浅的网络社交平台,都在以网络社团的驻留形式提供服务、交流场景及话题。

"百度贴吧"是百度旗下独立品牌,全球最大的中文社区。贴吧的创意来自于百度首席执行官李彦宏:结合搜索引擎建立一个在线的交流平台,让那些对同一个话题感兴趣的人们聚集在一起,方便地展开交流和互相帮助。贴吧是一种基于关键词的主题交流社区,它与搜索紧密结合,准确把握用户需求,为兴趣而生。最早开创贴吧社区模

---

① 社交媒体(Social Media),也称为社会化媒体、社会性媒体,指允许人们撰写、分享、评价、讨论、相互沟通的网站和技术,是大批网民自发贡献,提取,创造新闻咨询,然后传播的过程。

式的"百度贴吧"是全球最大的主题中文社区,其基于搜索引擎和开放关键词的形态已变成一种通用的互联网产品模式,被中文网站广为学习采纳,产生了大量类似"贴吧"的平台。2009年12月百度宣布获得"贴吧"的商标所有权,"百度贴吧"推动了中文网络产品模式的创新,也是全球独一无二的以兴趣主题聚合的网络社区平台。2003年至2013年历经十年积淀,贴吧衍生强大的产品、社区力量及优质内容;同时群聊等新功能作为下一个十年的开端,将领航社区创新发展。贴吧推崇的核心价值是:平凡造就伟大,沟通创造奇迹,这里有能自制钻石、航母、研究平行宇宙的科学怪人;这里有研究多肉植物等的极致生活家。吧友将兴趣爱好演变为一种极致的生活态度,在贴吧里互相鼓励和促进,冲击事业的高峰。

同时,贴吧也是基于兴趣的群体互动社交的平台。移动互联网给贴吧这种既非熟人也非陌生人之间的社交带来全新的机遇,继续致力于兴趣群体互动并做到极致,同时也是新文化发源地。百度贴吧是互联网"粉丝文化"的发源地。2005年湖南电视台发起的选秀节目《超级女声》,在该届《超级女声》中,大量粉丝聚集在贴吧,为选手拉票、组织线上线下活动。自此以后,"参与即生产"互联网进入Web2.0时代,"粉丝文化"开始风行于互联网,日后还催生了一大批以此为主题的网站。百度贴吧也是"网络草根文化"的孕育地。2009年,网友在"魔兽世界吧"发帖《贾君鹏你妈妈喊你回家吃饭》,仅6个小时获得39万的点击量,超过1.7万网友参与回帖,成为网友最常用的网络用语。2012年,百度贴吧网络热点应接不暇,点亮"不平凡的末日年""元芳你怎么看"的网络流行语用语,"高富帅""白富美"等网络热词等都酝酿自百度贴吧,引发全网热门话题风潮。

总之,相比于其他网络社团传播平台,社交媒体是便捷性、互动性、聚众性最强,也是最有凝聚力的平台,是网络社团传播活动发生最频繁和最有影响力的平台。同时,社交媒体平台也将是本章研究的重点传播平台。

五、百科网站

维基百科开创的网络社团的传播模式,可以利用网络社团文化中"弱关系"的分工与协作,从而编撰"百科全书"这样的人类工程。百科模式的出现大大提高了优质信息的生产和传播效率,堪称人类的一项文化创举。

维基百科,曾被认为是UGC模式中最成功的网站之一。维基百科是一个基于维基技术的全球性多语言百科全书协作计划,同时也是一部用多种语言编成的网络百科全书,其目标及宗旨是为全人类提供自由的百科全书——用他们所选择的语言来书写而成的,一个动态的、可自由访问(绝大多数国家,但使用安全连接则也行)和编辑的全球知识体,并且在许多国家相当普及。其口号为"维基百科,自由的百科全书"。中文则附加"海纳百川,有容乃大"。Wiki一词来源于夏威夷语的"wee kee wee kee",原意是"快点快点",在这里"WikiWiki"特指一种超文本系统。这种超文本系统支持面向社群的协作式写作,同时也包括一组支持这种写作的辅助工具。"wikipedia"就是"wiki+cyclopedia"合并而来的。有人认为中文里,"维"指网络,"基"指基础,合起来就是网络基础之意。在数学世界中,维数和基数是描述线性空间(可与时间空间相较)

的基础,此说法更加贴切地形容了维基百科包罗万象的特征,所以说"维基"既是音译,也是意译。

维基百科自2001年1月15日正式成立,由维基媒体基金会负责维持,其大部分页面都可以由任何人使用浏览器进行阅览和修改。因为维基用户的广泛参与共建、共享,维基百科也被称为创新2.0时代的百科全书、人民的百科全书。这本全球各国人民参与编写,自由、开放的在线百科全书也是知识社会条件下用户参与、大众创新、开放创新、协同创新的生动诠释。英语维基百科的普及也促成其他计划的产生,例如维基新闻、维基教科书等计划,虽然对这些所有人都可以编辑的内容准确性存在一定争议,但如果所列出的来源可以被查证及确认,则其内容也会受到一定的肯定。维基百科中的所有文本和其他内容都是在知识共享署名——相同方式共享3.0协议下发布的,以此确保内容的自由度及开放度。所有人在这里所写的文章都将遵循CC BY-SA 3.0协议①,所有内容都可以自由的分发和复制,真正实现全民共享信息资源。

维基百科于2001年成立,截至2013年1月,其条目数第一的英文维基百科已有415万个条目,而全球所有282种语言的独立运作版本共突破2100万个条目,总登记人数也已经超过3200万人,而总编辑次数更是超越12亿次。根据知名的Alexa统计数字指出全世界总共有近3.65亿人使用维基百科,是全世界最大的无广告网站。据统计,每个月有近2.7亿的美国人前往该网站浏览。中文的大部分页面都可以由任何人使用浏览器进行阅览和修改,但是目前由于被封锁,需要翻墙。英文维基百科的普及也促成其他计划成形。②

根据科斯关于企业的本质的理论③,在组建任何群体时,人们选择只夹在管理和混乱之间。他认定要组建一个不受管理却并不混乱的群体非常困难,而没有管理层的指挥会使临时性贡献者较为容易添加一些有价值的东西。网络社团的出现奇迹般的验证了这个理论,此为互联网发展史的一大创举,其将知识传递和公益相结合,以爱好知识传播和公益精神的网络社团为基础,创造了优质信息喷薄而发的传播现象。

六、混合平台

多平台的网络社团传播有两个含义:其一是指一个网络社团会在多个平台活跃,并在多平台传播网络社团信息。一个社团可能发端于自媒体中的粉丝群体,然后在专业网站共同探讨知识,最后在社交媒体上建立诸如微信群、QQ群等更频繁稳定的联系。其二是指在群体性时间和临时型网络社团中产生的多平台协同式的网络社团传播。在一些大型活动和网络性群体事件中,往往会出现众多网络社团和多个平台协同

---

① CC BY-SA 3.0协议是保护原作者版权的一个协议。资料来自 https://creativecommons.org/licenses/by-nc-sa/3.0/cn/legalcode,下载日期:2017年1月9日。

② 搜狐IT:《连维基百科也开始衰落了 UGC模式怎么破局?》,http://msohucom/n/389075423/,下载日期:2016年10月26日。

③ 科斯开创性地指出,企业本质是一种资源配置的机制,企业与市场是两种可以互相替代的资源配置方式。参见《企业的性质》"The Nature of the Firm" *Economic*,出版于1937年11月。

进行传播活动的现象。如"帝吧出征FB"事件,即有百度卢浮宫之称的"李毅吧",[①]在2016年1月20日晚,该吧友自行组织的在三立新闻、苹果日报等的Facebook主页大规模刷屏、刷表情包活动,其目的是反对台湾独立的事件。

第三节 社团与网络的交融特征

一、非线性、多向同时互动

非线性包括时间上的非线性和传播路径的非线性。现实社会的群体互动往往是一对一的线性的,话语会随着事件的流逝,变得不可重复。而网络社团之间的互动交流则是多向同时的、非线性的。一个人在网上可以同时和多人"交谈",在"说"的同时不妨碍自己"听",在与人交流时,也不妨碍"听"其他人的交流,同时大多数网络交流都有记录功能,互动的语言不可能立即"随风而逝",人们仍然能在屏幕上"看见"已经被说过的话。

设想这样一个场景:A在一个兼职信息分享QQ群里发布了一条消息,B在他发出后马上在QQ群里回复了他,而C在A消息发送后一天后才看到并联系A,D在C联系A的同时也联系A,即时性的特点在网络社群中得以体现。C和D利用QQ群的功能,"私戳"A(即不用添加好友就可以发起了临时会话),A同时在和C、D两人进行对话,极大地提高了在短期的群体交流过程中信息发布者与信息接收者相互之间的交流效率。同时,这一过程并不需要让C和D双方互相知道。这样一来,一种高效的、全新的群体沟通模式诞生,让这个信息不必垄断在个别人手里,同时也在信息交换中,极大地促进了信息传播,甚至赋予信息更多的价值和更精确的投放效果。相对于现实中的社团,传播时间上的非线性带来了更多的变革,创造了更多的文化内容。

网络社团内部的交流指向性极其丰富,形成虚拟交流的"网",而非现实交流的"线"。[②] 一个话题的抛出,会引来更多成员的围观,吸引更多的成员相互交流。原来的社团传播,往往只能达到传播者和接受者之间的,或接收者相互之间的交流。而网络社团之中的传播,可以使得接受者进行信息加工,并成为新的信息传播者,进行新环境下的"二级传播"[③]。基于本章开始"传—受一体化"的理论研究,可以得出,在网络社团一环扣一环的互动循环传播、网状传播影响下,信息传播路径的非线性特征也是显而易见的。

---

① "李毅吧",俗称"帝吧",是"百度第一大吧"。"帝吧"最大的特点是"内涵",其含义为:在法律法规、道德伦理、百度贴吧协议允许的范围内以嘲讽、反话、恶搞、PS、视频音乐等方式发泄、抒发自己对文体界、社会现象的种种看法,共出现过七次"出征"事件。

② 周健、徐成华:《网络社群的社会组织特征浅析》,载《淮海工学院学报》2011年3月,第9卷第6期。

③ 此为拉扎斯斯菲尔德《人民的选择》中的理论,即二级传播理论,最初是指意见从媒介到舆论领袖到受众再从受众到媒介的过程。

二、传受双方自由度提高

首先,由于网络社团互动的时空环境是虚拟的,大大减轻了来自于现实中的束缚,这是网络社团自由的基础。网络社团中需要实名的社团比较少(基于现实组织框架的社团除外),而且事实上,也很难保证一个成员是不是非虚拟的。如果一个网络社团并不是虚拟的,那么就不会有群体的形成必须在一定的社会空间(即聚集场所)中进行。现实生活中人们更多的是在物理性的场所中聚集,但在网络社会中,任何人可以即时开辟一个群体空间,而无须物理性的空间。人们随时可以在网络空间相遇,相遇者只要愿意即可进行互动。群体的互动在这个意义上丰富起来了,群体中的个人受到的约束会比现实中少很多。QQ的匿名功能就是一个很好的例子,你可以利用QQ群的匿名功能发表一些不想让别人知道身份的信息,从而以这种方式巧妙地处理一些群体讨论的问题。

其次,网络文化的开放性以及在网络社团中的语言的戏谑特性,带来了更高的宽容度,从而更加促进网络社团的自由度。有时候,同样的问题,在网络社团中进行讨论就比较正常,而一旦在现实生活中进行讨论,便多少会有些尴尬,或者是要承受极大压力。比如说,网络社团带来的"污文化"或一些非常露骨的"污话题",在网络上可以通过表情包实现交流,但如果移到现实中,环境变了,语境的改变直接变更了其内涵,即这个问题就不只是"污"的问题了。此外,一些网络社团创造的段子,也是其一种很明显的表现。

三、"沉默的螺旋"理论弱化

"沉默的螺旋"理论的重要依据是人们的趋众心理,即因为害怕与多数人意见不同,所以放弃表达自己的意见。在自媒体时代,由于网络的匿名性,这一点就被弱化了。网络是一个很好的遮蔽物,让每个人都可以适当地隐藏自己,不至于完全暴露在公众的视线内。比如,随意点开一条"头条新闻"发的新闻微博,会发现诸多评论里有各种代表不同立场的观点,也会有网友相互辩论的激烈场景,但是由于网络匿名性这一特点,平时互不相识的网友也不存在趋众求和的心理,这可以说是从心理角度,自媒体平台对"沉默的螺旋"起到了弱化作用。

诺依曼在"沉默的螺旋"理论中提到:"大众传播通过营造'意见气候'来影响和制约舆论。"她认为,舆论的形成是意见气候作用的结果,惧怕孤独的心理强制人们认同"优势意见"。这是针对传统媒体时代的说法,在纸媒、电视高度普及的年代,传统媒体是信息的把关人,对信息进行议程设置,决定什么信息需要被传达到公众的视线内,因此会对人们的认知活动产生"共鸣效果""累积效果"和"普遍效果",从而形成"意见气候",制造"优势意见"。然而在自媒体时代,由于传受者界限的模糊,许多原本没有意见表达渠道的受者如今也变成传者,可以相对自由地表达自己的观点。由于网络的普及性,之前不被人们了解的"劣势意见"也渐渐被人们所理解。同性恋的话题在十年前的中国还是一个禁忌,许多同性恋者由于害怕得不到理解而选择沉默。但是近几年,随着网络表达渠道的不断开放,许多人都站出来宣传有关知识以支持同性恋者,社会开始慢慢理解这类人,许多同性恋者也意识到自己并不孤独,勇敢地在虚拟平台上站出来,宣布自己的性取向,争取同等的权利。自媒体开辟传播的渠道,拓宽了传播的范围,革新了传播模式,让劣势意见者能够并敢于发声。①

之前提到网络的匿名性可以弱化"沉默的螺旋"的作用,但是这在自媒体平台上并不能得到完全的实现,大多数微博用户仍然会关注自己生活圈的亲朋好友,无形之中也开辟了一个熟人社区,相应地产生趋同压力。许多用户可以在陌生人社区里大胆地评论,发表自己在现实生活中不能或不敢说的言论,但是在熟人社区里,他很可能会迫于怕被熟人孤立的心态而放弃表达。经过调查,83%的受访者表示随着微博熟人好友的增加,许多原先敢表达的观点不敢表达。随着微信朋友圈的发展,这一点影响将会越来越明显。

自媒体平台为劣势意见者创造了意见表达的平台,但也逐渐演变为一种倒置的形态,即原来的优势意见者变成少数。比如,十年前中央电视台的新闻联播节目代表的是优势意见,但是在最近几年的微博、人人网上有不少对新闻联播的调侃。而且这种意见表达愈演愈烈,只要有观点赞同政府的政策,就会招来一些攻击,于是我们可以看到赞同的声音越来越少,批评政府的微博赢得越来越多的转发,这种此消彼长又岂非恰好地契合了"沉默的螺旋"理论。

四、丰富的圈内文化

相同兴趣爱好或利益诉求是民间社团诞生的主要原因,也是网络社团诞生的主要原因。近年来,多元化的社会文化潮流,产生越来越多的爱好群体,以年轻人为主要人群,群体中的人遍布全国,这些社团主要以网络为主要活动空间。影视类有韩剧、美剧迷,其活跃于各大种子分享网站,而且一些专业爱好者组成字幕组;古风类的有汉服、古诗歌;制作类的有手办爱好者、美食制作、园艺、折纸艺术;艺术类的有摄影、绘画、音乐,文学的有科幻、动漫;以及规模非常大的二次元、联机游戏爱好者、旅游运动类的爱好者。除此之外,还有些"炫酷极客"风格的计算机、数码硬件爱好者,比如雷锋网的建成,还有小米开始创立的社团等。

这些群体在网络平台上集合成团,并通过社交网络,如 qq 群、微信群等等达到即时通信,他们中的主力人员进行有序管理、分工协调,最后创造出属于自己圈子的独特文化,从而形成组织规范。一般来说,不属于这些群体的人就算能够加进来,也会发现自己完全不懂这些内容,从而对这些兴趣爱好做出"隔行如隔山"的评价。除此之外,一些特殊的网络社团,由于其独特的社团影响力和广泛的网民基础,成为如今研究网络社团需重点关注的对象,比如网络粉丝社团。

脱胎于球类运动俱乐部或者明星粉丝团的网络社团非常常见,一些韩、日明星就有比较成熟的叫作"站子"的粉丝体系。在这个体系下,除了和经纪公司有联系的"大站子",更多的是一些由普通粉丝组建起来的粉丝群,这些在 QQ 群或者微信群里非常

---

① 郑星怡:《自媒体时代是否弱化了"沉默的螺旋"理论》,载《艺术科技》2013 年第 5 期。

活跃的普通粉丝,平时会进行一些线上的活动,比如微博打榜,自发的自媒体公关,配合事件营销等。这些活动都是这些普通粉丝群体自发形成的,不计报酬,无经济利益驱动的。

在什么样的传播机制下会出现这样的行为,形成这样的身份认同需要一个怎样的传播过程? 有一些学者指出:"粉丝是迷群的典型代表,不同社会背景和年龄层次的人因为喜欢共同的偶像而形成一个群体。这个群体在形成过程中,需要成员首先形成自我认同,即我是某某迷,有了这个身份后,再寻找其他同道中人,从而逐渐形成迷群。值得一提的是,新媒体的发展和完善,以及贴吧、微博和微信的兴起,为迷群的沟通和形成提供了便利渠道,这使得迷群的日常交流和互动更为方便和迅速,这种情况下,迷群的身份认同感不断增强,最终建立起对于整个群体的认同感。"[①]

再往深层次探索,粉丝群体的身份认同往往不是一个简单的从众行为,而是有着深层次的心理学和社会学原理。对于群体身份的认同首先来自于群体内部成员的认可。社会认同理论[②]是由 Tajfel 和 Turner 等人在 20 世纪 70 年代提出的。社会认同树立的基本程序为社会分类(social-categorization)、社会比较(social comparison)和积极区分(positive distinctiveness)这三个部分。群体在树立身份认同的过程中也会循着一种"自尊假象",如同自我身份认同的镜中像理论,群体也会有一个自我期许,并通过群体在社会中的反映来塑造本群体的整体形象,或满意或不满意。但不同于自我形象认同的是,当自我从他者处获得了不满意的结果时,自我会努力扭转或协调,以达到自我的理想状态;而同样的境况受之于群体时,群体内的成员要么采取措施发起反击,扭转社会的态度,提升本群体的形象,要么选择离开本群体,继而选择符合理想状态的新群体加入。

一般来说,这些传播内容较为封闭的网络社团,除了群体认同感较为强烈的特点外,同时也是网络社团的深层次形式,其生产与传播网络文化的效率较其他开放松散的社团更高。至于对外界的传播效果,或者说是对外的文化影响力,受其所在群体的传播内容而不同,偏向大众或者精英群体内容生产的影响力较大,而偏向边缘群体的影响力相对较小。

第四节 传播内容

一、网络文化

相比与传统社会文化的发展,网络文化拓宽了网络文化作品的传播范围,降低了

---

① 王祎、李安琪、于欢欢等:《迷文化视阈下的身份认同建构——以网络社群中 TFBOYS 迷为例》,载《西部广播电视》2016 年第 23 期。
② 社会认同理论指一个人对他或她是谁的定义,包括个人属性与其他人共同拥有的属性,如性别或者种族。

文化创作的准入门槛、文化作品素材获取成本和传播成本,大大提升了网络文化向海量化、通俗化的发展。相比传统社会组织,网络社团使得人与人之间的互动交流更加快捷,加速了信息传递,激发了文化之间的碰撞与创新。其中诞生了大量的网络新文化,最有代表性的就是多元、通俗的网络语言和丰富多样的网络文艺产品。

(一)网络语言

据不完全统计,互联网上的文字已经远远超出人类全部历史上所曾产生的文字的总和,"仅仅从规模上来讲并不能说明什么,真正值得关注的是,在青年的网络交往中,作为传播符号的网络词语本身成为一种极具文化内涵的文本。通过种种丰富的文本进行分析,可以从一个侧面理解网络文化与青年文化的内在联系"①。网络语境同时也是一种"社会语境"(social context),网络流行语,可以"是为青年网上社会互动的一种特殊的传播符号、一种特殊的传播方式、一种特殊的社会过程"。这些网络语言其实都反映,也塑造了其相应的主角的社会关系。从分类上来看,网络语言大致包括:②

1. 特定网络使用语言,如 bbs、贴吧、灌水、潜水、楼主等;这些次都是特定的网络情境下自发产生的语言。

2. 中文拼音缩写,如 GG(哥哥)、BS(鄙视)。

3. 英文缩写,比如 Q(Cute 的音译,可爱的意思)、BTW(即 By the way,顺便意思)。

4. 简化数字,比如 886(拜拜喽,即"再见");23333(原本是论坛上表示"大笑"表情的一个代码,现在直接用这些数字表示大笑的意思)。

5. 谐音或者方言读音,比如粉(很)、筒子(同志)、童鞋(同学)、稀饭(喜欢)。

6. 动漫术语,萝莉、鱼姐、正太、吐槽、腹黑等。

7. 起源于网络上的特定语言风格和语言样式,如中国 2011 年的流行语"给力""神马都是浮云",2012 年的流行语"元芳,你怎么看"等,以及例如咆哮体、淘宝体、凡客体等特定的语言句式。

8. 热点新闻事件的派生词,如 2009 年网友为了表示对当年 5 月份发生在杭州的"杭州富家子弟",以讽刺肇事司机声称当时车速只有"70 码"并未超速的谎言。2012 年陕西省安监局局长杨达才被网友"人肉"搜索出在不同场合佩戴各类名表而被封为"表哥",2013 年陕西神木县农村商业银行副行长龚爱爱因以不同身份证在北京拥有 20 余套房产,总价值近 10 亿元而获封"房姐"等。这些网络流行语大多以幽默的方式表达了对新闻人物的调侃或讽刺。③

(二)网络文艺

1998 年蔡智恒(痞子蔡)的网络小说《第一次的亲密接触》是比较早的热门网络原

---

① 王鹏:《网络文化与青年》,清华大学出版社 2006 年版,第 119~125 页。
② 毛波、尤雯雯:《虚拟社区成员分类模型》,载《清华大学学报》2006 年第 46 期。
③ 李良荣:《网络与新媒体概论》,高等教育出版社 2014 年版,第 173~174 页。

创文学作品,此后玄幻武侠、都市情感、游戏竞技、灵异惊悚、草根说事等各种类型的文学形式粉墨登场。2004年,由网络歌手杨臣刚创作的《老鼠爱大米》,歌词通俗,旋律简单朗朗上口,红遍大江南北,一举成为网络歌曲的代表,并登上了春晚的舞台。2010年的《爱情买卖》,2012年的《江南style》,2014年的《小苹果》,2016年的《PPAP》都成为红极一时的"网络神曲"。

中国的网络文学已经与美国好莱坞大片、日本动漫、韩国偶像剧并称为世界四大文化奇观。网络文学的创作发布的低门槛,催生了大量的网络作家;爱好写作与阅读的网络社团与作家的积极互动又促成作品的精品化发展。

2006年,陈戈根据陈凯歌执导的电影《无极》改编的《一个馒头引发的血案》成为中国网络集体恶搞文化的鼻祖。近年来的趋势是网络艺术的形式不再局限于传统艺术,而是和网络社团文化,网络潮流文化的一些特点相结合并创新产生的。"水煮三国"的各种"污","大话西游"对经典的创新改造都成功地将经典文化发扬于网络文化之中。除此之外,一些恶搞名人、表情包、模仿秀、段子等等网络文化现象,都在不同程度上体现了网络社团集体协作的智慧成果。

二、信息商业化

网络社团的形成激发了其自身的平台价值和渠道价值。里德定律[①]指出:"随着互联网人数的增长,群体的网络价值呈指数级增加。"网络使用度和网络中的用户交互度越高,网络创造的能力也越强。互联网经济的本质在于搭建用户平台,降低用户之间的沟通成本,促进交互,通过交互创造价值。一个达到相当规模和极高活跃度的社群平台,拥有向各种互联网公司发展的无限潜力。以果壳网为例,最开始只是一些爱好科学普及知识的人的交流,经过一些成员引入资本,成立平台,最后发展成为一个为大众解决生活中问题的科学网站。经济组织或者社会部门,常常会因为某些营销目的,利用已形成的网络社团,进行有针对性的、大规模的公关活动或者营销活动。

互联网链接虚拟和现实世界,而基于移动互联网的平台高速增长的社团,更成为一种现代生活方式。所以并不能把网络的传播机制与经济社会割离开来,只有将用户体验深度融合到产品的互联网公司,才是互联网时代的真正引导者。

社群时代使得线上虚拟社群和线下现实社群相互融合。各种社群应用和社群产品让社群功能变得更加多元化,从线上购物到线下消费,再到线上分享点评;从跨地域联络到本地化服务,再加上移动支付手段的丰富,人们的线上、线下生活因为社群结合得更加紧密。网络社群的兴起,对人们沟通交流、思维方式、消费习惯、品牌认知等方面都产生了颠覆性的影响。时至今日,已经很难把经济因素从网络社团上剥离了。

---

① 互联网的价值绝大部分来自它作为群体构建的工具的作用,这一观察常常被称为里德定律(Reed's law),它以戴维·里德(David Reed)的名字命名。

(一)自媒体的社群经济学

自媒体[①]的持续成长,离不开稳定而有高度互动的用户群体。因此,自媒体打造出自己的特色品牌,围绕品牌构建互联网社群,并通过各种途径获取社群经济效益。在这里,很难分清是先有网络社团还是先有自媒体。因为在自媒体初创阶段,一定会在一些网络社团内进行引流宣传,而自媒体的发展也聚集了一批新的网络社团。

以当前影响最大的知识社群——逻辑思维为例。逻辑思维创始人罗振宇,非常推崇自由主义与互联网思维,将自己的目标放在了"求智求真"的"80后""90后"上,以别具一格风格和洞悉青年的发展现状的态度赢得了他们的欢迎。从最开始的内容类的广告盈利,到后来利用多种业务盈利,再到现在开发"得到"App知识收费的项目。期间,开发出视频脱口秀的形式,并拓展在微博群、微信公众号、图书、微刊、电子杂志的多渠道多样化业务,最大限度地网罗目标年轻人,还创新地推出了全国巡回活动、线下聚会等项目,拉动实现从网络弱关系到强关系的转化。此外,还关注多个题材的信息,关注年轻人的学习和生活环境,提供最有价值的年轻人资讯。一些给会员赠送的"罗利",也使得线上线下相互促进和有序进行。[②]

逻辑思维以清晰的品牌定位、跨平台的产品形态延伸、多样化的互动形式、内容至上的品牌塑造,将社群经济学发挥到了理想状态。

(二)企业营销

在网络社团上进行的形象公关,是企业对网络社团最直接也是常见的影响方式。一般来说,一个以消费者为对象的大企业,都会利用一个或者多个媒体进行以形象公关为主的营销。

以杜蕾斯的官方微博为例。杜蕾斯官微取名"小杜杜",非常亲民,经常和自己的粉丝互动交流,而且回复非常机智、幽默、有内涵,这和很多忙碌的企业官微形成鲜明对比。值得一提的是,杜蕾斯营销中"污"到家的广告作品,一直是广告界纷纷学习的经典,没有太多广告投入的情况下就都得到了很多"广告人"的粉丝基础,尤其擅长借势营销。

前几年十分火热的小米手机的"米粉"们所在的小米论坛,便是基于同一兴趣而形成的网络社团。学者雷培莉、陈铭哲和赵博扬[③]指出,小米手机论坛是小米科技公司的小米手机的品牌虚拟社区,其成立甚至远远早于该手机的问世,经历了原始社群—社群成长—社群成熟及深化的过程,"米粉"们通过论坛进行对等而广泛的交流,并进一步延伸到其他社交媒体,如新浪微博等。在小米公司发布某款手机之前,小米公司

---

① 自媒体(We Media)又称公民媒体或个人媒体,指私人化、平民化、普泛化、自主化的传播者,以现代化、电子化的手段,向不特定的大多数或者特定的单个人传递规范性及非规范性信息的新媒体的总称。自媒体平台包括:博客、微博、微信、百度官方贴吧、论坛/BBS等网络社区。
② 刘小华、黄洪:《互联网+新媒体》,中国经济出版社2016年版。
③ 雷培莉、陈铭哲、赵博扬:《手机品牌虚拟社区营销策略研究——基于小米手机的营销分析》,载《价格理论与实践》2013年第10期。

与中国当时最大的社交网站QQ空间达成合作,让用户通过QQ空间进行其产品预订。与QQ空间的合作只是个例,小米非常善于利用微博、人人网、QQ群、QQ空间等社交媒体,时刻与用户进行互动。通过在这些新型社会化媒体上发布信息,进行社区内容更新调整以及线上线下活动,不断保持虚拟社区的活力,让"米粉"们的虚拟组织始终拥有着强大的凝聚力。

有的企业会自己组建一个网络社团,但这种非自发形成的网络社团,或者由官方成立形成的网络社团往往具有更强大的财力和资源支持。事实上,这样的网络社团成为很多企业营销的另一重要渠道。

除了网络社团营销之外,利用共享经济的有路网、摩拜单车、蚂蚁短租等,各自在高校校际网络群体、城市上班族、旅游或团建群体等群体中,创造了新的商业模式,是名副其实的互联网社群经济和社群经济。

三、知识碎片化

由于互联网,尤其是移动互联网的发展,大大地分割和挤占了人们的学习和生活时间,进而使人们接收的知识也越来越碎片化。人们很多时间被自己参与的各种各样的网络社群占用,在这些虚拟社群中接收信息和知识片段。

在网络碎片化学习中,学习者的认知活动与认知结构、碎片化知识对象相互影响、相互作用,碎片化知识与认知活动相互影响。首先,碎片化知识短小、松散等特点促进了学习者认知方式的转变,使其适应碎片化学习而形成相对稳固的新的认知方式,此时学习者将对新知识的呈现形态提出新的要求,例如学习者长期接触微博中呈现的140字的信息,在阅读篇幅较长的信息时将产生较强烈的不适感;其次,碎片化知识影响学习者学习的意志力和情绪,纯文字会引起学习者的焦躁与不耐烦情绪,影响学习动机的产生与保持,而图文并茂的多媒体表现形式能有效激发学习者的学习兴趣,反之,学习者的意志情感也要求碎片化知识带来良好的体验;最后,学习者的认知过程与意志情感之间紧密互联,学习者在碎片化学习中的情感体验很大程度上来自认知过程,在某一时刻感到欣喜或烦躁取决于相关的思想与思维过程,学习者的意志情感也影响认知活动的开展,积极、愉悦的情感态度对认知具有增强效能。认知活动与认知结构紧密联系。碎片化学习是学习者通过信息加工对碎片化知识进行意义建构的过程,因此碎片化知识的特点与学习者的认知能力对认知图式的构建具有重要影响,松散知识单元会对构建过程形成阻碍,需要较强的认知能力方能将其纳入原有认知结构;认知图式也深刻影响着学习者的认知活动,学习者头脑中原有认知图式反映了学习者的起点水平,具有概括性的图式利于整合新知识,为认知过程减轻负担,从而维持良好的学习态度、情感和意志力。

在古代,《论语》中记载的是孔子及其弟子谈话的只言片语,《三字经》由三个字的短语组合而成,学习这些碎片知识时难以同原有认知图式建立联系,造成记忆障碍在所难免;报纸盛行的时代,或许也因其"短平快"而造成认知障碍;广播、电视也具有泛娱乐化倾向,传播浅薄化的知识,导致思维障碍;互联网及新媒体的出现彻底将信息撕裂,碎片化程度严重,认知障碍问题也最严重。由此可见,认知障碍问题是普遍存在的,发生于各个时期的碎片化学习中,并伴随着媒体技术的发展而日趋平常化、大众化。

由于学习者的知识水平和认知能力不同,不同学习者在学习相同碎片化内容时所面临的困难也不尽相同。同样的碎片化内容,具有相关知识基础或认知能力强的学习者可以克服认知障碍的存在,轻松习得知识;而知识水平较低或认知能力较弱的学习者却要饱受认知障碍问题的阻碍,导致学习困难。因此,互联网及新媒体的发展无法彻底根除认知障碍问题而满足所有学习者的认知需求,只能寻求设计一些知识体系相对完备、碎片化程度较低的学习资源。

第五节 传播效果

一、正向传播效果

(一)信息生产和传播效率提高

2013年,传媒一线工作者杨舒发表了题为《网络博客给信息传播效率带来空前的提高》的文章。她在文章中提道:"翻开人类传播史会发现,一切传播媒介的诞生,都是伴随着一项新的传播技术演进而生的。博客作为网络新媒体之一,为网络传播所能达到的境界不断提供强有力的支持。网络博客在传播功能上,信息传递范围广、数量大、表现形式多样化;在传播方向上,突破了以往大众媒介单向的店对面的传播;使信息具有双向的传递特征;在传播机制上,受传者由被动接受信息变为主动挑选、索取信息。这一切传播现象都给传统大众媒介带来了巨大而深刻的冲击。"

克莱·舍基在《未来是湿的》里面提道:"对于新的社会性工具的根本长处,社会科学家西巴·帕克特称之为'简单的可笑的群体建构'(ridiculously easy group-forming)。我们最近的通信网络——互联网和手机——正是形成群体的平台:为这些网络开发的很多工具,可从邮件到可拍照的手机,则是群体构建为理所当然,且各有不同的延展。简单到傻瓜程度的群体建构十分重要,因为渴望成为群体的意愿,在群体中与他人共享、合作、协调抑制地行动,是人的基础本能,而此前他一直受到交易成本的抑制。"①

正是由于网络的深入发展,网络群体的诞生的变得简易,社会分工变得更加有效率。从历史的角度看,曾经的黑奴制度以及资本主义工业大生产,都是商业利益下社会分工的一种制度表现,如今蓬勃发展的互联网经济,甚至包括现在的互联网+、新媒体、大数据、人工智能等,这些新技术和新概念,既促进了互联网和高科技向着深层次发展,也使他们自身得益于网络社团不断发展带来的效率的提升。

---

① [美]克莱·舍基(Clay Shirly):《未来是湿的》,胡冰、沈满琳译,中国人民大学出版社2009年版,第34～35页。

(二)自由平等意识提高

在网络社团中,成员来自社会各个阶层、各个群体,网络社团的形成构建了一个全新的社会。在这个社会里,成员与成员之间都是相对自由的,一些领袖固然有权利管理群体,但其并无法对成员进行除踢出社团以外的更严重的惩戒,因此很难约束成员的行为,此时,建立稳定的社团制度和道德精神就显得更为迫切。

虚拟社区成员的身份获得不受地域、年龄、性别、职业等因素的局限,世界各地的人都可能成为统一社区的成员,成员之间基本上都是平等的关系,由于网络人际互动的匿名性和人际关系松散,传统社会里的权威地位和等级属性近乎消解。成员共享社区文化、信息资源、人际资源,网络上每一种文化产品都具备"世界性"与"全民性"。同时,在人类社会民主化、全球化的进程,不同群体之间的相互尊敬已经成了世界上主要国家的主流文化。因此,社区实行民主化与自治性的管理是一种必然的结果。

虚拟社区为成员在社区管理中发挥自主性和创造性创设了一种自由、民主、自治和共享的环境。一方面,虚拟社区的建设和发展需要全体成员的积极参与和投入,每一个成员都拥有贡献自己的才能和智慧的权利并承担为社区发展尽责的义务,社区成员在社区的管理和建设中充分享有民主和自治权利。成员拥有高度的言论自由和结盟的自由。成员对社区的建设和发展实行自治的管理形式,如设定社区的主题,充实社区的内容,提交有关社区建设的议案,制定社区成员共同遵守的规则。①

(三)满足个人精神需求

根据马斯洛需求层次理论,自我实现的需要是最高层次的需要,是实现个人理想、抱负,发挥个人的能力到最大程度。达到自我实现境界的人,接受自己也接受他人,解决问题能力增强,自觉性提高,善于独立处事,要求不受打扰地独处,完成与自己的能力相称的一切事情的需要。在网络社团中,个人找到了与自己在某些方面相似的人,在沟通和交流中获得了群体中的归属感,得到某种情感上的满足感,这属于第三层级的需求。处于社会不同地位的人也可以拿起工具,为自己发出声音,在互动参与中得到赞扬和许可,在网络空间中去获得自己所需的外部尊重,这是第四层级的需求。也有一些人群无偿地分享自己的知识财富,为社会的和谐发展贡献出自己的舆论力量,参与一些服务大众或者帮扶弱势群体的公益活动,从这些活动中得到自己个人价值的实现感。

随着中国互联网的发展,网络 NGO② 成为一支新兴的力量登上历史的舞台。与线下 NGO 相比,网络 NGO 在网络舆论中的作用更为突出,表现为作为网络舆论先锋,网络 NGO 主动引导网络舆论的方向;通过网络搭建公益平台,在公益平台上开展公益活动引导并影响舆论导向;甚至网络 NGO 直接控制并利用网络组织公众直接参与公共活动,将网络的与现实的公众力量集合起来,通过舆论推动公共政策的进步。

---

① 郑杭生:《社会学概论》,中国人民大学出版社 2015 年第 2 版,第 238 页。
② NGO,即非政府组织(Non-Governmental Organizations),简称 NGO。

面对网络 NGO 的发展以及其对社会舆论和社会发展的影响,有必要通过规范引导其发展。在规范过程中应当坚持自由设立和分类规范的原则,给予网络 NGO 的设立一定的自由空间,同时又要对其进行必要规范,保证其有序发展。

中国网民数量的增加使网络上的人群组成了类似现实生活中的社会,形成与现实社会相分离的网络社会。既为社会则必产生结社之需求,网络 NGO 的数量在快速增长,并且其类型也呈现多元化的趋势。网络 NGO 与现实中的 NGO 一样,也有互益组织和公益组织之分。以互益性组织而言,它们是基于同乡、同学、同行、同姓甚至因共同的血型等现实社会关系连结起来的,如"中国 RH 阴性血型之家"、QQ 群;或是基于对某一方面的兴趣和爱好而组织在一起,对影视作品、音乐、游戏、旅游、摄影等有共同的兴趣和爱好而形成的组织。最有趣的是"小眼睛俱乐部",只要自己觉得眼睛小,或喜欢小眼睛的人,都可以参与活动。除了这些互益组织之外,也有许多公益组织,它们为了公益目标而聚集在一起,讨论公共话题或事务并展开相应行动,如"宝贝回家"公益寻子网、格桑花西部助学网、多背网等。当然,互益和公益并不能截然分开,还有一些网络 NGO 虽然基于成员相互之间的帮助而产生,但是亦对公共事务保持了一定的关注和参与,如"肝胆相照"网,其核心目的是建立乙肝病毒携带者互相帮助的平台,但是亦积极参加反对歧视的宣传活动。

网络 NGO 是依托网络而形成的组织,因此其表现出与现实中 NGO 极为不同的特点:一是网络 NGO 打破了地域的局限,人们基于网络而非基于地域而聚;二是网络 NGO 的开放度加大,其所讨论的议题,发表的文章等能够让更多的人知晓;三是网络 NGO 的观点和主张能够得到更快的传播,这是依托网络传播的快捷性和便利性所带来的必然结果;四是网络 NGO 管理具有明显的扁平化特点,网络 NGO 成员直接参与组织建设与内部讨论,减少了中间管理层的介入,管理扁平化趋势明显。当然,尽管网络 NGO 不同于现实 NGO,呈现许多不同的特点,但是这类组织仍然从属于 NGO,具有典型的 NGO 特点。网络 NGO 亦建立在个体自愿结社的基础上,是个人在权力社会之外志愿精神的体现,也是公民参与公共事务的一种方式。[①]

(四)社会关系向弱关系发展

美国著名社会学家马克格拉诺维特于 1973 年提出了"强弱关系理论"。格兰诺维特指出,在传统社会,每个人接触最频繁的是自己的亲人、同学、朋友、同事……这是一种十分稳定的然而传播范围有限的社会认知,是一种"强连接"现象;同时,社会上还存在另外一类相对于前一种社会关系更为广泛的,然而却相对肤浅的社会认知。例如一个人无意间被人提到或者打开收音机偶然听到的一个人。格兰诺维特把后者称为"弱连接",强连接关系通常代表着行动者彼此之间具有高度的互动,在某些存在的互动关系形态上较亲密,关系网络内的成员由于具有相似的态度,互动的频率就会更高。

微信就是基于强关系连接的产物,这一点从微信添加好友的主要形式就可以看

---

① 田双铭:《网络 NGO 的规范之路》,载《山西广播电视大学学报》2017 年第 1 期。

出:基于手机通讯录和好友的添加方式。一般情况下,通过这两种方式添加的好友都是自己在现实生活中的熟人关系,这种熟人之间的信息交流更容易带到微信的信息交流。一般情况下,这种圈子是拒绝陌生人的加入而破坏这种强关系连接下的熟人圈子。在这样的圈层关系中,用户更乐意使用自己的真实信息。而微信媒体订阅号和自媒体账号则是一种弱关系联系。弱连接在我们与外界交流时发挥了关键的作用,为了得到新的信息,我们必须充分发挥弱连接的作用。这些弱连接,是我们与外界沟通的桥梁,不同地方的人通过弱连接可以得到不同的信息。最亲近的朋友可能生活圈子和你差不多,彼此的生活几乎完全重合。而那些久不见面的人,他们可能掌握了很多你并不了解的情况。只有这些"微弱关系"的存在,信息才能在不同的圈子中流传,而弱连接的威力正在于此。事实上,在信息的扩散方面弱关系起到更重要的作用。

基于微信之间这种强关系连接,微信用户之间更倾向于把原本虚拟的互联网上的社交关系带入真实的社交圈。因为在这个社交圈层中,个体关系之间是相互熟知和了解的关系。从某种意义上来说,微信本身就是披着互联网外壳的真实社交网络,只不过这个社交的全过程都是在通过互联网来完成的。因此互联网时代的"二微产物"——微信与微博之间存在很大的用户行为差异性。微博则是主要基于弱关系连接的产物。微博,是一个开放性的社会化信息共享平台,一个账号即可生成一个专属于自我的微博平台,一键关注便可获取对方的信息,无限制浏览任一微博用户的页面,微博用户之间的地域选择范围也更为广阔。

自农业社会以来,我国一直都是强关系社会,工业革命后人类逐步迈入"弱关系出现并发展"的阶段;到现在,随着工业4.0、移动互联网的推进,现代社会的社会分工越来越明确细致,社会职业越来越多元化、创新性、定制化,为适应这种生产关系出现的"弱关系逐渐发展为主流社会关系"已成为必然趋势。

二、负向传播效果

(一)接收信息过载

网络社团的形成与发展,在促进了文化交流的同时也创造了更多的知识,极大地丰富了网络空间。网络社团的交流与互动,丰富的信息和多元的文化催生出更广泛的文化创新,数量众多的网络社团和多领域的网民组成使网络文化创新迭代更加频繁。但海量的信息随之也产生严重的信息过载问题,据统计,71.4%的互联网人每天会拿出半小时以上的时间进行阅读和自我学习;但其中有40.4%的人认为在信息获取过程中,信息爆炸、优质内容筛选是其中最大痛点。事实上,无论是在微信、QQ社交平台,还是微博、简书、知乎自媒体平台,抑或是其他松散的社群如贴吧、天涯论坛,互联网中的信息过载使个体在大部分网络社团中已经很难将自己的精力放到浏览全社团的知识了。

除此之外,一些淫秽色情、垃圾信息、网络病毒和其他极端思想内容更加加剧了信息的阻塞,不但造成信息过载,而且会产生有害影响,进而污染网络社团和整个网络环境。这个时候,法律道德、网络平台的制度规范与管理、意见领袖、大数据技术的作用就体现出来了。但事实上,信息的海量性特点、多元的文化诉求、技术的更新迭代,导致信息过载和有害传播难以根除。

(二)威胁信息安全

一方面,技术的迭代使得网络信息安全受到更多新技术新环境的威胁,另一方面,网络社团的不断发展、信息内容的多元化、平台的多样化等,给信息安全的预防带来困难。在各种形式的网络社团中,一个突出的问题是各种有害信息的污染。国际互联网是没有国界、没有海关、没有政府的信息世界,这种没有秩序的信息界必然导致有害信息的泛滥成灾。综合起来,信息污染和有害信息的侵蚀大致可分为以下几种情况:一是外来腐朽文化的入侵,即国外的一些不良文化思潮和价值观念不可避免地通过网络媒体侵入我国,利用网络社团大肆传播。二是网络媒体上的"黄毒"泛滥,由于安全技术上的缺陷和法律法规的滞后,难以阻止网上"黄毒"的传播和利用网络社团从事色情犯罪的活动,一些黄色淫秽的电子书刊、图(照)片、小电影,甚至一些色情服务和淫秽影片等在某些网络社团上泛滥成灾。三是一些敌视我国的组织和个人利用网络社团恣意散布攻击我国政府和现行的政策的言论。目前,海外的敌对分子和民族分裂主义分子通过网络媒体出版了一些专门攻击我国现行政策的电子刊物,另外,还有一些人利用电子广告牌、微博微信、微信群和 QQ 群等,系统散布非法言论,恶意攻击我国政府等。四是一些境外的宗教组织和封建迷信组织也利用网络媒体传播宗教迷信议论进行宗教渗透,发展宗教和封建帮会的成员。五是网络社团中的个别用户违背应有的社会公共道德,在网上随意去攻击、谩骂他人;一些组织或个人出于商业或其他目的,随意往他人的电子信箱内散发广告或其他垃圾信息,侵犯了广大网络媒体用户的正当权益。此外,一些人出于报复他人或图谋私利,利用网络社团散布他人隐私或虚假信息,损毁他人或团体名誉,给社会造成极大混乱。

除此之外,个人层面的信息安全侵犯也不可忽视。人肉搜索是一个典型的例子,它是"在广大网友参与下对特定人物或特定事件的信息进行搜索,借助计算机网络进行广泛传播"。为了突破人们使用网络的地域限制,移动互联网把通信技术结合起来,关注构建一个覆盖整个地域的公共大网络。该技术的公共性也就一定程度上忽略了集体、单位甚至是个人的信息隐私问题。公共网络的接入门槛低,任何人都可以使用。但公共网络的安全性是比较低的,人们在使用公共网络办公、学习、娱乐的同时,非常容易泄露出自己的私人信息。不法黑客利用公共网络的低门槛漏洞,窃取他人私密信息的不法行为近些年来比比皆是。人们在享受这移动互联网带来的便捷的同时也在深深地担忧个人信息的安全问题。该问题使得人们对移动互联网的使用存在顾虑。若是该问题不能在移动网络今后的发展中得到解决,此类顾虑必将逐渐消耗掉人们的热情,移动互联网的大众认同度就会下降,发展必将受到限制。①

信息安全主要包括以下五方面的内容,即需保证信息的保密性、真实性、完整性、

---

① 张雅颉:《移动互联网时代信息传播模式研究》,载《无线互联科技》2010 年第 10 期。

未授权拷贝和所寄生系统的安全性。信息安全本身包括的范围很大,其中包括如何防范机构机密泄露、防范青少年对不良信息的浏览、个人信息的泄露等。怎样规范网络社团的传播行为,怎样解决网络上的有害信息带来的危害,如何防范外来文化的文化入侵,怎样净化网络社团的社区空间,都是需要我们积极努力探索的重要问题。

(三)诱发群体事件

网络社团也是一种集群,网络社团中的一种突出表现形式就是诱发"群体性事件",即集体行动。"集体行为"属于社会学概念,又称为集合行为或集群行为,指一种人数众多的自发的无组织行为。集体行动一般具有以下三个特征:(1)人数众多。它是同一时间内采取相同行动的许多人共同做出的。(2)无组织性。它通常是自发的、非理性的,它变化无常,很少处于均衡状态。(3)行动者相互依赖。在集体行动中,个人都不是独立行动的,而是与其他人相互依赖、相互影响。一些网络社团最初是由社会热点引发,并在流量较大的互联网平台聚集,逐渐发展为网络社会集体行动,最后产生新的的网络社团。这一网络社团的产生、形成和发展,有两个阶段,第一个阶段是其从热点逐渐形成网络集体行动的过程,第二个阶段是网络集体行动发展成为网络社团,网络社团同时助推集体行动规模化甚至极端化的过程。

"我爸是李刚"事件源于李某某醉酒驾车撞伤两名学生后逃逸。最早在百度贴吧上有人提起"保安让他下车,他说'我爸是李刚'";第二天本地论坛有人用夸张的标题发帖;当天下午,天涯论坛有网民发帖,一下子掀起网上热议,大量网友进行了"人肉搜索";第三天,一家媒体网站刊文登载这个事故,但明显使用了天涯论坛上那个贴的说法,并将"官二代"的说法移植其中。之后,各大新闻网站纷纷在首页转载此新闻,一时间,"我爸是李刚"火爆网络。

在这一过程中,网络性集体行动的发生往往需要四个条件。

(1)环境条件。需要一个网络平台作为集体行动产生的物质条件,就如同公园、广场、剧场、街道作为突发性集体事件出现的地方一样,网络集体行动需要一个流量大、影响力大的网络平台作为一个空间场地。此次事件中,百度贴吧、天涯论坛、门户网站共同组成了一个非常适合的网络空间来为此次事件的升级提供场所。

(2)形成结构性压力。在外部经济压力、社会文化压力、自然灾害,甚至军事政治冲突等社会因素下对人的心理压力。这些压力会使人们产生严重的趋同性倾向和消积化思想,并促成普遍情绪的累积与叠加。在此背景下,贫富分化、官员腐败、长时间的社会"仇富仇腐"的心理情绪不断叠加。

(3)诱发因素。集体行动往往还有一个导火索来引爆"集体行动",首先是一次典型的矛盾冲突或者事件,小到只通过一张图片、一个视频、一篇争议性博文,大到来自于一个多方位的新闻报道等。源于媒体或民众的正式或非正式的传播,往往成为"压死骆驼的最后一根稻草"。凡此种种,导致此类网络活动容易形成强大的人口基数。

(4)行为动员。在网络集体行动事件形成后,往往出现一些传递信息和压力信息,进行组织性呼吁的中坚力量,他们可能是自发形成的,也可能是受某些组织的影响和控制的。尽管我们研究的是非营利性和自发性的网络社团,但对于某些网络社团来说,很难将利益链条分清,故在分类研究中不能完全排除这种情况。[①]

网络上相对较弱的社会控制也是一个重要条件。网络的匿名性以及来自平台、社会、政府监管的不完善与缺乏经验,是放任网络集体行动演化成网络社团的重要原因。

(四)产生"信息茧房"

桑斯坦[②]在著作《信息乌托邦》[③]中提出"信息茧房"的概念——公众往往根据自身的兴趣爱好获取信息,因而信息结构是不完整的、不全面的,久而久之,会置自身于"蚕茧"一般的狭隘的空间。小群体里的人,只选择自己偏爱的交流领域,与兴趣相同的人聚谈,经过时间积累,逐渐形成了趋同的风格;而各个群体间,则有话语隔阂、沟通障碍,由于分化明显而导致认同困难。长期生活在"信息茧房"之中,容易使人视野迂腐、偏执迂腐、盲信盲从。这是对群体极化现象的生动表述。一方面,互联网的高速发展,网络社团的产生,促进群体极化的加剧。另一方面,在网络社团中信息的分众传播,以及信息的碎片化,都不同程度上加剧了网络社团中的个体对信息的全面而客观的认知。

伴随着互联网的发展和普及,人与人之间直接的接触交流逐渐减少,而网络社团中的虚拟沟通则不然。网络上选择信息的高度自由使人们很容易形成群己之分,使个体脱离社会共同体的发展轨道,减少社会经验的分享。当个体之间、群体之间缺乏黏性,离散成单一的力量,无疑将会极大地弱化群体的功能,产生消极的影响。

也有人认为,互联网的网络社团不仅仅是给"信息茧房"的生长提供了温床,同样也为跨越地界的自由交流、公共事务的理性探讨提供了广阔平台,群体"极化"力量未必强过群体的"整合"力量。在积极方面,从微观上,"信息茧房"促进网络社团内的群体交流,提升群体认同感,凝聚网络社团;从宏观上,群体极化会导致网络社团之间的多元化,以及社会诉求的多元化。在消极方面,从微观上,"信息茧房"会使个体对周围环境产生排斥,获取信息盲目片面,视野狭窄,甚至逐渐丧失判断力;从宏观上,加剧现实社会中各个团体、社会阶层之间的对立,造成社会黏性的丧失,不利于社会和谐,甚至削弱政府号召力和国家凝聚力。

李良荣指出,"一个日益小众化的互联网世界,无论是起积极的面向,还是其消极

---

① 郑杭生:《社会学概论》,中国人民大学出版社2015年版,第135~139页。
② 凯斯·R.桑斯坦,现为美国哈佛大学法学院教授,美国艺术与科学院院士,美国律师协会分权与政府组织委员会副主席,美国法学院联合会行政法分会主席。桑斯坦还是《新共和》(*New Republic*)和《美国前景》(*American Prospect*)的社论撰稿人,也经常是《纽约时报》和《华盛顿邮报》这类出版物的撰稿人。
③ 桑斯坦在《信息的乌托邦》中提出,许多以互联网为基础的、令人震惊的分享和聚合信息的新方法有助于公司、学校、政府和个人不仅获得,而且创造不断增长的准确的知识。通过不断激动地自动修正数据,覆盖从政治、商业计划到体育运动、科幻文化的维基,积聚并精炼信息。开放资源软件使得许多人参与科技发展。预测市场聚合信息,允许公司(从计算机制造商到好莱坞工作室)做出关于产品投放和职位空缺的更优决定。桑斯坦证实了人们如何能够消化聚合的信息,而不必遭受信息爆炸之痛——何时以及为何新的聚合技术是如此惊人的准确。

的面向,总是会在不同的不联网用户群体中分别存在,同时也取决于每个用户的个体实践。究竟互联网的小众化会把我们引向何方?与其说存在一个现成的答案,毋宁说我们每个人的每一次选择,都将会影响我们自己和我们所属群体的未来。"[1]笔者认为,小众化带来了"信息茧房"和"社会黏性丧失"的问题,但这是网络社团发展的必然影响,社会分工的细化带来社会群体多元化,促使网络社团产生,而网络社团中传播与文化创造的便利与高效必然促使小众化的产生与发展。若引入社会学中的族群概念,我们会发现,开放的族群会促进人类社会的一体化发展,但封闭的族群则为人类保持了文化的多样性。如果开放融合的群体文化保持主流影响,那么封闭保守的群体文化却可为文化的发展创造保留更多可能性。

(五)催生网络成瘾

网络成瘾被定义为"过度使用网络出现类似于临床的成瘾症状,包括沉迷于成瘾物,在非必要情况下频繁使用成瘾物,不考虑使用给身心造成的后果等等"。杨[2](Kimberlys Young)是一位在研究网络成瘾问题上具有代表性的作者,他推测当地有500万网络用户粘在网上。杨的研究认为聊天室是网络成瘾的主要根源所在,她指出:"许多的时候,聊天室为满足人在真实生活中难以满足的需要提供了机会,例如社会交往的需要,网络聊天给人提供了一种群体归属感,或者使人性格中隐藏的部分释放了出来。"网络社团的群体交流,给人带来了超越现实生活的慰藉,一些长期处于网络社团的人对这种慰藉产生了依赖,从而引发网络成瘾的困扰。

(六)引发抑郁症

有一些担忧者表示网络不仅使人成瘾,还会引起各种心理问题。在通过网络和网络社团获取各类咨询和信息过程中,一些人因为聊天、视频、游戏等无规律的活动长期沉迷于网络,他们依赖网络环境和网络群体交流,易患抑郁症,并危害心理健康。一些人对网络社团中某些信息进行科学负面解读或对负面信息的一味接受,导致内心收到消极暗示,对心理产生不良影响,易引起抑郁症的发生。美国心理学教授总结了1990年以来40多位心理学家的研究,发现网络成瘾症倾向的个体常常是孤独和抑郁的,他们喜欢独处,生性敏感,倾向于抽象思维,内心警觉,不服从社会规范等。

研究者发现,对于观察得到的使用网络所产生的消极效果可以有两种不同的解释:网络可以剥夺人们进行面对面交流的时间;网络可以使人通过上网建立的社会关系来替代现实社会中因直接接触而发展出来的人际关系。

而有人从对抑郁症患者追踪10年的研究发现,75%~80%的患者多次复发,故抑郁症患者需要进行预防性治疗。发作3次以上应长期治疗,甚至终身服药。多数学者

---

[1] 李良荣:《网络与新媒体概论》,高等教育出版社2014年版,第72~74页。
[2] Kimberlys Young是心理学家对网络成瘾和网络行为的世界知名专家。她创办了网络成瘾中心,是匹兹堡大学临床心理学博士,目前在圣文德大学管理科学系教授,美国心理协会会员,宾夕法尼亚心理协会和国际心理健康网络社会的创始成员。

认为维持治疗药物的剂量应与治疗剂量相同,还应定期门诊随访观察。心理治疗和社会支持系统对预防本病复发也有非常重要的作用,应尽可能解除或减轻患者过重的心理负担和压力,帮助患者解决生活和工作中的实际困难及问题,提高患者应对能力,并积极为其创造良好的环境,以防其复发。所以,对于抑郁症的预防,目前比较有效的是建立患者与社会系统之间的良好关系,如果放任网络使用,很有可能导致患者病情加重。也有人提出利用网络社团中来强化与现实中社会系统的联系。比如利用网络社团中的游戏社区来结识共同喜好此款游戏的现实社会群体,将网络中的环境更好地与现实沟通,从而使抑郁症患者完成与现实中社会系统的连接,以便减缓症状,实现预防性治疗的目的。

(七)滋生违法犯罪

网络的匿名性导致网络的违法犯罪成本降低,而网络社团成员的多元化与极端化,传播的快速实时性和精准性则极大助长了网络违法犯罪,导致违法犯罪的聚集。

2012年,河北省巍县警方破获了一起用QQ群组织盗窃的犯罪团伙。28岁的聋哑人侯利兵利用聋哑人生活相对贫困、对法律人士水平较低等特点,于2012年5月,通过聋哑人QQ群联系全国各地的聋哑人,组建"小偷公司",形成一个有领导、有组织、分工明确、组织严密的盗抢犯罪集团。

网络与网络社团的便利不仅在组织犯罪上体现一定优势,也在作案之中也给犯罪分子较大的便利。有的罪犯以网络群组为载体,学习培训、分销赃物也基本在网络,只需轻轻敲几下键盘就能在极短的时间内完成不菲的收入。这类犯罪不受时间、地点的限制。没有案发现场和目击证人,犯罪实施手段简单快捷,与传统犯罪相比具有成本低、回报率高、风险小的优势。北京市房山区的网络盗车销赃案,该案3名犯罪分子在仅仅20天的时间里,就盗窃5辆马六轿车,通过QQ群"全国黑车鼠车聚集地",把这些车辆分别销往辽宁、山东、山西等地。"网上学艺,网上接单,网上组团,网上销赃……王浩然等人的一系列行为基本都在网络上完成。"该案的检察官说。通过在QQ群上搜索关键词"鼠车",记者发现,以"河北鼠车技术交流群""一手鼠车等鼠车交易"为名的QQ群竟然多达200个,仅定位在北京地区的就有十几个,其中不少活跃的群人数达到三四百人。有的卖家还声称可以"私人定制",即买家提出自己的心理价位和车型便可相应满足其需求,甚至能做到"需要什么偷什么"。[1]

---

[1] 张慧:《网络策划组织犯罪具有三大特征,"80后""90后"是主要犯罪主体》,载正义网,下载日期:2016年12月23日。

第五章

网络社团与网络虚拟社群

第一节 从网络社团到网络虚拟社群

网络虚拟社群是指基于互联网,以网民为主体,依托社交软件、即时通信软件、新媒体、各类网站平台组织起来的各种网络社团、网络社群、虚拟社区、虚拟社群和各种松散程度不同的网络群体。

仅以腾讯公司的开发的微信为例,2016年9月日平均登录用户达7.8亿人,50%微信用户日平均使用时间达90分钟[①]。每位用户都会有以不同身份和角色加入的种类繁多的微信群,加之原有的QQ用户群体,单单是腾讯公司一家互联网平台上聚集的虚拟社群的数量就非常庞大。还有其他各种各样数量非常庞大的网络社团,进行开展各式各样的活动,诸如慈善活动、环保活动、公益性和非公益性的活动。在互联网信息技术高速发展的影响下,人们的生活方式和社会交往方式、信息交流方式发生了巨大的变革,在很大程度上拓展了人们的言论自由的空间,公民的结社权利也得到一定程度的实现。与此同时,网络虚拟社群由于数量极其庞大,发展过程中也产生了非常多的问题,因此政府面临非常大的网络治理压力。

一、网络虚拟社群研究现状

相较于网络虚拟社群数量的几何式增长以及不断扩大的影响力,目前我们在网络虚拟社群方面的研究还需加强。经中国知网检索发现,以网络虚拟社群为核心概念将当前不同形式的网络群体概念进行辨析界定的学术论文尚未检索到。在国家图书馆的数据资源中也没有发现中外文的文献和专著讨论同样的问题。国内研究较集中于网络虚拟社群中的网络社团方面的规制研究,甚至于将网络社团等同于其他各种网络群体,对其他类型的网络虚拟社群关注不够。国外的研究者由于其所在地区的公民结社的政策法律环境和我国有显著的不同而对此问题的关注点集中于把其作为人们交流的平台、虚拟社区来认识。厘清概念是研究的开始和基础,尤其是对于基于互联网

[①] 腾讯公司发布的2017微信公开课PRO版,http://tech.qq.com/p/topic/20161227029627/index.html,下载日期:2017年1月3日。

上形成的各种各样的网民聚集和结社的行为,建立一个有概括力的概念对于我们进一步认识和研究此类复杂的现象很重要。本章拟从网络虚拟社群在中国发展现状和原因入手,对网络虚拟社群这一重要概念的内涵与外延、类型、特征进行辨析,对网络虚拟社群存在的法律基础做初步探讨,以作为后续的研究基础。

二、网络虚拟社群简况

(一)网络虚拟社群发展现状

网络虚拟社群的数量众多,全国范围内的网络虚拟社群数量到底有多少,目前尚无一个权威的统计数据,但规模无疑是巨大的。网络虚拟社群是一个广义的概念,凡是建基于互联网,以网民为主体,依托社交软件、即时通信软件、新媒体、各类网站平台组织起来各种网络社团、虚拟社区、虚拟社群和各种松散程度不同的网上群体都属于网络虚拟社群,如网络社团、虚拟社区、微信群、自媒体、微博、论坛、QQ 群等。

网络虚拟社群的领域广泛。网络虚拟社群活动领域广泛,涉及社会生活和人际情感的各个方面。在公益领域,网络虚拟社群在慈善、爱心助学、环保、维权、义工、动物保护等许多方面发挥着积极作用,成为政府的有益补充,深受弱势和困难群体的欢迎。比较有名的比如"宝贝回家寻子网""格桑花西部助学""微笑图书室"等。此外,网络虚拟社群大量活跃于网民兴趣爱好、情感交友、娱乐健康、学习实践等领域。

网络虚拟社群的影响巨大。网络虚拟社群借助网络媒介,信息传播迅速极快,组织动员能力很强,只需凭借一个帖子或一个公告就可能在很短时间内聚集大批网民。网络虚拟社群的成员和被服务对象又是开放型的,并不局限本地区本领域,往往会员、志愿者和被服务对象来自全国各地乃至全世界范围内,这也扩大了组织影响力。有的网络虚拟社群还借助平面媒体报道,不仅在线上有影响力,还把影响力扩大到线下。例如"格桑花""宝贝回家"等的事迹受到中央电视台、《人民日报》等各级媒体报道,扩大了这些网络虚拟社群的影响力。

网络虚拟社群的质量参差不齐。在非制度化生存环境下,我国网络虚拟社群快速发展的同时,不可避免地存在鱼龙混杂的现象。大部分网络虚拟社群健康向上,积极践行公益价值理念,在满足人民群众日益增长的物质文化生活需要,协调利益,促进社会稳定等方面发挥着积极作用,成为政府与市场作用之外的有益补充。但有的网络虚拟社群利用网络的隐匿性和监督的漏洞从事有违社会主义核心价值观和违法犯罪活动,如网上传销社团、非法借贷群、色情社群、涉毒网络社群等,这些网络虚拟社群满足会员低级趣味的需求、从事诈骗、非法集资、黑社会性质活动乃至非法政治活动等,在一定程度上损害了公共利益,危及社会的安全稳定。

(二)兴起的原因

互联网的普及和网民数量扩大是我国网络虚拟社群快速发展的基础条件。良好的互联网环境和庞大的网民数量是孕育网络虚拟社群的沃土。根据 CNNIC 发布的《第 39 次中国互联网络发展状况统计报告》结果显示,截至 2016 年 12 月,中国网民规模达到 7.31 亿,相当于欧洲人口总量,互联网普及率达到 53.2%,手机网民占比达 95.1%,拥有世界上最大的网民群体①。网络普及的速度是几何级的,与电视单项传播、电话点对点交流不同,网络普及带来的是点对点、点对群、群与群的全方位、多层次的立体交互方式。网络生活逐渐成为公民社会生活的一个重要领域,以网络为平台的新的群体组织出现在我们的生活当中,网络虚拟社群最终应运而生。

人们价值观念和生活方式的变革是我国网络虚拟社群快速发展的精神推动力。随着社会的进步,越来越多的人尤其是青年人追求个性的张扬、平等的交流、自我价值的实现等。这些需求和生活方式可以在网络虚拟社群平台中能得到较好的实现。因为网络虚拟社群以兴趣、目标等共同点为纽带,以网络为媒介,使人与人之间的沟通更加顺畅;其倡导共同参与和自我管理、自我监督以及松散的组织结构有利于成员之间的自由交流;注重公益、服务社会,为网民个人自我价值的实现搭建平台,能够满足网络人群多层次的需求。

网络虚拟社群自身所具备的优势是其快速发展的现实条件。网络虚拟社群直接推动了网络社会组织化的进程,网络虚拟社群组织活动时,一般通过网站、微信、自媒体、微博、论坛、QQ 群等工具进行动员和沟通,不仅成本较低,而且方便快捷。

第二节 网络虚拟社群和网络社团辨析

一、网络虚拟社群概念的内涵与外延

学者对互联网上虚拟存在的组织有各式各样的概念表述,比如"网络社团""虚拟社群""虚拟社区""互联网结社""互联网组织"等,这些概念部分揭示了网络虚拟社群的特征。但其缺点是没有科学地登记依照《社会团体登记管理条例》进行区分的传统社会团体和网络虚拟社群;未能准确区分采用互联网技术开展活动的传统社会团体和网络虚拟社群;未能清晰指出松散的网民聚集与组织团体的差别和分类;没有依照群体的组织化、专业化程度高低确定网络虚拟社群的范畴。因此,需要明确网络虚拟社群的内涵和外延。

从信息媒介角度来看,社会团体是方便有共同意愿的人实现持续性沟通、来往的实体基地。从结构功能而言,社团有三个基本要素:共同意愿成员的持续来往、趋同的群体意识、有效的集体行动能力。② 传统的社会团体(以下简称社团)的法律定义,按照现行的《社会团体登记管理条例》第 2 条的规定,是指"中国公民自愿组成,为实现会员共同意愿,按照其章程开展活动的非营利性社会组织",传统的社会团体依照上述条

---

① http://www.cnnic.net.cn/hlwfzyj/hlwxzbg/hlwtjbg/201701/t20170122_66437.htm,下载日期:2017 年 1 月 23 日。
② 姚然:《论网络社团的法律规制》,苏州大学 2015 年硕士学位论文。

例需要履行严格的登记手续①,需符合严格的准入条件,并受到政府严格管理规制。

目前传统的社团虽然也普遍采用互联网作为工具开展活动,建设有自己的网站或基于社交软件组成的网络社群,但由于其履行了严格的登记手续,有固定的实体办公场所,具备开展活动的资产和稳定的会员,以及为能独立承担民事责任的非营利性组织,社团非常"实定"②,不具有虚拟性,不能因为使用了互联网工具而认为这些社团也是网络虚拟社群。

目前建基于互联网,以网民为主体,依托社交软件、即时通信软件、新媒体、各类网站平台组织起来各种网络社团,虚拟社区、虚拟社群和各种松散程度不同的网络群体,没有进行社会团体的登记,不是法人,其组织紧密程度不一,大部分无固定的实体办公场所,成员具有很高的流动性,往往根据活动需要临时募集资金,不是具有独立承担民事责任的实体。上述这些团体具有非常强的虚拟性,此为网络虚拟社群内涵的独特性,也可以作为网络虚拟社群与传统社团区分的标准。

综上,网络虚拟社群可以定义为:社会主体基于共同的意愿通过互联网自愿结成的未经民政部门登记的网络群体。网络虚拟社群是一个包容性的概念,其外延既包括规模较小、结构不紧密的松散群体,如微信群、QQ群等;也包括规模较大且组织结构层级严密的群体,如网络社团。网络虚拟社群内的成员一般以自我管理为基础,遵守约定俗成的规则,主要依托于互联网展开交流,定期或不定期在线上或线下开展活动。

二、网络虚拟社群的类型

目前学界和实务界对于网络虚拟社群有很多相近似的多样化的概念,如网络社团,虚拟社区、网络群体、互联网社会团体、虚拟社群等概念,加之传统社团也进行"互联网+",更使得其在实践中很容易混淆误用。

目前流行的网络群体的分类为兴趣爱好型、公益型以及社会热点型。兴趣爱好型因成员的喜好相同而集聚在一起;公益型是致力于社会公益事业的网络群体;社会热点型是出于人们对当下发生的社会热点事件的解读和认识而成立,当事件逐渐平息淡出人们视野的时候,该网络群体便自动解除③。外国学者 Armstrong 和 Hagel 按社区成员的目的将虚拟社区分为交易型、兴趣型、幻想型、关系型。交易型指促进产品和服务的交易并传递交易信息,兴趣型指聚集相同兴趣的参与者就专门的主题进行广泛的交流,幻想型指成员为了某种幻想而聚集在一起,关系型指为具有一定生活经历的成员提供了进行深入联系的平台④。

因本书所述的网络虚拟社群是一个包容性更广的概念,故与前述分类方式不同。

---

① 《社会团体登记管理条例》第3条规定,成立社会团体,应当经其业务主管单位审查同意,并依照本条例的规定进行登记。社会团体应当具备法人条件。第9条规定,申请成立社会团体,应当经其业务主管单位审查同意,由发起人向登记管理机关申请登记。此外,还有第10条、第11条、第12条等严格的准入条件。
② 实定是指传统的社团非常实在和稳定,并有严密的法律法规规范其行为的意思。
③ 李华栋:《网络社团监管问题研究》,延安大学2015年硕士学位论文。
④ 王清:《我国网络虚拟社会组织的治理研究》,汕头大学2013年硕士学位论文。

通过对网络虚拟社群的组织目标、成员关系、组织结构、行动规范、开放程度等五个要素(以下简称"五要素")进行分析,从高到低,分为网络社团、网络群体和其他网络虚拟社群,此种分类方式能将各种形形色色、不同种类的网络组织包容进来,概念的包容性和解释力更强。因此便于在宏观上把握不同类型的网络虚拟社群,采取合适的规制方案,有利于网络虚拟社群自身的发展和功能的发挥。

网络社团指具有特定的、明确的、具体的组织目标,此表明该网络社团的性质与功能及其成员因围绕某一特定的目标而形成从事共同活动的网络团体。组织目标可以是单一的,也可以是具有内在联系的目标体系;其次,网络社团具有一定数量的关系紧密的固定成员,组织成员是相对固定的,进入或退出网络社团要按照一定的程序进行,特别是核心组织成员资格的取得一般都要经过社团加入程序;再次,网络社团具有制度化组织结构,即根据功能和分工形成的制度化的职位分层与部门分工结构,通过不同职位的权力结构体系,协调各个职能部门或成员个人的活动,使得网络社团活动顺利开展并达到目标;最后,网络社团具有普遍化行动规范,一般是以规则的形式出现,并以此作为成员进行活动的依据。行动规范是每个成员必须遵守的,它通过制约成员的活动维护网络社团活动的统一性。比如"西部支教团""绿色家园网""宝贝回家寻子网""美剧快译团""考研帮"等就属于网络社团。综上,网络社团是指有明确组织目标,成员关系紧密,具有制度化组织结构和普遍化行动规范,开放程度高的网络虚拟社群。目前大部分学者关注的都是网络社团及其规制的研究,所以网络社团在某种意义上来说算是狭义的网络虚拟社群。

网络群体指五要素程度次于网络社团的网络虚拟社群,一般指规模较小,交往密切而关系松散的群体。与网络社团不同,网络群体仅强调有相互关系。比如微信群、QQ群、聊天室、虚拟社区、网站中的专题论坛等就属于网络群体。网络群体以互联网为中介,聚集具有共同特征的人而成,但是这些群体并不都具有明确的目标和规范,群体意识较薄弱,组织结构还达不到层级分明,行动规范还达不到普遍化,往往也不固定开展活动,准入退出机制还不够明确,网络群体成员的自由度更高。发展迅速的微信群、微信公众号就是最贴近大众生活的网络群体。

其他网络虚拟社群指五要素程度最低的网络虚拟社群,属于网络虚拟社群分类的兜底性选项,是与网络社团和网络群体相比更为松散的网络虚拟社群。如部分社会热点型网络虚拟社群,我们第一时间获取外面发生的新闻并通过交互平台对其予以关注和评议,或者将自己身边的社会事件通过文字、照片以及视频的形式分享到网上,在这一过程中势必会形成针对该社会事件的网民聚合。然而这种临时性聚合没有明确的宗旨,只是网民对自有观点的表达行为,更别说层级分明的组织结构和固定开展活动,网民们因热点而聚,但热点随时间淡去这个聚合便自动解散了。

三、网络虚拟社群的特征

网络虚拟社群是依托于互联网而存在的,它与传统意义上的社会团体既有共性,也有差异,是新时期虚拟的社会组织形态,具有鲜明的特征。

第一,网络虚拟社群具有技术性与松散性。网络虚拟社群是以网络技术为基础而构成的,所以对网络虚拟社群的规制也必须以相应的网络技术手段为基础。此外,网络成员普遍使用虚拟身份本身也决定了网络虚拟社群对组织成员的约束力较低。网络虚拟社群由于很少强制要求成员采用实名加入,因此一般不拥有强制性的惩罚手段与措施,最有力的措施无非是把网络成员清理出群,所以相对于现实社团来说,网络虚拟社群比较松散,对于其成员的约束力也较弱。

第二,网络虚拟社群具有虚拟性与复杂性。互联网为人们提供了一个不同于现实世界的网络空间,它不具有现实世界的可触摸性或者可见性,而是以一种无形的虚拟形态存在。公民可以根据自己的意愿申请或者设置一个或者多个虚拟身份进行上网活动,依靠网络对自身真实身份的隐匿,网络虚拟社群成员可以充分表达自己的意见和利益诉求,而无须顾虑自己的这种行为会对自己的实际社会生活产生负面影响。网络虚拟社群的成员身份及其构成相对复杂,且年龄偏低,没有性别、地域和年龄的界限。当然在这些成员中,主要的特点是年轻化,29岁及以下的网民占58.1%,但近些年来50岁以上的网民数量增长也非常突出。[①]

第三,网络虚拟社群发展的便捷性与灵活性。网络虚拟社群成员的发展速度很快,涉及的领域之广令人瞩目。由于加入和退出网络虚拟社群比较自由,成员的相互影响相对于传统的非政府组织更为强烈而广泛,成员的加入与退出都非常便捷与灵活。且成员的观点会迅速影响到数量巨大的网民群体,从而使网络虚拟社群规模迅速扩大。在网络虚拟社群日常的组织管理过程中,网络虚拟社群的组织者或者管理者只需通过互联网终端设备就可以组织号召全体社团成员参加社团活动,并将社团活动的内容、时间、地点以及注意事项等传送给每一位社团成员。这种依托互联网技术带来的便捷性是传统社会组织无法比拟的,在很大程度上提高了网络虚拟社群的工作效率,降低了社团工作的成本费用。

第四,网络虚拟社群具有广泛性和多样性。由于加入和退出网络社群比较自由,成员的带动辐射作用相对于现实社团更为强烈,成员能影响周围的人群加入社群,从而使网上社群的规模迅速扩大。并且,网络虚拟社群的种类几乎覆盖了公民社会生活的方方面面。国家间、地区间的距离因虚拟社区的互联网而不复存在;不同文化背景、不同种族、不同信仰、不同语言的人们能够通过网络聚集在一起交流互动。

第五,网络虚拟社群的结构独特性和管理自治性。人们通过网络,根据自身的兴趣、偏好和价值取向交换信息、传导知识、宣泄情感,由此自由地组合在一起。有的因酷爱运动而聚,如轮滑俱乐部、滑板俱乐部、街头篮球俱乐部等;有的是因车而聚,比如各种车友会、车友俱乐部等。网络虚拟社群中的成员享有言论自由的权力,成员之间地位比较平等,没有明显的隶属关系,内部事务往往实行高度自治。正是具有这种超越空间、现实社会等级身份的信息交流功能,才使得权威力量对网络虚拟社群的影响较小,其在一定程度上存在明显的结构独特性和管理自治性。

第六,网络虚拟社群具有开放性和异域性。根据我国《社会团体登记管理条例》有

---

① 顾丽梅:《政府治理视野下的网络社团:角色与挑战》,载《江西社会科学》2013年第4期。

关社会团体成立应当具备的条件规定,社会团体应当有固定的住所。① 而网络虚拟社群是依靠互联网连接的,各成员之间一般不在一个地域范围内,而是来自全国各地,甚至世界其他国家,因此没有固定的住所。相对于传统的社会团体,网络虚拟社群的成立是基于公民的共同兴趣或者共同的利益诉求而成立的,没有像传统社会团体那样经过严格的备案登记,从成立之初就具有自由开放的特性。

第三节　网络虚拟社群的法律基础

　　公民的网络参与行为大多涉及的都是信息交流、意见表达,属于公民行使言论自由权利的范畴,但是公民在行使言论自由的同时,为了使其主张的内容能更有效的实现而进行某种结合从而形成一定的群体,这种结合就不再是单纯的言论表达,而是带有结社性质的行为了。结社自由,是公民按一定宗旨,依照法定程序组织或者参加具有持续性的社会团体的自由。其与言论自由、集会、游行示威等权利一样,是宪法规定的公民的基本政治权利。

　　在我国现有的法律体系和政策指导下,公民行使宪法中的结社自由权还存在一定的障碍。在申请成立社团方面,由于需经过"主管部门"和"对口部门"的双重许可,使得很多预备设立的社团因找不到对口单位或即使找到对口单位,单位却不愿意承担责任且不同意加盖公章而无法设立。设置门槛过高使得许多民间社团无法达到要求,民政部门审批时也是以严格控制的政策导向为主。② 但随着社会转型的深入,利益诉求的多元化使公民对自由结社权的需求越来越迫切。网络为公民实现自由结社权提供了一个新的平台和出口,网络的开放性和低成本性让更多的公众获得话语权,为网民提供了一个开放的讨论空间。公权力在网络上的干预较少也为公民网络结社提供了成长空间。网络虚拟社群就成为公民实现自由结社权的便捷途径,这是经济、技术、社会共同作用的结果,而利益诉求的多元化是其产生的根本原因③。公民在网络环境中结成网络虚拟社群行为符合结社行为构成的形式要件,是公民宪法自由结社权在虚拟环境下的特殊实现形式,宪法的公民自由结社权是网络虚拟社群的法律基础,也是其合法性的来源。

　　公民通过行使结社的权利来达到某种目的,这在其他部门法中也有所体现,例如《消费者权益保护法》规定消费者可通过消费者协会来维护合法权益,律师协会根据《律师法》保护律师的合法权益并对律师进行日常的管理,环保民间组织在《环境保

---

　　① 《社会团体登记管理条例》第 10 条规定:"成立社会团体,应当具备下列条件:(一) 有 50 个以上的个人会员或者 30 个以上的单位会员,个人会员、单位会员混合组成的,会员总数不得少于 50 个;(二) 有规范的名称和相应的组织机构;(三) 有固定的住所;(四) 有与其业务活动相适应的专职工作人员;(五) 有合法的资产和经费来源,全国性的社会团体有 10 万元以上活动资金,地方性的社会团体和跨行政区域的社会团体有 3 万元以上活动资金;(六) 有独立承担民事责任的能力。"
　　② 姚丽霞:《公民结社权在虚拟环境下的运用》,载《法学》2010 年第 1 期。
　　③ 姚丽霞:《公民结社权在虚拟环境中的应用》,载《法学》2010 年第 1 期。

法》的规范下进行环保活动,推动环保事业的发展。网络虚拟社群的出现为公民实现结社权提供了新途径,找到了新空间。故有关部门应该重视对网络虚拟社群的规范和治理,从而规范引导公民行使结社权的行为。

第 六 章

全面依法治国背景下
网络社团的监管创新

自我管理与国家干预之间的对立是在有关政治秩序的谈论中经常被提到的,现在这种二分法已经过时。① 在现代市场经济中,社会组织正发挥着越来越重要的作用,如果他们的这种集体自治行动缺乏相应的法律和政策保障,则单个的个体经营者所获得的直接利益,很可能因为外部制度成本过高而受到不同程度的侵蚀。② 与此相似,在全面依法治国背景下,网络社团借助互联网技术的普及、推广和发展,以及国家在社会资源控制方面的再度宽松,促进了公民言论和结社等基本权利在更广的范围内自由行使,同时也有效提升了公民的参与意识和能力,进一步优化了权威信息发布渠道及网络环境。然而,网络社团作为虚拟社会领域的特殊结社方式,其发展并非一帆风顺,网络暴力、非法结社等可能影响他人合法权益、社会公共利益,乃至国家政治安全。可见,国家应在引导网络社团发挥正面效应的同时,防止网络社团的功能异化及负面效应的形成,避免过分松散的网络环境成为不法分子实施违法、犯罪行为的温床,从而恶化网络环境,影响权威信息渠道的优化及政府公信力的提升。

第一节 从一元监管到多元监管:
网络社团监管的理念创新

一、虚拟网络社团的监管应与现实社会转型同步推进

正如有学者在谈及信息技术革命对经济、文化、社会发展的影响时所指出的,"并非技术决定了社会,而是技术、社会、经济、文化与政治之间的相互作用,重新塑造了我们的生活场景"。③ 网络社团的发展并非仅仅得益于信息技术的发展与完善,现实生活中一些社会基本问题的不断积累及结社与表达渠道的不足,在某种程度上也是网络社团变得异常重要和发达的重要原因。即网络虚拟社团的爆发式增长,及因网络社团

---

① 俞可平主编:《治理与善治》,社会科学文献出版社 2000 年版,第 214 页。
② 余晖:《行业协会组织的制度动力学理》,载《经济管理》2001 年第 4 期。
③ [西班牙]曼纽尔·卡斯特:《网络社会的崛起》,夏铸九、王志弘等译,社会科学文献出版社 2006 年版,第 505 页。

外部效应所引发的一系列新的社会问题,其更深层次的原因主要在于现实社会生活本身的问题未得到有效解决,从而导致缺乏有效组织手段与表达途径的主体不得不借助网络虚拟身份的伪装,再度寻求更广泛意义上的权益救保障方式。如"人肉搜索"虽是互联网时代的新名词,却也并非互联网时代的仅有的产物,现实社会生活中盛行的流言八卦、内查外调及打听小道消息等等,本质上都是一种"人肉搜索"行为。无怪乎有学者会提出,与其说"人肉搜索"是在虚拟空间内发生的"人民战争的汪洋大海",不如说是过往司空见惯的暴力行径在网络世界的重演,新时期的网民们不知不觉地在行动上继承了他们在仪式上口诛笔伐的文革遗产。①

在谈及虚拟社会的影响时,美国学者 Howard Rheingold 曾指出,虚拟社会不仅仅是互联网改变人类结社方式的一种表现,且这种表现中也孕育着人类进一步改变自身命运的机会。② 现实社会与网络社会如同一枚硬币的两面,似乎各不相同,但又息息相关。网络社会在现实社会无法承受之余,借助新型信息技术建立起来的心灵港湾,在纾解现实社会所引发的问题、矛盾与冲突,并为"受害者"提供必要的心理抚慰的同时,也在某种程度上为现实社会改革与转型提供必要的指导和方向。因此,网络社团作为具有群集性质的虚拟社团组织,必将在管理型社会向治理型社会转型过程中发挥其应有的功能和作用。

可见,现实社会问题疏通渠道的建立以及现实社会环境的改善,是优化网络环境,解决网络监管难题的最佳途径。诸如非正式社团的合法化、政府信息的及时公开、权威信息发布渠道的建立与完善、特定弱势群体权益保障机制的建立与完善等,都能在一定程度上淡化和削弱虚拟网络社团的影响,并有助于网络社团朝着更为良性、健康、有益的方向发展。反之,将现实社会治理与网络社团的监管与完善相割裂,单以特定的制度或技术解决网络监管问题,其结果往往是事倍功半,甚至还可能引发物极必反的严重后果。

二、虚拟网络社团的监管有赖于立法对网络社团的合法律性确认

如前所述,网络社团作为现实社会结社与利益表达渠道不足与交互式互联网技术发展成熟的必然产物,有其形成、发展和壮大的历史必然性。现实社会言论自由行使的受限以及社会资源过度集中所引发的弱势群体不能结社,意味着相关社会主体唯有借助虚拟社会身份,或采取具有特定影响力的事故或事件等非正常渠道寻求救济,尤其是既具备低成本、低风险特性,又能满足相关群体权益表达要求的网络社团备受青睐。网络社团在短短几年内的蓬勃发展,及包括人民日报等官媒在内的社会各界围绕网络社团所进行的轮番报道和研究,很好地说明了网络社团必将在当下中国产生巨大的社会效应。而确立网络社团的合法律性地位,并通过立法、执法、司法等途径,逐步引导网络社团朝着有益于国家和社会的方向发展也是当前社会发展的应有逻辑。

---

① 张栖:《"人肉搜索"的罪与罚》,载《互联网法律通讯》第 4 卷第 1 期。
② Howard Rheingold, *Rethinking virtual communities*, in David Bell ed., *Cybercultures: Critical Concepts in Media and Cultural Studies*, New York: Rout ledge, 2006, p. 3.

不仅如此,中国政府在十八届三中全会《中共中央关于全面深化改革若干重大问题的决定》中明确提出,"创新社会治理,必须着眼于维护最广大人民根本利益,最大限度增加和谐因素,增强社会发展活力,提高社会治理水平……推进社会组织明确权责、依法自治、发挥作用,适合由社会组织提供的公共服务和解决的事项,交由社会组织承担。"该《决定》突出强调应推进社会组织发挥作用,并将适合社会组织承担的公共服务和解决的事项首先交由社会组织承担和解决,可谓在一定程度上首肯了由民间自发形成的网络社团的合法性及其应有的社会地位。而社会系统治理理念的提出,也意味着应将包括社会组织在内的所有主体均纳入国家治理的范畴之内,通过规范化的方式对符合社会发展需求的社会组织予以保护和规范化;相反,对不符合社会发展需求,且还可能损害国家利益、社会公共利益及他人合法权益的行为应依法予以取缔,并依法给予相应的制裁。

网络社团作为现实社会主体依托互联网建构的虚拟网络社群,自然无法满足传统社团设立所要求的具有特定住所及合法资产及经费来源等条件,网络社团的虚拟性、开放性也意味着网络社团可能涵盖的领域和范围都相当宽泛,经由特定业务主管机关审批后开展业务几无可能。业务主管单位的缺位及现行《社会团体登记管理条例》在网络虚拟社团管理规范方面的缺失,使网络社团始终处于法律规制之外。即网络社团在获得合法性的法理基础的同时,却因合法律性困境而不得不游离于立法、执法及司法管辖范围之外。法律社团的合法律性困境也使得网络社团在设立、运行过程中都尽量杜绝采用"结社""社团"等象征聚群的符号,转而选择"论坛""社区"等更能凸显其平台功能的称谓,避免因违反《社会团体登记管理条例》等法律规范而遭受不必要的整顿、罚款处罚及刑事制裁。由此可见,对网络社团进行规范、疏导和监管的首要任务在于通过立法方式确立网络社团的社会主体地位,进而以此为基础确立、构建和完善其监管方案。

三、虚拟网络社团的监管应契合网络社团特有的形成和活动方式

网络社团作为现实社会主体依托虚拟互联网平台完成特定意愿和目的的特有方式,在某种程度上是实现公民的结社愿望和表达诉求。社会实体以虚拟网络身份在互联网平台上进行聚群实现了社会实体之间跨越时空的结社,并使网络社团得以建立;而网络社团形成后的唯一活动方式,便是各社团成员之间进行信息的发布、交流和传播,其本质上属于社会现实主体借助互联网以实现自身言论自由权利的特殊表现形式。无论是网络社团成员之间的分享与交流,还是以"人肉搜索"领衔的网络暴力活动,其本质都不过是各相关社会主体借助互联网向外界传递特定信息的方式,区别只在于某些信息只能在少数人之间产生共鸣,而另一些信息却可能得到更广泛意义上的接受和认同,并产生更大的影响力。

网络社团特有的形成及活动方式决定了对网络社团的规范和监管应着眼于以下两个方面。

(一)对网络结社行为的规范分析

《社会团体登记管理条例》第 3 条规定,成立社会团体,应当经其业务主管单位审

查同意,并依照本条例的规定进行登记;第 32 条规定,筹备期间开展筹备以外的活动,或者未经登记,擅自以社会团体名义进行活动,以及被撤销登记的社会团体继续以社会团体名义进行活动的,由登记管理机关予以取缔,没收非法财产;构成犯罪的,依法追究刑事责任;尚不构成犯罪的,依法给予治安管理处罚。即对社会团体采取的是事先审查的规范方式。

然而,网络社团作为互联网平台上网络虚拟主体群聚才得以形成的虚拟社团,只有在满足话题热门、进出自由、参与方式便捷且无负担等一系列要件时,社团才得以设立并长期发展。一旦社团参与方式繁杂、热点不鲜明,甚或广告太多、网络内容提供商的特定身份等因素出现时,都会影响网络社团的设立和运行,更遑论对网络社团的设立进行审查。其结果要么是导致网络社团的流产,要么是导致网络社团的夭折,并不能培育出具有持续生命力和影响力的社团。由此可见,按传统社团方式对网络结社行为进行事先审查与网络社团的形成、运行方式相悖,网络结社方式的特殊性决定了对网络社团的监管只能是采取事后审查的方式进行。

(二)对网络言论发表行为的规范分析

现实社会主体借助虚拟网络身份进行群聚的目的并不在于群聚本身,而在于通过群聚的方式相互传达各自对特定事项的观点和态度。如"肝胆相照"论坛社员的主要关注点在某种程度上与肝胆健康及乙肝病毒携带者维权等问题密切相关;而"绿色北京"环保论坛则围绕绿色行动、绿色生活等话题展开。网络虚拟社员就相关事项参与活动的方式在于通过言语表达,如文字表达、图片表达或语音表达等言论表达行为,涵盖了现实社会主体借助网络虚拟身份参与网络社团活动的大部分方式。即对网络社团进行监管和规范的另一要义,在于应否及如何对网络社团中的言论表达行为进行规范。

就表达自由的规范而言,英国学者布莱克斯通指出,表达自由之要义在于免遭事先限制。哥伦比亚大学法学院教授布拉西也认为,对表达自由的事先限制易致言路封闭、权力滥用、公正避绕、私域受侵,以及大众知情权沦失。[①] 不仅如此,各国在立法及司法实践方面对表达自由也持相对宽松的态度。法国 1789 年《人权宣言》取消了对报社的事先限制,1901 年《结社契约法》规定"个人可自由结社,而无须获得批准或事先通告",1971 年宪政院在"结社自由案"中也进一步明确"社团之形成亦不得受制于事前行政,甚至司法控制"。美国在言论自由方面的保护也较为严格,如霍姆斯大法官在 Abrams 诉合众国案及 Gitlow 诉纽约州案中指出,表达自由若非达到"Clear and Present Danger"标准,则应免于规制,让其与反对意见相互碰撞、自由竞争,真理自会愈辩愈明,此谓发现真理、修正谬误之正道。又如,在 1931 年 Near 诉明尼苏达州案中,休斯大法官等多数法官也认为,"允许政府对出版物实现审查和限制,则会对公众

---

① Vincent Blasi, Toward Theory of Prior Restraint: The Central Linkage, *Minnesota Law Review*, 1981, 66.

造成更大的伤害,并违背出版自由的保障","以宪法保障出版自由免遭事先限制,已是普遍原则"。①

正如美国宪法学家夏皮罗指出的,言论如有在未来的某一时刻破坏政府稳定的合理倾向即应受到惩罚,如此政府、法官和陪审团会极易把他们不喜欢的言论视为具有"不良倾向"。② 言论自由作为公民最基本的权利,其行使可能会在某种程度上损害到国家、集体或他人的合法权益,并需对造成或必将造成特定损害后果的言论行为予以克制或制止,但这些都不应成为对言论表达行为进行事先审查和控制的理由。即通过事后控制和审查的方式对言论表达行为进行规范将是言论自由规范较为合理的方式,其中对网络言论表达行为的规范和监管也不例外。

第二节 从消极管制到积极规范:网络社团监管的方式创新

由于网络社团规范制度的缺失,网络社团合法律性主体地位并未得到有效确认,导致网络社团组织出现合法律性困境等负面效应的同时,也使网络社团的监管处于无法可依的局面。相关监管部门在网络社团监管问题上要么是采取无法可依,放任自流的方式进行监管;要么是对网络社团的监管采取简单粗暴的关站,或勒令网络服务企业停业整顿的方式进行。因此导致当前执法部门在网络社团的监管问题上具有较大的随意性和不确定性。如"肝胆相照""保钓论坛"及都曾出现过随意关闭服务器或网站的情形。③ "封、堵、删"等方式更是在平台运营企业争取"合法"的外衣下任意实施。

可见,网络社团监管创新的重要方面在于监管方式的创新,即由现行以消极性结果管控为主转变为以积极的制度规范为主,由消极管制转变为积极规范引导,从而促进网络社团的长期稳定健康发展。

《社会团体登记管理条例》作为对传统线下社团登记管理的指导规范,对线下社团具有一定的规范作用。然而,作为现实社会主体借助网络虚拟身份聚群形成的虚拟网络社群,网络社团与线下普通社团之间无论是在内部设立、运行的方式方面,还是在各自所处和面临的外部环境上,都存在较为明显的差异,因此制订合乎网络社团自身发展需求的监管制度势在必行。

第一,传统社团的监管自新中国成立以来便纳入国家的监管范畴,自1950年中央人民政府政务院颁布《社会团体登记暂行办法》,至现行由国务院颁布的《社会团体登记管理条例》,数十年来国家在社会团体管理方面积累的经验以及既有管制制度形塑下的普通社会团体,都将使普通社会团体的设立、架构及监管机制等在短期内难以改

---

① 邱小平:《表达自由——美国宪法第一修正案研究》,北京大学出版社2005年版,第32~71页。
② 邱小平:《表达自由——美国宪法第一修正案研究》,北京大学出版社2005年版,第22页。
③ 姚丽霞:《公民结社权在虚拟环境中的运用》,载《法学》2010年第1期。

变。自十八届一中全会以来,国家在社会组织管理制度改革方面的部署以及在社团监管方面的革新在短期内不易产生明显的成效。既有的监管理念和普通社团本身的内在发展逻辑、功能定位必将在一定程度上对新制度的建构及实践产生一定的影响。

网络社团作为新媒体技术下的产物,在互联网治理面临挑战的今天仍处于野蛮生长状态,网络社团特有的设立和运行的方式及所面临的特殊外部环境,在某种程度上决定了网络社团必将形成其特有的内在发展逻辑,其所产生的外部效应及后果、责任承担方式等都应与传统社团有所区别。即对网络社团的监管应完全有别于普通社会社团的监管,应通过制定符合网络社团内在发展规律及特有行为、责任承担方式的特殊监管制度予以落实。

第二,传统社团作为线下实体社团,在某种程度上受技术发展及革新的影响较小,技术革新可给予线下社团监管革新带来便利,但不能从根本上改变传统社团的设立和运行的方式、组织架构及主体责任能力等。而网络社团作为受益于互联网及新媒体技术发展的虚拟网络社群,在较大程度上会受限于网络及新媒体技术的发展,技术上的巨大革新可能使网络社团朝着更为健康良性的方向发展,并衍生出更为健全、完善的网络社团。技术的革新和应用,在便于改善社会治理状况的同时,也可能会重新改变当前社会格局,或改变人们通过网络社团参与社会管理的习惯或方式,衍生出具有替代网络社团功能的新产品,使网络社团丧失存在的价值和意义。可见,技术发展及对网络社团发展影响的不确定性也意味着对网络社团的监管应有别于对普通社团的监管。

第三节 从实体登记到虚拟备案:网络社团监管的模式创新

网络社团基于自身特殊的设立方式,无法满足传统社团先组群、批准、登记,再运行、活动的条件和要求,这也就决定了对网络社团的监管应当采取有别于传统社团监管的其他监管模式。网络社团作为现实社会主体依托互联网搭建的虚拟网络社群,在较大程度上源于现实生活中某一或某几类问题的存在和凸显,现实社会生活中特定问题的减少与解决会在某种程度上淡化网络虚拟社团存在的必要性和功能,导致某些社团的关闭或向营利性组织的转变。

但我们也应清醒地看到,现实社会主体所作出的诸多努力,只能在一定程度解决或减少某些社会问题,地域差异、贫富差距、利益失衡等现实社会问题必将长期存在,再加上现实社会主体在文化多元、价值多元等方面的追求,可以预见虚拟网络社团在未来仍将发挥越来重要的作用。

2008年9月,深圳市将"社会组织无需主管单位可直接在民政部门登记"的范围扩大,除法律、行政法规规定必须由有关部门在登记前进行前置审批的之外,对工商经济类、社会福利类、公益慈善类的社会组织实行由民政部门直接登记。① 社会团体登记工作备案制度最早是在青岛市开始尝试,对于尚未达到登记条件,但可以正常开展活动且符合经济社会发展需要的社区民间组织予以备案。南京市于2006年出台了《南京市基层民间组织备案管理暂行办法》,该《办法》是我国第一部对基层民间组织进行备案管理的规范性文件。随后,武汉市等地也出台了规范性文件推行备案制试点。备案制主要是解决非法人社团的合法性问题。在一定程度上无须担忧"非法身份"的困扰。但是对于经备案组织的法律地位问题,这些地方性规定都未予以明确,只是笼统地认为其是"非法人单位"。根据实践反馈,对于行政主管部门而言,备案制的推出既有利于登记管理机关及时了解社会团体的发展情况,有针对性地实施工作指导,也有利于及时掌握基层社会团体的动态,加强有效监管。②

可见,网络社团作为现实社团的补充,具有自身特有的存在价值和空间,对网络社团的监管也可以借鉴备案制的模式进行处理。应在制定特殊的监管制度的同时,完善网络社团的监管模式,对其不能单纯依靠行业协会进行组织化引导,而以民政部为主导的政府部门也应积极采取措施进行引导、监督和建立完备的网络社团的网上特殊的虚拟备案监管模式。

一、建立"网络社团之家"总门户备案网站

鼓励和引导诸如"网贷之家""驱动之家""牛博网""绿色北京""捐献时间网""强国论坛"等一系列网络社团链入"网络社团之家"总门户网站。权威机构在网络论坛建设方面的鼓励和引导,既可以逐步推进各网络社团的组织化程度,也可以让公众结合自身兴趣参与更多的社团活动。在实现传递社会主义核心价值观的同时,也使相关社会问题得到更广泛意义上的参与和讨论,推动民众在更深层次上达成共识,促进问题的解决。

事实上,通过搭建总门户网站对网络社团进行枢纽式管理已非本书首创,共青团上海市委自2006年起便开始组建上海青年家园民间组织服务中心,摸索对网络社团的枢纽式管理模式。中心成立初期效果较好并很快在上海市内进行复制和推广,形成上海汉未央传统文化促进中心、上海静安巴学园青少年心理健康服务中心、上海市闵行区吴泾朴质公益儿童关爱服务中心等多家类似服务中心。但因线下服务中心收入渠道有限,成本较高,以政府专项经费支持方式难以维系服务中心的日常运转,长此以往其功能将受到较大的限制。③ 总门户网站的建立除了初期需一定的费用,而且网站的日常运营成本相对较低。因此可以通过广告等方式获得一定的收入,在较大程度上

---

① 钱昊平:《深圳试水社团无主管登记》,载《商周刊》2010第3期。
② 金锦萍:《社会团体备案制引发的法律问题》,载《求是学刊》2010年第5期。
③ 《沪上文化类青年组织的美丽与哀愁》,2014年5月7日,http://weibo.com/p/1001603707542499945110,下载日期:2016年6月3日。

达到长期有效进行规范引导的目的。①

目前,民间组织也依托互联网对包括论坛在内的网站进行汇总和分类,汇总和分类的标准各不相同。现行既有以全国行业、类型等对论坛或网址进行汇总和分类的网站,如 bbsdaquan.com 论坛大全主要是收集全国性的各大行业并对其进行分类和汇总,涵盖的种类包括"网络游戏""房产装修""教育学习""政府校园""旅游名胜"等。还有是以"全国综合+地域"分类方式进行的论坛分类和汇总,如 bbs178.com 论坛大全、bbsdq.com 论坛大全、99k99k.com 论坛大全,其既对全国性的论坛和网址进行分类和汇总,也对地方性的论坛和网址进行分类。还有一些是以其他网站下设论坛大全的方式进行分类和汇总,如 freefa.cn(任意发)网址大全下设论坛大全、好 123 网址大全下设论坛大全即属此类。

网址、论坛大全的创举,避免了监管成本过高的问题,在某种程度上有助于网络社团接受公众的监督。但纵观现有网址、论坛大全模块也不难发现,各网址、论坛大全的分类和汇总要考虑迎合市场需求,而一些营利性与非营利性的网络社团混合分类,不利于对网络社团进行有效的监督、引导和规范,无法达到对网络社团进行有效监管的目的。政府主导下的网络社团专项备案门户网站的设立,既能在成本较低的情况下实现对网络社团的分类、汇总和监管,使各种各样的网络社团走出不合法律性的阴影,走出地下状态和灰色地带,又能有效引导网络社团朝着阳光化、规范化、专业化的方向良性发展。

二、鼓励各传统权威传播渠道平台培育发展网络社团板块

权威传播渠道作为公众获取可靠消息的重要渠道,在某种程度上仍有较强的公信力,相关渠道信息进入最终政治决策及影响国家顶层设计的可能性也相对较大。因此,通过权威渠道所在平台搭建网络社团,将能在较大程度上吸引具有一定政治参与意识和参与能力的成员进入社团,同时也可以在一定程度上避免虚假、危害信息的扩散和传播,有效保障公众的知情权,以及获取有效信息的途径。不仅如此,传统媒体等权威传播渠道大多是经过严格审查和备案,组织化程度相对较高,同时也具有一定的市场化经验,以此为基础建立的网络社团,在较大程度上发挥其社团功能的同时,也能便于达到对网络社团进行规范和引导的目的,提升网络社团规范化的整体水平。

当前通过权威渠道搭建网络论坛的方式也有一定的先例。如人民网下的"强国论坛"、环球网下的"环球论坛"、凤凰网下的"凤凰论坛"、南方网下的"南方论坛"等即属此类。特别是随着全民互动合作搜索方式对传统信息披露渠道冲击的加剧,各传统媒

---

① 网上论坛日常费用主要为服务器租赁等,人员和场地方面成本相对较低。参见保钓论坛《关于捐款的补充说明》,2012 年 9 月 1 日,http://bbs.wcaddl.org/forum.php?mod=viewthread&tid=4925,下载日期:2016 年 9 月 3 日。不仅如此,若社团人气较高,流量大,社团本身广告费等收益完全可以覆盖成本,如天涯社区于 2015 年 8 月挂牌新三板进行融资,同时也获得政府投资、风投定增等等众多融资渠道,不但能满足自身日常运作,而且能产生一定的社会效益。《天涯大事记》,2016 年 8 月 26 日,http://help.tianya.cn/about/bigfall/2015/list_1.shtml,下载日期:2016 年 9 月 3 日。

体要么在原有传播渠道之外另行搭建新的沟通平台,要么直接对原有平台进行改版,以顺应时代潮流。但总体而言,权威渠道信息的发布传播是公众获取信息的途径之一,同时因传统权威渠道信息证伪要求、价值取向等方面影响,所传达和发布的信息和观点往往并不能达到深度沟通和交流的目的。这种对原有权威信息渠道进行改版的方式能在某种程度上达到改善读者和渠道互动的目的,但因其本身的特点和传播基因,难以有效发挥网民深度参与的积极性。

借助传统权威渠道重新构建,则可在保留权威信息发布渠道和信息证伪功能的同时,给予社会公众自发构建与自身利益密切相关的网络社团的机会。而网络社团在进行自我完善和优化的同时,对传统权威信息发布渠道完善和优化也具有一定的参考意义和价值。由此可见,在传统权威信息发布渠道平台下设网络社团,在有效完善自身获取与披露渠道的同时,也能相应优化自身传播结构,实现传播方式与社会发展的同步。

三、协同有关部门和单位督促网络社团进行认证

"郭美美炫富"事件引发公众对官方慈善机构的信任危机,从而暴露出传统慈善机构在资金募集及款项使用上的诸多缺陷与不足。网络社团也同样存在类似问题,牛博网"非法集资"事件引发公众对其资金流向的质疑,"保钓论坛"通过微信账号、个人账号或某律师事务所账号接受捐款的方式也使很多网友对资金使用情况产生怀疑。截至目前,保钓论坛仍在通过微信红包接受捐款,但其最晚公开财务信息的时间为2012年8月,这很容易使公众对其资金流向和用途产生不安和忧虑。[①]

鼓励和引导组织化程度较高的网络论坛在"网络社团之家"总门户网站进行"+V"等方式认证,允许经过"+V"认证的网络社团在满足特定银行账号备案、资金监管、用途公开的情况下开展特定的款项募集活动,这既可以避免违法犯罪分子利用网络虚拟身份进行诈骗活动,也可以满足公众通过网上虚拟社团实现特定愿望的需求,重新树立起公众参与社会公益活动的热情,因此值得提倡。

四、建立网络社团的分区分类备案模式

网络无疆界,借助网络社团使民间力量推动广受关注的社会问题得到解决,往往会产生积极意义,这关键在于政府因势利导,吸纳民间力量和智慧。现实社会生活中的面临的问题除具有一定的共性外,也有很多表现出个性化,具有一定的地域性、行业性和特定性。因此,可根据网络社团的个性化特点对网络社团进行分区备案,如"绿色北京"具有一定的地域性,也属于环保主题,可同时在"北京""环保"两个板块进行备案;"强国论坛""保钓论坛"属于政治色彩较浓的网络社团,可共同在"国内、国际时事"板块进行备案等。

[①] 《微信红包捐款公示》,2015年9月13日,http://www.wcaddl.org/news/? 212.html,下载日期:2017年1月17日;"保钓论坛"财务公开贴,2014年3月16日,http://bbs.wcaddl.org/forum-cwgk-1.html,下载日期:2016年6月10日。

有关分区备案方面在实践中已有先例。如 bbsdq.com 论坛大全、好 123 社区,便结合社团的地域性、行业性特色等对其进行一定的分类,为网络社团的备案奠定了一定的基础。分区备案模型的落实,既便于公众参与相对切合自身实际需求的社团,也可使网络社团监管和现今行政管理体制的条块结构相对应,调动地方政府和职能部门的积极性对网络社团进行有效和适度的监管,有利于促进网络社团由"虚拟走向现实",使其既满足人民群众的物质和精神文化生活的需要,又能守住底线,管得好管得住网络社团。

网络社团从虚拟向现实的回归,既能有效反映现实社会问题,同时也为现实社会治理提供了相应的依据和方向。不仅如此,现实社会问题的入网及借助网络社团门户网站的分区分类备案功能,能有效推进网上、网下之间的沟通、协调和互动,进而实现社会生活从网下向网上的转化,推进"网络社团"向"互联网＋社团"[①]的转变。

第四节 从单一监管到互动合作: 网络社团监管的主体创新

建立网络社团的互动合作监管制度,即意味着应在坚持党委领导核心作用和政府监管主导作用的基础上,鼓励网络企业、行业协会、媒体、第三方认证监测机构以及广大网民等社会力量积极参与网络社团的管理,以发挥其协同、自治、自律以及互律的作用,形成全社会共同参与并与政府相互合作的网络化治理格局。党政部门与社会力量通过上下互动合作、沟通协商以及建构认同等方式,建立一种相互依存和彼此平等的合作性关系网络,改变传统社团以政府为唯一监管主体的控制式管理模式,向以政府主导的多元主体的互动合作型管理模式转变。就网络社团互动合作监管模式的监管主体变革方面,应重点把握以下几个方面:

一、确立民政部在网络社团监管方面的主导地位

网络社团作为现实社会主体借助互联网平台组建的虚拟网络社群,在本质上仍属于民间自发形成的社会组织的范畴,是民间社会组织依托互联网平台形成的一种嬗变形式,属于民政部的管理范畴,理应被纳入民政部有关民间组织的职权范围。同时,网络社团作为以特定诉求表达和目的的网络虚拟社会,与现实社会存在某种互补、互动的关系,在受现实社会发展状况影响的同时,也会反向影响现实社会。网络社团成员诉求的变化、信息传播、社团成员与对应的现实主体人员结构等因素,都会在一定程度上影响社团的运行、发展方向,并对现实社会产生特定的影响力。可见,对网络社团的行政监管有赖于在民政部的主导下,公安部、工业和信息化部等各部门协调配合,由此方能取得事半功倍的效果。

[①] 本书所指"互联网＋社团"指公众生活能在较大程度上实现网上网下互动同步的情形,而不是两者互相脱节,或都无法有效发挥应有的权利保障功能而被遗弃的情形。

二、鼓励和引导民间力量参与网络社团的监管创新

鼓励和引导民间力量参与网络社团的监管创新,即鼓励和引导网络企业、媒体、第三方认证监测机构、行业协会及广大网民等成员自觉参与网络社团的监管创新。与传统社会团体所不同的是,网络社团的设立和运行有赖于社团成员参与的意愿及参与的积极性,社团成员参与和自治意识的缺失会在很大程度上影响社团的设立和运行。网络社团的民间性和自治性相对较强,能在一定程度上通过社团成员、媒体、第三方认证监测机构、行业协会及网络企业等民间力量进行自治、自律、协同和互律,以弥补政府在网络社团监管方面的资源不足,减低政府的监管成本。因此,对网络社团的自治、自律及协同和互律的引导可从以下几个方面着手:

第一,鼓励网络社团自身进行登记和备案,并对自觉登记、备案的社团进行正面引导、宣传及技术指导,在增加相关网络社团的人气和流量的同时,也可以进一步引导相关社团向"互联网+社团"的方向发展,建立网下、网上同步互动的新型社会组织。

第二,鼓励互联网行业协会对网络社团进行监督和引导,督促网络社团建立和完善其自治、自律规则,引导虚拟网络社团朝着组织化程度更高的方向发展。

第三,引导和鼓励互联网企业进行技术创新,为网络社团完善自身体系及线下服务功能提供相应的技术支持。

在2009年开始的凤凰网组织的中文论坛百强年度评选及新浪微博不实信息披露等活动中,社会主体对网络社团监管的互动都在一定程度上有所体现。以中文论坛百强评选为例,2009年起凤凰网先后组织了多届中文论坛百强评选,通过自主申报、大众评选、专家评选等环节评选出包括"天涯社区""强国论坛""铁血论坛"等在内的一百家论坛,并举行了公示。[①] 相关评选在有助于网络社团吸纳人气的同时,也反映出公众对网络社团本身的认可度和参与度。由此可见,社会力量的介入不但能有效推选出具有实质影响力的论坛,还能对网络社团自身的规范起到督促作用,从而对包括天涯社区等网络社团的做强、做大及规范化发展起了极大的推动作用。

第五节 从缘木求鱼到追本溯源: 网络社团监管的手段创新

网络社团特殊的设立和运行方式,决定了对网络社团无法采取事先审查方式进行监管,社会治理理念的提出也强调应给予网络社团应有的发展环境和生长空间,即对网络社团采取事后审查和监管的方式是网络社团监管的主要手段。网络社团监管要求的提出,意味着应对实际运作过程中违反特定规范的网络社团进行惩戒,惩戒的方式也可以是多方面的,但单以惩戒作为网络社团监管的手段无异于缘木求鱼,必将造

[①] 凤凰网:《2010年最具影响力的中文论坛100强评选启示》,2010年12月8日,http://bbs.ifeng.com/detail_2010_12/08/3399601_0.shtml,下载日期:2017年1月7日。

成南辕北辙的结果。

通过前述分析,我们不难发现,单从外部方式对网络社团进行监管将面临成本高、难度大、效果差等风险,并可能导致网络社团向隐蔽化、畸形化方向发展,或演变为较严重的社会冲突。而通过道德约束、舆论引导等手段,可以在一定程度上实现规范网络社团行为及化解网络社团风险的目的,甚至能在较大程度上发挥网络社团自治和自管的作用,并引导网络社团向规范化方向发展。因此,结合违法惩戒、道德约束、舆论引导等方式进行网络社团监管手段的创新便显得尤为重要。

正如有学者提出的,在经历从网上到网下之后,网络社会向前跨出的另一个重要步骤,便是把现实社会的小圈子带到网络中,使人与人之间社会关系连接点从网下走到网上,从而更加紧密。① 网络社团监管的手段创新具体可从以下几个方面着手,以此整合各种社会资源形成合力来规范网络社团朝着更加健康的方向发展。

一、督促网络社团建立违法行为惩戒信息披露机制

网络社团成员法律意识参差不齐,对违法、潜在违法行为及其后果、危害认识程度不一,成员的知识水平和思维能力不足,特别是目前还有不少网络社团对其成员的加入未实行实名制。在虚拟身份的掩饰下,成员的自律性降低,在阅及与自身经历或价值取向相似的内容时,容易断章取义、以偏概全,并发表不良过激言论甚至导致延伸至线下的冲突。因此,应督促各网络社团设立社团内部章程和自律公约,建立违法行为提示,设立专栏分享互联网违法案例,提示各网络社团成员及时检视自身行为,以免落入违法犯罪的惩戒范围之中。各网络社团应及时将本社团内违规的成员清理出群并公开披露违规事实,表明处理结果。

二、建立网络社团分级管理机制

各网络社团因设立时间、人员结构等各不相同,加上当前网络社团仍处于相对初级阶段,社团组织化程度、自治能力、内部环境等都参差不齐。因此,为进一步优化网络社团环境,避免违法犯罪分子利用网络社团进行有组织的活动,可对网络社团进行分级管理。第一,对普通社团进行定级,以此为基础对网络论坛进行分级管理;第二,根据网络社团是否具备清晰的自治规则、严谨的内部管理机构、组织化程度,及是否具备特定银行监管账户及线下活动场所和活动队伍等,对网络社团进行逐步升级;第三,对长期存在"人肉搜索"、名誉权侵权或知识产权侵权等严重损害他人合法权益等问题的网络社团予以适当的降级处罚。

三、建立网络社团违法警示与惩戒机制

与一般违法行为不同,在某种程度上因网络社团而引发的违法行为往往是在不特定的多数人不自觉的情形下发生的,除由特定人导演和左右的特定违法行为外,相当

---

① 梁晨:《"人肉搜索"的社会机制与商业模式》,载《互联网法律通讯》第4卷第1期。

部分所谓违法行为的触发并不具有必然性,因此对所有网络社团违法行为进行关站、整顿等严厉处罚并不合理,这将导致原有社会问题的转移,甚至还可能引发新的不必要的社会问题,影响公众对政府处理相关问题的能力及公信力的评价。因此,在处理网络社团违法行为问题上,如对存在"人肉搜索"等侵犯他人合法权益的网络社团应及时予以违法警示,并列入"灰名单"范围,提示相关社团成员进行自查、自检,并对社团违法次数、方式等进行备案和公示,以此作为社团评级的依据。同时,对于长期以侵犯他人隐私、名誉、知识产权等合法权益为主要活动方式的网络社团,若经过多次违法警示及降级处理后仍不改正,那些行为恶劣的应列入网络论坛"黑名单",并予以公示,以进一步推进网络社团朝着更加良性的方向发展。

四、建立网络社团违法惩处的救济机制

网络社团的设立、运行及行为的外部效应等都具有一定的复杂性,网络社团相关行为是否必定构成违法、侵权须由司法机关予以裁判和认定,耗时较长。若经由司法机关完全裁决后在对相关网络社团进行违法警示,则可能导致损害结果进一步扩大,并引发其他不良社会现象或违法行为,如对被害人进行电话骚扰、拦追堵截及非法进入他人住宅、损坏他人财产等。因此,应在建立网络社团违法警示及惩戒机制的同时,及时设定"违法警示与惩戒救济专栏",给予"灰名单"范围内的网络社团自辩和救济的机制。这同时也可以使各网络社团相关社员清楚认识和了解自身行为的性质,并在参与讨论前及时组织好自身言论,避免侵犯他人隐私、名誉、知识产权或影响国家安全的情形发生。

结　论

自网络社团概念被提出伊始,理论界和实务界对网络社团及网络社团监管问题的争议便已产生。在认可网络社团的观点中,无论是关于网络社团的广义说还是关于网络社团的狭义说观点,在某种程度上都只是将网络社团视为一种虚拟网络群体,并未将网络社团视为具备法律上的团体人格的法律主体,对网络社团的法律主体属性及法律主体属性的障碍并未深入探讨。在此情形下,将网络社团视为社会团体的重要组成部分自然存在较大争议,而将网络社团纳入社会团体进行统一管理也存在较大障碍。

影响网络社团法律主体属性的因素主要有以下几个方面:一是作为基本法的《宪法》对社会团体等法人法律主体属性并未予以确认,法人在基本法上法律主体属性的缺失。因此,我国《宪法》第 35 条虽对公民的结社自由予以确认,但其对法人团体人格保护的缺失,使《宪法》第 35 条所赋予的公民结社自由无法真正有效落到实处,公民借助虚拟网络身份通过互联网平台群聚形成的网络社团权益保障也因此欠缺宪法上的依据。二是宪法对法人团体人格保护的缺失,以及民事法律规范对法人资格确认的缺陷,使公法人制度的建立欠缺相应的法律依据,而《民法通则》对机关、事业单位和社会团体法人主体资格的确认,本质上属于对机关、事业单位和社会团体私法上法律主体属性的确认,其对机关、事业单位、社会团体的公法人主体资格并未予以确认。但机关、事业单位和社会团体本身应有的公法人主体地位不容置疑,网络社团理论上也应具有公法人主体资格。三是将法人限缩为"独立承担民事责任"的法律主体既不符合现行法律相关规范,也不适应法人的实际发展需求。因此,应结合法人实际发展需要,对我国现行法人制度予以重构,将网络社团等新型团体纳入法人制度规范范畴。

网络社团的发展已经日渐成熟,并成为人们沟通、交流和表达的重要渠道。与既有法律规范对网络社团保障方面的缺失相左的现象,受以下几方面因素的影响:一是正式社团资格获取方面的障碍及非正式社团的合法性困境,使现实社会主体不得不寻求其他的沟通、交流和表达渠道,互联网为现实社会主体摆脱熟人社会困境寻求虚拟网络结社奠定了基础。二是人之所以为人具有多层次的需求,而且人在不同阶段需求的多样化,会在一定程度上催生人们借助虚拟网络主体身份参与虚拟网络群体活动的意愿,并进而引致网络社团的形成。三是互联网资源的松动、互联网接入方式的变革及互联网终端设备的研发、运用和推广,在较大程度上改变了人们的生活方式和行为习惯,加速了普通民众对互联网的依赖程度,这也在一定程度上加速了网络社团的形成。由此可见,在现实社会结社、沟通和表达渠道不足的情形下,依托成熟的互联网和新媒体技术组建虚拟网络社群,成了公众探寻新的结社、沟通和表达渠道的最佳选择。

在十八届一中、二中、三中全会各项部署的基础上，中共中央十八届四中全会进一步做出全面推进依法治国的重大部署，表明了我国在引导社会力量参与网络社团活动，保障网民合法权益的同时，呼吁各参与主体通过网络社团参与社会管理，通过网络自治与行政监管相结合的方式，共同实现对互联网这一法治薄弱环节的规范和引导。网络社团作为现实社会主体依托虚拟网络身份自发组建的虚拟网络组织，具有自发性、组织性、自治性、民间性及互益性和公益性等一系列普通民间社团所具备的特性，在较大程度上满足了现实社会主体在结社、言论表达等方面的需求，既有助于进一步培育普通民众的参与意识和参与能力，也会倒逼传统权威信息披露渠道及时进行自我优化。

然而，作为依托互联网自发形成的民间自治组织，网络社团在具备基本权利保障、参与能力孵化及传播结构优化等功能和正面效应的同时，也会产生特定的负面效应。当前法律制度在网络社团确立和保障等方面的缺位，必然导致网络社团陷入组织、目标及活动方面的合法律性困境。未得到法律规范和认可的社会主体在较大程度上会被视作非法社团，既影响互联网企业及网络社团成员自发组建和维持网络社团这一民间虚拟自治组织的积极性，同时也会使相关监管部门陷入监管困境。特别是当前各监管部门在网络社团监管方面职责不清、方向不明的情况下，各自为政的网络社团监管方式往往无法得到社会的普遍认可，监管措施的制订和实施常常也是事倍功半，进而对政府的公信力带来较大的负面影响。

因此，结合网络社团特殊的设立、运行方式和运行方式，创新对网络社团的监管显得尤为重要。结合网络社团特有的形成和运行方式、运行环境、所属行业惯例、国内外相关实践，应着重创新网络社团的监管理念、方式、模式、主体及手段，具体而言主要为以下几个方面：

第一，网络社团监管理念上应实现一元监管到多元监管的转变。网络社团本质上属于社会生活的重要组成部分，理论上具有公法人和私法人的双重属性，应同时纳入公法和私法双重规范之中。因此，对社团的规范应从意思自治和行政管制两个方面着手。意思自治由网络社团各相关主体意志范畴决定，不宜受行政主管机关非法干涉，但不排除行政主管机关通过适当方式予以引导规范。在公法方面，因网络社团相较于熟人社会中的社会团体涉及范围较为广泛，仅通过民政部进行事前规范和监管将无法满足网络社团现实发展需求，并可能将网络社团打入"非法结社"的范畴。因此，在网络社团的监管方面，应正视网络社团与社会现实生活之间的互动作用和互补功能，寻求多元化的监管模式，避免一元化的监管模式。

第二，对网络社团的监管方式上应实现消极管制到积极规范的转变。众所周知，法律具有一定的滞后性，无法完全涵盖现实社会需求。而法律滞后性的根本原因在于法律制度的制定者难以有效预测现实社会的发展方向，也难以通过既有的语言实现对未知世界的全面概括。与法律的滞后性相应，在对社会团体进行事前审批的过程中，业务主管单位对社会团体的现实社会需求往往也难以做出有效预测，通过事前审批设立的社会团体往往并不能有效满足现实社会需求。与此相应，对无法通过监管渠道获得社会团体身份的团体进行事后运动式执法，往往也会因底线难以把控，给予执法主体权力滥用的空间。因此,对网络社团的监管应实现从事前审批及底线控制模式到制度规范、多层监管互动合作相结合的方向进行转变。

第三,监管模式上实现网络社团特殊备案制度。与现实社会团体所不同,网络社团虽应依法赋予其法律主体资格和身份,但网络社团的虚拟性和特殊的形成后之存在方式也决定了网络社团的备案管理应有别于现实社会中聚集形成的其他社会团体。网络社团为现实社会主体借助虚拟网络主体身份,通过互联网平台聚集形成的虚拟网络群体,本质上为现实社会主体绕开事前审批和底线控制模式所采取的新型结社方式。但与现实社会生活中的社团所不同的是,网络社团的形成及目的、宗旨和活动方式等的确立须有赖于参与主体之间的磋商和磨合,并非一蹴而就。这也意味着通过漫长的登记、备案方式确立网络社团的法律主体身份将难以满足网络社团的现实发展需求,在网络社团的监管方面应舍弃线下实体登记的模式,转而结合网络社团特有的设立和成长环境进行虚拟备案,从而为多层互动合作监管做好铺垫。否则,有意通过网络结社发起网络社团的主体将因线下备案的繁杂等因素放弃既有组建某一网络社团的意向,继而寻求其他不合法解决结社问题的方式。

第四,确立民政部在网络社团监管方面的职能和地位。如前述,网络社团作为现实社会主体借助虚拟网络身份聚集形成的虚拟网络群体,所涉领域相较于熟人社会中聚集形成的社会团体更为复杂,所组织发起的团体活动往往也不完全限于公益性活动,互益性活动往往也是网络社团活动的重要组成部分。因此,在网络社团监管方面,应舍弃既有业务主管单位负责审批、民政部负责登记的监管模式,从网络社团的社团主体属性着手,由民政部牵头、多方协助监管,以便有效解决主管单位不确定问题,并在民政部统一领导下,实现多头单一监管到各部门互动合作及有效监管网络社团的目的。

第五,在监管手段方面,网络社团的监管应首先落实对网络社团的法律主体保护。网络社团的形成有其历史的必然性,互联网技术的发展仅为网络社团发展的必要条件,但非充分条件。催生网络社团的最主要因素在于现实社会主体通过正式社团及传统非正式社团在寻求沟通、交流方面存在障碍,诉求难以得到全面有效表达,在此情形下,通过网络社团等其他方式建立新的沟通、交流和诉求表达渠道势在必行。因此,对网络社团的监管,必须实现从"缘木求鱼"到"追本溯源"上的转变,注重源头治理与现状治理的结合,以促进网络社团朝着良性、健康的方向发展。

参考文献

一、著作

(一)中文著作

[1]肖前、黄楠森、陈晏清主编:《马克思主义哲学原理》(上、下册),中国人民大学出版社 1994 年版。

[2]邓正来,[英]J. C. 亚历山大:《国家与市民社会——一种社会理论的研究路径》,中央编译出版社 1999 年版。

[3]邓正来:《市民社会理论的研究》,中国政法大学出版社 2002 年版。

[4]俞可平:《权利政治与公益政治——当代西方政治哲学评析》,社会科学文献出版社 2000 年版。

[5]俞可平:《民主与陀螺》,北京大学出版社 2006 年版。

[6]俞可平:《增量民主与善治》,社会科学文献出版社 2005 年版。

[7]俞可平:《中国公民社会的兴起与治理的变迁》,社会科学文献出版社 2002 年版。

[8]俞可平:《社群主义》,中国社会科学出版社 1998 年版。

[9]俞可平、项国兰、徐向梅主编:《市场经济与公民社会——中国与俄罗斯》,中央编译出版社 2005 年版。

[10]王新生:《市民社会论》,广西人民出版社 2003 年版。

[11]袁祖社:《权力与自由——市民社会的人学考察》,中国社会科学出版社 2003 年版。

[12]孙晓莉:《中国现代化进程中的国家与社会》,中国社会科学出版社 2001 年版。

[13]唐士其:《国家与社会的关系——社会主义国家的理论与实践比较研究》,北京大学出版社 1998 年版。

[14]张静:《法团主义》,中国社会科学出版社 2005 年修订版。

[15]李强:《自由主义》,中国社会科学出版社 1998 年版。

[16]费孝通:《乡土中国 生育制度》,北京大学出版社 1998 年版。

[17]周雪光:《组织社会学十讲》,社会科学文献出版社 2003 年版。

[18]李佃来:《公共领域与生活世界——哈贝马斯市民社会理论研究》,武汉大学哲学系 2003 年博士论文。

[19]郑杭生、杨雅彬主编:《中国社会结构变化趋势研究》,中国人民大学出版社

2004年版。

[20]郑杭生、李路路:《当代中国城市社会结构——现状与趋势》,中国人民大学出版社2004年版。

[21]李军鹏:《公共服务型政府》,北京大学出版社2004年版。

[22]朱世达、姬虹:《美国市民社会研究》,中国社会科学出版社2004年版。

[23]魏建国:《自由与法治——近代英国市民社会形成的历史透视》,中央编译出版社2005年版。

[24]曾峻:《公共秩序的制度安排——国家与社会关系的框架及其运用》,学林出版社2005年版。

[25]朱学勤:《道德理想国的覆灭》,上海三联书店1994年版。

[26]蒋先福:《契约文明:法治文明的源与流》,上海人民出版社1999年版。

[27]刘军宁、王焱、贺卫方主编:《公共论丛:市场逻辑与国家观念》,生活·读书·新知三联书店1995年版。

[28]刘军宁、王焱、贺卫方主编:《公共论丛:经济民主与经济自由》,生活·读书·新知三联书店1997年版。

[29]王焱、刘小枫、汪丁丁等主编:《公共论丛:自由主义与当代世界》,生活·读书·新知三联书店2000年版。

[30]汪晖、陈燕谷主编:《文化与公共性》,生活·读书·新知三联书店1998年版。

[31]刘晔:《理性国家的成长——中国公共权力理性化研究》,重庆出版社2005年版。

[32]赵宇峰:《当代国家与社会关系研究》,黑龙江教育出版社2004年版。

[33]朱英:《转型时期的社会与国家——以近代中国商会为主题的历史透视》,华中师范大学出版社1997年版。

[34]马长山:《国家、市民社会与法治》,商务印书馆2002年版。

[35]景跃进:《政治空间的转换——制度变迁与技术操作》,中国社会出版社2004年版。

[36]徐湘林、[德]格哈德·格勒、赵建民主编:《民主、政治秩序与社会变革》,中信出版社2003年版。

[37]陈金罗:《社会立法与社团管理》,法律出版社1997年版。

[38]王名:《中国社团改革——从政府选择到社会选择》,社会科学文献出版社2001年版。

[39]张静:《国家与社会》,浙江人民出版社1998年版。

[40]李慧斌、杨雪冬主编:《社会资本与社会发展》,社会文献出版社2000年版。

[41]马长山:《法治的社会根基》,中国社会科学出版社2003年版。

[42]刘泽华:《中国传统政治哲学与社会整合》,中国社会科学出版社2000年版。

[43]何增科编:《公民社会与第三部门》,社会科学文献出版社2000年版。

[44]陶鹤山:《市民群体与制度创新——对中国现代化主体的研究》,南京大学出版社2001年版。

[45] 王颖等:《社会中间层——改革与中国的社团组织》,中国发展出版社 1993 年版。

[46] 王世杰、钱端升:《比较宪法》,中国政法大学出版社 1997 年版。

[47] 苏力等:《规制与发展——第三部门的法律环境》,浙江人民出版社 1999 年版。

[48] 邓正来:《国家与社会:中国市民社会研究》,四川人民出版社 1998 年版。

[49] 袁祖社:《权利与自由》,中国社会科学出版社 2003 年版。

[50] 徐显明主编:《人权研究》,山东人民出版社 2001 年版。

[51] 刘兆兴:《德国联邦宪法法院总论》,法律出版社 1998 年版。

[52] 郑立、王作堂主编:《民法学》,北京大学出版社 1995 年第 2 版。

[53] 史尚宽:《民法总论》,中国政法大学出版社 2000 年版。

[54] 谢振民编著:《中华民国立法史》(下),中国政法大学出版社 2000 年版。

[55] 杨晓民、周翼虎:《中国单位制度》,中国经济出版社 1999 年版。

[56] 常凯主编:《中国工运史辞典》,劳动人事出版社 1990 年版。

[57] 史探径:《社会保障法研究》,法律出版社 2000 年版。

[58] 刘伯经:《妇女与社会性别研究在中国(1987~2003)》,天津人民出版社 2003 年版。

[59] 董云虎、张世平主编:《中国的妇女人权》,四川人民出版社 1995 年版。

[60] 虞和平:《商会与中国早期现代化》,上海人民出版社 1993 年版。

[61] 费正清主编:《剑桥中国晚清史》(下),中国社会科学出版社 1985 年版。

[62] 黄宗智:《华北的小农经济与社会变迁》,中华书局 1986 年版。

[63] 《李文忠公全集》卷六《朋僚函稿》,海南出版社 1997 年版。

[64] 《明夷待访录·财计》,《黄宗羲全集》,浙江古籍出版社 1985 年版。

[65] 郑观应:《盛世危言·商务二》,中国古籍出版社 2000 年版。

[66] 张恒忠:《上海总商会研究》,台湾北知书房 1996 年版。

[67] 关文斌:《文明初曙——近代天津盐商与社会》,天津人民出版社 1999 年版。

[68] 晏可佳:《中国天主教简史》,宗教文化出版社 2001 年版。

[69] 顾卫民:《基督教与中国近代社会》,上海人民出版社 1996 年版。

[70] 于本源:《清王朝的宗教政策》,中国社会出版社 1999 年版。

[71] 李天刚:《中国礼仪之争:历史、文献和意义》,上海古籍出版社 1998 年版。

[72] [法]沙百里:《中国基督徒史》,中国社会出版社 1998 年版。

[73] 王年一:《大动乱的年代》,河南人民出版社 1988 年版。

[74] 徐友渔:《自由的言说·徐友渔文选》,长春出版社 1999 年版。

[75] 王名主编:《中国社团改革》,社会科学文献出版社 2001 年版。

[76] 吴忠泽、陈金罗主编:《社团管理工作》,中国社会出版社 1996 年版。

[77] 赵黎青主编:《非营利部门与中国发展》,香港社会科学出版社 2001 年版。

[78] 毕监武:《社团革命——中国社团发展的经济分析》,山东人民出版社 2003 年版。

[79]王利明、郭明瑞、方流芳:《民法新论》,中国政法大学出版社1988年版。
[80]尹田:《民事主体理论与立法研究》,法律出版社2003年版。
[81]梁慧星:《民法总论》,法律出版社2001年版。
[82]苏萍:《谣言与近代教案》,上海远东出版社2001年版。
[83]邱林川:《信息时代的世界工厂》,广西师范大学出版社2013年版。
[84]刘文富:《网络政治——网络社会与国家治理》,商务印书馆2002年版。
[85]邱小平:《表达自由——美国宪法第一修正案研究》,北京大学出版社2005年版。
[86]袁峰:《网络社会的政府与政治》,北京大学出版社2006年版。
[87]《徐瑞新副部长在部分社团负责同志座谈会上的讲话》,载民政部社团管理司管理处编:《社会团体管理工作手册》(内部资料),1996年版。
[88]邢林:《转型时期大学生网络社团研究》,浙江大学2008年硕士学位论文。
[89]毛寿龙、李梅:《有限政府的经济分析》,上海三联书店2000年版。
[90]刘熙瑞:《公共管理中的决策与执行》,中共中央党校出版社2003年版。
[91]张康之:《寻找公共行政的伦理视角》,中国人民大学出版社2002年版。
[92]薄贵利:《中央与地方关系研究》,吉林大学出版社1991年版。
[93]陈宝良:《中国的社与会——历史会社研究》,浙江人民出版社1996年版。
[94]陈清泰:《商会发展与制度规范》,中国经济出版社1995年版。
[95]陈昌柏:《非盈利机构管理》,团结出版社2000年版。
[96]杜金陵:《全国工商领域行业协会职能与作用》,中国商业出版社1999年版。
[97]范克新、肖萍:《团结社会工作》,社会科学文献出版社2001年版。
[98]樊纲、王小鲁:《中国市场化指数——各地区市场化相对进程报告》(20011年),经济科学出版社2003年版。
[99]方福前:《公共选择理论》,中国人民大学出版社2000年版。
[100]郭建明、尹小满:《中国社团概论》,华文出版社2002年版。
[101]郭于华:《事业共同体:第三部门激励机制个案探索》,浙江人民出版社1999年版。
[102]侯小伏:《打开另一扇门:中国社团组织的现状与发展》,群众出版社2003年版。
[103]胡振良、李中印:《社团》,华夏出版社1994年版。
[104]李凡:《静悄悄的革命——中国当代市民社会》,香港明镜出版社1998年版。
[105]李军林:《制度变迁的路径分析》,经济科学出版社2002年版。
[106]李强:《当代中国社会分层与流动》,中国经济出版社1993年版。
[107]刘建清:《社团志》,上海人民出版社1998年版。
[108]吕凤太:《社会中介组织研究》,学林出版社1998年版。
[109]马伊里:《上海社团概览》,上海人民出版社1993年版。
[110]毛林根:《行业协会概论》,中国社会科学文献出版社1988年版。
[111]孟令君:《中国民间组织管理概论》,中国言实出版社2001年版。

[112]欧新黔、杜金陵:《中国行业协会改革与探索》,中国商业出版社1999年版。
[113]欧新黔:《国外行业协会资料选》(第1辑),中国商业出版社1999年版。
[114]齐炳文:《民间组织——管理、建设、发展》,山东大学出版社2000年版。
[115]秦晖:《政府与企业之外的现代化——中西公益事业史比较研究》,浙江人民出版社1999年版。
[116]时和兴:《关系、限度、制度:政治发展过程中的国家和社会》,北京大学出版社1996年版。
[117]时宪民:《体制的突破——北京西城区个体户调查》,中国社会科学出版社1999年版。
[118]苏力、葛云松、张守义等:《规制与发展:第三部门的法律环境》,浙江人民出版社1999年版。
[119]孙柏瑛:《当代地方治理》,中国人民大学出版社2004年版。
[120]孙立平:《动员与参与:第三部门募捐机制个案研究》,浙江人民出版社1999年版。
[121]王绍光:《多元与统一:第三部门国际比较》,浙江人民出版社1999年版。
[122]王世刚:《中国社团史》,安徽人民出版社1994年版。
[123]王颖、折晓叶、孙炳耀:《社会中间层》,中国发展出版社1993年版。
[124]文军、王世军:《非营利组织与中国社会发展》,贵州人民出版社2004年版。
[125]吴锦良:《政府改革与第三部门发展》,中国社会科学出版社2001年版。
[126]吴忠泽:《发达国家非营利组织管理制度》,经济出版社2002年版。
[127]肖新煌:《非营利部门——组织与运作》,台湾巨流图书公司2000年版。
[128]谢萌明、刘宁元:《北京的社团——1919—1949的社团》,知识出版社1994年版。
[129]余晖等:《行业协会及其在中国的发展:理论与案例》,经济科学出版社2002年版。
[130]张经:《行业协会与中国入世——论加入WTO后行业协会对国内市场的保护作用》,工商出版社2001年版。
[131]赵黎青:《非营利部门与中国发展》,香港社会科学出版社2001年版。
[132]朱英:《辛亥革命时期新式商人社团研究》,中国社会科学出版社1995年版。
[133]吴敬琏:《现代公司与企业改革》,天津人民出版社1994年版。
[134]马连福:《公司内部治理机制研究》,高等教育出版社2005年版。
[135]苏永钦:《走进新世纪的私法自治》,中国政法大学出版社2002年版。
[136]张建东、陆江滨:《公共组织学》,高等教育出版社2003年版。

(二)中文译作

[1][古希腊]柏拉图:《理想国》,郭斌和、张竹明译,商务印书馆1985年版。
[2][古希腊]亚里士多德:《政治学》,吴寿彭译,商务印书馆1965年版。
[3][法]卢梭:《社会契约论》,何兆武译,商务印书馆1980年版。

[4][法]卢梭:《论人类不平等的起源和基础》,李常山译,商务印书版1962年版。

[5][英]洛克:《政府论》下篇,叶启芳、瞿菊农译,商务印书馆1964年版。

[6][英]霍布斯:《利维坦》,黎思复、黎亭弼译,商务印书馆1985年版。

[7][德]黑格尔:《法哲学原理》,范扬、张企泰译,商务印书馆1961年版。

[8][德]费希特:《论学者的使命和人的使命》,梁志学、沈真译,商务印书馆1984年版。

[9][德]康德:《历史理性批判文集》,何兆武译,商务印书馆1990年版。

[10][法]托克维尔:《论美国的民主》(上卷、下卷),董果良译,商务印书馆1988年版。

[11][美]汉密尔顿、杰伊、麦迪逊:《联邦党人文集》,程逢如、在汉、舒逊译,商务印书馆1980年版。

[12][英]阿克顿:《自由史论》,胡传胜、陈刚、李滨等译,译林出版社2001年版。

[13][英]托马斯·潘恩:《潘恩选集》,马清槐等译,商务印书馆1981年版。

[14][德]哈贝马斯:《公共领域的结构转型》,曹卫东、王晓钰、刘北城等译,学林出版社1999年版。

[15][德]哈贝马斯:《在事实与规范之间——关于法律和民主法治国的商谈理念》,童世骏译,生活·读书·新知三联书店2003年版。

[16][英]卡尔·波普尔:《科学发现的逻辑》,查汝强、邱仁宗译,科学出版社1986年版。

[17][英]弗里德里希·奥古斯·哈耶克:《自由宪章》,杨玉生、冯兴元、马雪芹等译,中国社会科学出版社1997年版。

[18][英]F. A.哈耶克:《致命的自负》,冯克利、胡晋华译,中国社会科学出版社2000年版。

[19][英]F. A.哈耶克:《自由秩序原理》,邓正来译,生活·读书·新知三联书店1997年版。

[20][奥]路德维希·冯·米瑟斯:《自由与繁荣的国度》,韩光明、潘琪昌、李百吉等译,中国社会科学出版社1995年版。

[21][德]威廉·冯·洪堡:《论国家的作用》,林荣远、冯兴元译,中国社会科学出版社1998年版。

[22][英]安东尼·德·雅赛:《重申自由主义——选择、契约、协议》,陈矛、徐力源、刘春瑞等译,中国社会科学出版社1997年版。

[23][美]约翰·罗尔斯:《正义论》,何怀宏、何宝钢、廖申白译,中国社会科学出版社1988年版。

[24][美]约翰·罗尔斯:《政治自由主义》,万俊人译,译林出版社2000年版。

[25][美]塞缪尔·亨廷顿:《文明的冲突与世界秩序的重建》,周琪、刘绯、张立平等译,新华出版社2002年版。

[26][美]塞缪尔·P.亨廷顿:《变动社会的政治秩序》,张岱云、聂振雄等译,上海译文出版社1989年版。

[27][美]亨廷顿:《第三波——20世纪后期民主化浪潮》,刘军宁译,生活·读书·新知三联书店1998年版。

[28][美]弗朗西斯·福山:《历史的终结及最后之人》,黄胜强、许铭原译,中国社会科学出版社2003年版。

[29][英]约翰·基恩:《市民社会——旧形象 新观察》,王令愉、魏国琳译,上海远东出版社2003年版。

[30][美]列奥·施特劳斯、[美]约瑟夫·克罗波西:《政治哲学史》上册、下册,李天然等译,河北人民出版社1998年版。

[31][美]赫伯特·西蒙:《现代决策理论的基石——有限理性说》,杨砾、徐立译,北京经济学院出版社1989年版。

[32][英]迈克尔·H.莱斯诺夫:《二十世纪的政治哲学家》,冯克利译,商务印书馆2001年版。

[33][英]戴维·米勒、[英]韦农·波格丹诺、邓正来:《布莱克维尔政治学百科全书》,中国政法大学出版社2002年修订版。

[34][美]罗伯特·A.达尔:《现代政治分析》,王沪宁、陈峰译,上海译文出版社1987年版。

[35][美]詹姆斯·W.汤普逊:《中世纪经济史300—1300年》(下册),耿淡如译,商务印书馆1963年版。

[36][英]杰弗里·托马斯:《政治哲学导论》,顾肃、刘雪梅译,中国人民大学出版社2006年版。

[37][美]吉尔伯特·罗慈曼:《中国的现代化》,国家社会科学基金"比较现代化"课题组译,江苏人民出版社2003年版

[38][英]维尔:《宪政与分权》,苏力译,生活·读书·新知三联书店1997年版。

[39][英]戴维·赫尔德:《民主的模式》,燕继荣、方向勤、白平浩等译,中央编译出版社1998年版。

[40][美]弗朗西斯·福山:《大分裂——人类本性与社会秩序的重建》,刘榜离等译,中国社会科学出版社2002年版。

[41][德]马克斯·韦伯:《儒教与道教》,洪天富译,江苏人民出版社1995年版。

[42][美]卡尔·博格斯:《政治的终结》,陈家刚译,社会科学文献出版社2001年版。

[43][英]弗里德利希·冯·哈耶克:《法律、立法与自由》(第一卷),邓正来等译,中国大百科全书出版社2000年版。

[44][美]罗伯特·D.帕特南:《使民主运转起来》,王列等译,江西人民出版社2001年版。

[45][法]托克维尔:《论美国的民主》(上),董果良译,商务印书局1991年版。

[46][美]丹尼尔·贝尔:《资本主义文化矛盾》,赵一凡等译,生活·读书·新知三联书店1989年版。

[47][德]柯武刚、史漫飞:《制度经济学》,韩朝华译,商务印书馆2000年版。

[48][法]卢梭:《社会契约论》,何兆武译,商务印书馆1980年版。
[49][英]丹宁勋爵:《法律的训诫》,杨百揆等译,法律出版社1999年版。
[50][德]卡尔·拉伦茨:《德国民法通论》,王晓晔等译,法律出版社2003年版。
[51][美]埃德温·哈特里奇:《第四帝国的崛起》,世界知识出版社1982年版。
[52][美]陈锦江:《清代现代企业与官商制度》,中国社会科学出版社1997年版。
[53][法]托克维尔:《旧制度与大革命》,冯棠译,商务印书馆1997年版。
[54][美]马斯洛:《动机与人格》,许金声等译,华夏出版社1987年版。
[55][美]卡斯·R. 桑斯坦:《谣言》,张楠迪扬译,中信出版社2010年版。
[56][美]格林斯坦、波尔斯比:《政治学手册精选》(下册),储复耕译,王沪宁校,商务印书馆1996年版。
[57][荷]简·梵·迪克:《网络社会——新媒体的社会层面》(第二版),蔡静译,清华大学出版社2014年版。
[58][英]约翰·密尔:《论自由》,程崇华译,商务印书馆1959年版。
[59][法]弗兰索瓦斯·勒莫:《黑寡妇——谣言的示意与传播》,唐家龙译,商务印书馆1999年版。
[60][西班牙]曼纽尔·卡斯特:《网络社会的崛起》,夏铸九、王志弘等译,社会科学文献出版社2006年版。
[61][日]青木昌彦:《比较制度分析》,周黎安译,上海远东出版社2001年版。
[62][美]科斯、诺思、威廉姆森等:《制度、契约与组织》,刘刚等译,经济科学出版社2003年版。
[63][美]加里·S.贝克尔:《人类行为的经济分析》,王业宇、陈琪译,上海三联出版社,上海人民出版社1995年版。
[64][美]曼瑟尔·奥尔森:《集体行动的逻辑》,陈郁、郭宇峰、李崇新译,上海三联出版社,上海人民出版社1995年版。
[65][美]约瑟夫·S.奈:《全球化世界的治理》,王勇等译,世界知识出版社2003年版。
[66][美]迈克尔·麦金尼斯:《多中心治道与发展》,王文章、毛寿龙等译,上海三联出版社书店2000年版。
[67][印]阿马蒂亚·森:《以自由看待发展》,任赜等译,中国人民大学出版社2002年版。
[68][澳]欧文·休斯:《公共管理导论》,彭和平等译,中国人民大学出版社2001年版。
[69][美]B.盖伊·彼得斯:《政府未来的治理模式》,吴爱民译,中国人民大学出版社2001年版。
[70]彼得·德鲁克:《非盈利组织管理:成功的启示》,上海译文出版社1999年版。

(三)外文著作

[1] Gordon White, *In Search of Civil Society*: *Market Reform and Social*

Change in Contemporary China, Oxford: Clarendon Press,1996.

[2]John Ehrenberg,*Civil Society: the Critical History of an Idea*,New York: New York University Press,1999.

[3] Adam B. ,*Seligman: The Idea of Civil Society*, New York: The Free Press,1992.

[4]The da Skocpol,*Bring the State Bacl in: Strategies of Analysis in Current Research*, London: Cambridge University Press,1985.

[5]John Keane,*Democrary and Civil Society:on the Predicament of European Socialism,the Prospects for Democracy,and the Problem of Controlling Social and Political Power*, London: Verso,1988.

[6]John Keane, *Global Civil and State: New Europe Perspective*, London: Verso,1988.

[7] John Keane, *Global Civil: Old Images, New Visions*, London: Polity Press,1998.

[8]Rajesh Gill,*State,Market,and Civil Society:Issues and Interface*, Jaipur: Rawat Publications,2005.

[9]Randall D. ,*Germain and Michael Kenny:The Idea of Global Civil Society: Politics and Ethics in a Globalizing Era*, London;New York:Routledge,2005.

[10] Thomas J. Ward,*Development, Social Justice, and Civil Society: an Introduction to the Political Economy of NGOs*, St. Paul, Minnesota: Paragon House,2005.

[11]Dipali Saha, *Civil Society and Modern Politics*,Delhi:Global Vision Publishing. House,2004.

[12]Jude Howell and Jenny Pearce,*Civil Society & Development:a Critical Exploration*,Boulder,Colo:L. Rienner Publisher,2001.

[13]Ann C. Hudock,*NGOs and Civil Society:Democracy by Proxy?* Malden, MA:Polity Press,1999.

[14] Michael G. Schechter, *The Revival of Civil Society: Global and Comparative Perspectives*,New York:St. Martin's Press,1999.

[15] Adam Ferguson,*An Essay on the History of Civil Society*,Cambridge: Cambridge University Press,1995.

[16] Karl Popper,*The Open Society and its Enemies*,Volume II, London: George Routledge,1945.

[17]Philip Pettit,Depoliticizing Democracy,*Associationgs Journal for Legal and Social Philosophy*,Vol. 7. No. 1,2003.

[18]Salamon,Laster M & Anheier, Helmut K. ,*Global Civil Society: Dimensions of the Nonprofit Sector.U. S. A.* The johs Hopkins University Maryland.

[19]Tim Jordan,*Cyberpower:The Culture and Politics of Cyberspace and the*

Internet, London: Routledge, 1999.

[20] Howard Rheingold, *Rethinking virtual communities. In David Bell eds. Cybercultures: Critical Concepts in Media and Cultural Studies*, New York: Rout ledge, 2006.

[21] Tai Zi xue, *The Internet in China: Cyberspace and Civil Society*, New York: Rout ledge, 2006.

[22] Kevin A'Hill, John E. Hughes, *Cyberpolitics: Citizen Activism in the Age of the Internet*, Lanham: Rowman & Littlefield Publishers, Inc., 1998.

[23] Vincent Blasi, Toward Theory of Prior Restraint: The Central Linkage, *Minnesota Law Review*, 1981.

[24] Yung Cheng Shen, Chun Yao Huang, Chia Hsien Chu, and Hui Chun Liao, Virtual Community Loyalty: An Interpersonal-Interaction Perspective, *International Journal of Electronic Commerce*, Vol. 15, No. 1, 2010.

[25] Todd G. Hartman, The Marketplaces vs. The Ideals: The First Amendment Challenges to Internet Commerce, *Harvard Journal of Law and Technology*, 1999.

[26] Kramer, R., *Voluntary Agencies in the Welfare State*, Berkeley and Los Angeles: University of California Press, 1981.

[27] Davies, R., Monitoring and Evaluation NGO Achievements, in R. B Potter and V. Desaid(eds.), *Arnold Companion to Development Studies*, London: Hodder Arnold Publishers, 2002.

[28] Defourny Jacques, *Introduction: From third sector to social enterprise*, in Carlo Borgaza and Jacques Defourny (eds.), *The Emergences of Social Enterprises*, London: Routledge, 2001.

[29] Young, D. R., Entrepreneurship and the Behavior of Non-profit Organizations: Elements of a Theory, in S. Rose-Ackerman (eds.), *The Economics of Nonprofit Institutions: Studies in Structure and Policy*, New York: Oxford University Press, 1986.

[30] Hansmann, H., Economic Theories of Nonprofit Organizations, in W. W. Powell (eds.), *The Nonprofit Sector: A Research Handbook*, New Haven: Yale University Press, 1987.

[31] Anderson, B. B. & Dees, J. G., Developing Viable Earned Income Strategies, in Dees, J. G. J. Emerson & P. Economy (eds.), *Strategic Tools for Social Entrepreneurs: Enhancing the Performance of Your Enterprising Nonprofit*, New York: John Wiley & Sons, Inc, 2002.

[32] Aldrich, H. E., *Organizations and Environments*, Englewood Cliffs, NJ: Prentice-Hall, 1979.

[33] Alexander, V., Environmental Constrains and Organizational Strategies, *Private Action and the Public Good*, New Haven, Conn: Yale University

Press, 1998.

[34] Aramony, W., *The United Way: The Next Hundred Years*, New York: Donald I. Fine, ING. 1986.

[35] Brown, W. G., Nygren, T. I., Turner, S. E., & Duffy, E. A., *The Charitable Non-profits: An Analysis of Institutional Dynamics and Characteristics*, San Francisco: Jossey-Bss, 1994.

[36] Brois, E. T., Creation and Growth: A Survey of Private Foundations, in T. J. Odendahl (ed.), *America's Wealth and the Future of Foundations*, New York: Foundation Center, 1986.

[37] Fogal, R. E., Designing and Managing the Fundraising Program, in Herman, R. D, & Associates (eds.), *The Jossey-Bass Handbook of Non-profit Leadership and Management*, San Francisco, CA.: Jossey-Bass, 2005.

[38] Galaskiewicz and Bielefeld, *Non-profit Organizations in an Age of Uncertainty*, New York: Aldine de Gruyter, 1998.

[39] Gronbjerg, K. A., Non-profit Human Service Organizations: Funding Strategies and patterns of Adaptation, in Y. Hasenfeld (ed.), *Human Services as Complex Organizations*, New Park, CA: Sage, 1992. *Understanding Nonprofit Funding*, San Francisco, CA.: Jossey-Bass, 1993.

[40] Haider, Donald, Do Trust an Efficiency Still Sell? in *Giving Better. Giving Smarter*, edited by John W. Barry and Bruno V. Manno, National Commission on Philanthropy and Civic Renewal, 1997.

[41] Pfeffer, J., and Salancik, G. R., *The External Control of Organizations: A Resource Dependence Perspective*, New York: Happer & Row, 1978.

[42] Salamon, L. M., *America's Nonprofit Sector: A Primer*, 2nd Ed., the Foundation Center, 1999.

[43] Schiff, J. & Weisbrod, B., Competition between For-profit and Non-profit Organization in Commercial Markets, in A. Ben-Ner & B. Gui (eds.), *The Non-profit Sector in a Mixed Economy*, Ann Arbor: University of Michigan Press, 1993.

[44] Scott, W. Richard, *Organizations: Rational, Natural, and Open Systems*, Prentice-Hall, 1997.

[45] Useem, M., Corporate Philanthropy, in W. Powell (ed.), *The Non-Profit Sector: A Research Handbook*, New Haven, CT: Yale University Press, 1987.

[46] Tuckman, H. P., Competition, Commercialization, and the Evolution of Non-profit Organizational Structures, in B. A. Weisbrod (ed.), *To Profit or not to Profit: The Commercial Transformation of the Non-profit sector*, New York: Cambridge University Press, 1998.

[47]Ussem, M., and Kunter, S., Corporate Contribution to Culture and the Arts, in P. DiMaggio (ed.), *Non-profit Enterprise in the Arts*, New York: Oxford University Press, 1986.

[48]Lester M. Salamon, *The Emerging Sector. U.S.A*, San Francisco: The Johns Hopkins University Press,1944.

[49]Young D. R., Hollister R. M. & Hodgkinson V. A., *Governing, Leading and Managing Nonprofit Organizations*, San Francisco: Jossey-Bass Publishers, 1993.

[50]Hall P. D. A., *Historical overview of the private nonprofit sector*, In Walter W. Powell, ed. *The nonprofit sector: a research handbook*, Yale: Yale University Press, 1987.

[51] Houle C. O., *Governing Boards: Their Nature and Nature*, San Francisco: Jossey-Bass Publishers, 1997.

[52] Hummel J., *Stating and Running a Nonprofit Organization*, Minnerapolis:University of Minnesota Press,1980.

二、论文

(一)中文论文

[1]俞可平:《马克思的市民社会理论及其历史地位》,载《中国社会科学》1993年第3期。

[2]俞可平:《政府:不应当做什么,应当做什么——自由主义与社群主义的最新争论》,载《政治学研究》1998年第1期。

[3]俞可平:《中国公民社会:概念、分类与制度环境》,载《中国社会科学》2006年第1期。

[4]俞可平:《中国公民社会的兴起及其对政治生活的影响》,载《学习时报》2002年8月26日。

[5]邓正来、景跃进:《建构中国的市民社会》,载《中国社会科学季刊》(香港)1992年第11期。

[6]邓正来:《中国发展研究的检视——兼论中国市民社会研究》,载《中国社会科学季刊》(香港)1994年第8期。

[7]邓正来:《关于"国家与市民社会"框架的反思与批判》,载《吉林大学社会科学学报》2006年第3期。

[8]何增科:《市民社会概念的历史演变》,载《中国社会科学》1994年第5期。

[9]何增科:《公民社会与第三部门研究引论》,载《马克思主义与现实》2000年第1期。

[10]郁建兴、周俊:《中国公民社会研究的新进展》,载《马克思主义与现实》2006年第3期。

[11]郁建兴:《社会主义市民社会的当代可能性》,载《文哲史》2003年第1期。

[12]郁建兴、吕明再:《治理:国家与市民社会关系理论的再出发》,载《求是学刊》2003年第4期。

[13]陈晏清、王新生:《马克思的市民社会理论及其意义》,载《天津社会科学》2001年第4期。

[14]陈晏清、李淑梅:《个人和社会的关系问题是社会观念的核心问题》,载《天津大学学报(社会科学版)》1999年第1期。

[15]马俊锋、袁祖社:《中国"公民社会"的生成与民众"公共精神"品质的培养与化育》,载《人文杂志》2006年第1期。

[16]袁祖社:《社会发展的自主逻辑与个体主体的自由人格——中国特色"市民社会"问题的哲学研究》,载《哲学动态》2001年第9期。

[17]袁祖社:《社会生活契约化与中国特色公民社会整合机制创新》,载《天津社会科学》2002年第6期。

[18]袁祖社:《中国特色"市民社会"的发育及其文化价值探索》,载《北京师范大学学报(社会科学版)》1999年第1期。

[19]李培林:《中国社会结构转型对资源配置方式的影响》,载《中国社会科学》1995年第3期。

[20]蔡拓:《市场经济与市民社会》,载《天津社会科学》1997年第3期。

[21]苏力:《从契约理论到社会契约理论——一种国家学说的知识考古学》,载《中国社会科学》1996年第3版。

[22]王兆良:《马克思的"市民社会"思想新思考》,载《哲学动态》1998年第7期。

[23]周国文:《"公民社会"概念溯源及研究述评》,载《哲学动态》2006年第3期。

[24]韩立新:《〈德意志意识形态〉中的市民社会概念(上)》,载《马克思主义与现实》2006年第4期。

[25]孙晓莉:《中国现代化进程中的国家与社会走向》,载《教学与研究》2000年第8期。

[26][美]阿里夫·德利克:《当代中国的市民社会与公共领域》,载《中国社会科学季刊》(香港)1993年第8期。

[27]方朝晖:《市民社会与资本主义国家的合法性——哈贝马斯的合法性学说》,载《中国社会科学季刊》(香港)1993年第8期。

[28]萧功秦:《市民社会与中国现代化的三重障碍》,载《中国社会科学季刊》(香港)1993年第11期。

[29]景跃进:《"市民社会与中国现代化"学术讨论会议概要》,载《中国社会科学季刊》(香港)1993年第11期。

[30]施雪华:《现代化与中国市民社会》,载《中国社会科学季刊》(香港)1994年第5期。

[31][美]约翰·格林:《经济、国家与市民社会》,载《中国社会科学季刊》(香港)1994年第8期。

[32]时宪民:《中国社会转型的结构分化与双二元结构》,载《中国社会科学季刊》

(香港)1993年第11期。

[33]李路路、李汉林、王奋宇:《中国的单位现象与体制改革》,载《中国社会科学季刊》(香港)1994年第2期。

[34]孙炳耀:《中国社会团体官民二重性问题》,载《中国社会科学季刊》(香港)1994年第2期。

[35]王颖:《中国的社会中间层:社团发展与组织体系重构》,载《中国社会科学季刊》(香港)1994年第2期。

[36]俞吾金:《关于人性问题的新探索——儒家人性理论与基督教任人性理论的比较研究》,载《复旦学报》1999年第1期。

[37][加拿大]查尔斯·泰勒:《公民与国家之间的距离》,载《二十一世纪》1997年第4期。

[38]孙立平、王汉生、王思斌:《改革以来中国社会结构的变迁》,载《中国社会科学》1994年第2期。

[39]陈红桂:《哈贝马斯市民社会理论评析》,载《教学与研究》2004年第8期。

[40]王宏维:《经济转型与社会价值规范调试》,载《中国社会科学》1994年第3期。

[41]包心鉴:《国家与社会:市场经济条件下的政府职能定位》,载《政治与法律》1998年第4期。

[42]夏文斌:《契约与公平——兼与李凤圣先生商榷》,载《哲学研究》1996年第5期。

[43]张康之:《限制政府规模的理念》,载《人文杂志》2001年第3期。

[44]邱本、董进宇、郑成良:《从身份到契约》,载《社会科学战线》1997年第5期。

[45]马新福:《社会主义法治必须弘扬契约精神》,载《中国法学》1995年第1期。

[46]唐士其:《"市民社会"、现代国家以及中国的国家与社会的关系》,载《北京大学学报(哲学社会科学版)》1996年第6期。

[47]陈创生:《市民社会与和谐社会构建》,载《岭南学刊》2005年第6期。

[48]郭道晖:《公民权与公民社会》,载《法学研究》2006年第1期

[49]张文显、于宁:《当代中国法哲学研究范式的转换——从阶级斗争范式到权力本位范式》,载《中国法学》2001年第1期。

[50]李柏光:《市民社会:结构——功能分析》,载《黑龙江社会科学》1996年第1期。

[51]童之伟:《权利本位说再评议》,载《中国法学》2000年第6期。

[52]吴志成:《中国公民社会:现在与未来——与德国著名中国问题专家托马斯·海贝勒教授学术对谈》,载《马克思主义与现实》2006年第3期。

[53]党秀云:《论公民社会在公共治理中的正当角色》,载《教学与研究》2006年第9期。

[54]吴家清:《国家与社会:法制社会的价值选择》,载《法律科学》1999年第2期。

[55]马长山:《全球社团革命与当代法治秩序变革》,载《法学研究》2003年第

4期。

[56]徐显明:《人权主体之争引出的几个问题》,载《中国法学》1992年第5期。

[57]路风:《中国单位体制的起源和形成》,载《中国社会科学季刊》(香港)1993年第5期。

[58]史探径:《我国需要制定一部新工会法》,载《中国法学》1987年第2期。

[59]史探径:《中国劳动争议情况分析和罢工立法问题探讨》,载《法学研究》1999年第6期。

[60]史探径:《论工会法》,载《法学研究》1993年第1期。

[61][德]狄德满:《义和团民与天主教徒在华北的武装冲突》,载《历史研究》2002年第5期。

[62]葛云松:《论社会团体的成立》,载《北大法律评论》(1999)第2卷第2辑。

[63]信春鹰、张烨:《全球化结社革命与社团立法》,载《法学研究》1998年第3期。

[64]刘培峰:《国际范围内社团立法的成就与问题》,载《环球法律评论》2003年夏季号。

[65]余永龙、廖明:《关于"网络社团"的探讨及建议》,载《社团管理研究》2007年第3期。

[66]龙太江、周光俊:《网络政治社团兴起对中国政治发展的影响及对策》,载《湖南师范大学社会科学学报》2013年第6期。

[67]康晓光:《转型时期的中国社团》(论文节选),载《中国青年科技》1999年10月第64期。

[68]谢海淀:《中国民间组织的合法性困境》,载《法学研究》2004年第2期。

[69]张晓玉:《行业协会的自治与转型》,载《瞭望新闻周刊》2005年第41期。

[70]熊光清:《中国网络社团兴起的影响——国家与社会关系的视角》,载《南京社会科学》2009年第11期。

[71]马庆钰:《中国社会组织的发展方向与未来趋势》,载《国家行政学院学报》2015年第4期。

[72]刘晗:《隐私权、言论自由与中国网民文化:人肉搜索的规制困境》,载《中外法学》2011年第23卷第4期。

[73]陈福平:《市场社会中社会参与的路径问题》,载《社会》2012年第2期。

[74]李大勇:《谣言、言论自由与法律规制》,载《法学》2014年第1期。

[75]王存奎:《网络组党结社与国家政治安全》,载《江南社会学院学报》2008年3月第10卷第1期。

[76]姚丽霞:《公民结社权在虚拟环境中的运用》,载《法学》2010年第1期。

[77]张梧:《"人肉搜索"的罪与罚》,载《互联网法律通讯》第4卷第1期。

[78]梁晨:《"人肉搜索"的社会机制与商业模式》,载《互联网法律通讯》第4卷第1期。

[79]胡凌:《网站治理:制度与模式》,载《北大法律评论》2009年第10卷第2辑。

[80]韦柳融、王融:《中国的互联网管理体制分析》,载《中国新通信》2007年第

18期。

[81]谢永江:《论我国互联网治理体制的完善》,载《江西社会科学》2011年第1期。

[82]韩宁:《微博实名制之合法性探究——以言论自由为视角》,载《法学》2012年第4期。

[83]成健民、丘海雄:《社团、社会资本与政经发展》,载《社会学研究》1999年第4期。

[84]陈林、徐伟宣:《从"非国有化"到"非营利化":NPO的法人治理问题》,载《中国研究》2002年第8期。

[85]高丙中:《社会团体的兴起及其合法性问题》,载《中国社会科学》2000年第2期。

[86]龚常、高义强:《当代中国社团发展的问题与路径探讨》,载《华中师范大学学报》2003年第7期。

[87]胡腾:《全球视野中的中国城市发展状况》,载《中国城市》2002年第4期。

[88]贾西津:《中国公民社会发育的三条路径》,载《中国行政管理》2003年第3期。

[89]梁治平:《"民间"、"民间社会"和Civil Society——Civil Society概念再检讨》,载《当代中国研究》2001年第1期。

[90]娄胜华:《转型时期澳门社团研究:多元社会中法团主义体制解》,南京大学。

[91]卢本立、汤建军:《城市化进程中的社团组织发展》,载《学会》2003年第8期。

[92]孙炳耀:《中国社团官民二重性问题》,载《中国社会科学季刊》(香港)1994年第1期。

[93]孙立平:《改革前后中国大陆国家、民间统治精英及民众间互动关系的演变》,载《中国社会科学季刊》(香港)1994年第1期。

[94]孙治本:《全球地方化、民族认同与文明冲突》,载《思与言》2000年第3期。

[95]赵黎清:《伯南特、市民社会与非政府组织》,载《国外社会科学》1999年第1期。

[96]朱英:《20世纪中国民间团体发展演变的历史轨迹》,载《华中理工大学学报》1999年第10期。

[97]谈志林:《欧盟立宪进程中的地方自治与中国地方制度的演进》,载《浙江社会科学》2004年第4期。

[98]谢蕾:《西方非盈利组织理论研究的新进展》,载《国家行政学院学报》2002年第1卷。

[99]陆道生、王慧敏、毕吕贵:《非营利组织企业化运作的理论与实践》,上海人民出版社2004年版。

[100]钱颜芳、姚芳、孙林岩:《非营利组织治理及其治理结构研究:一个对比的视角》,载《科研管理》2006年第3卷。

[101]叶常林:《非营利组织失灵:组织边界之模糊与清晰》,载《中国行政管理》

2006年第11卷。

[102]王世靓:《论志愿失灵及其治理之道》,载《山东省行政学院山东省经济管理干部学院学报》2005年第4卷。

[103]陈晓春、赵晋湘:《非营利组织失灵与治理之探讨》,载《财经理论与实践》2003年第3卷。

[104]詹少青、胡介埙:《西方政府——非盈利组织关系理论综述》,载《外国经济与管理》2005年第9卷。

[105]曹现强、侯春飞:《中国非营利组织成长机制分析——自主自治的视角》,载《中国行政管理》2004年第4卷。

[106]周美芳:《论非营利组织治理理论与我国非营利组织治理的方向》,载《经济纵横》2005年第8卷。

[107]李炳秀、陈晓春:《内部人控制与非营利组织治理结构探讨》,载《云梦书刊》2005年第3卷。

[108]刘宏鹏:《非营利组织理事会角色与责任研究——基于中美比较分析的视角》,载《南开管理评论》2006年第9卷。

[109]曾维和:《非营利组织治理中的综合监督机制探讨》,载《兰州学刊》2004年第3卷。

[110]李晓庆:《我国非营利组织监督机制构建初探》,载《桂海论丛》2005年第8卷。

[111]王妮丽:《非营利性法人治理对公司治理的借鉴与创新》,载《行政与法》2006年第12卷。

[112]常庆欣:《治理、组织能力与非盈利组织》,载《中国行政管理》2006年第11卷。

[113]仲伟周、曹永利:《我国非营利组织发展存在的问题极其治理》,载《西安交通大学学报(社会科学版)》2004年第6卷。

[114]张晓玉:《行业协会的自治与转型》,载《瞭望新闻周刊》2005年第41卷。

(二)外文论文

[1]Robert H. Roller, Strategy Formulation in Nonprofit Social Services Organizations: A Proposed Framework, *Nonprofit Management & Leadership*, Winter 1996, 7(2).

[2]Melissa Middleton Stone and Candida Greer Brush, Planning in Ambiguous Contexts: The Dilemma of Meeting Needs For Commitment and Demands For Legitimacy, *Strategic Management Journal*, 1996, 7.

[3]Barbara Bigelow, Melissa Middleton Stone, Margarete Amdt, Corporate Political Strategy: A Framework for Understanding Nonprofit Strategy, *Nonprofit Management & Leadership*, 1996, 7(1).

[4]Matthew M. Hodge, Ronald F. Piccolo, Funding Source, Board

Involvement Techniques, and Financial Vulnerability in Nonprofit Organizations: A Test of Resource Dependence, *Nonprofit Management & Leadership*, 2005, 16(2).

[5] Mary K. Foster, Agnes G. Meinhard, Diversifying Revenue Sources in Canada Are Women's Voluntary Organizations Different? *Nonprofit Management & Leadership*, 2005, 16(1).

[6] Zeynep Alemdar, *Civil Society and Intergovernmental Organizations: Turkish Domestic Organizations Exercising Influence via the European Union*, A dissertation submitted in partial fulfillment of the requirements for the degree of Doctor of Philosophy in the College of Arts and Science at the University of Kentucky, 2005.

[7] Harris. M., Voluntary Leaders in Voluntary Welfare Agencies, *Social Policy and Administration*, 1990, 24(1): pp. 156-167.

[8] Barbara Bigelow, Melissa Middleton Stone, Margarete Amdt, Corporate Political Strategy: A framework for Understanding Nonprofit Strategy, *Nonprofit Management & Leadership*, 1996, 7(1).

[9] Deborah Balser, John McClusky, Managing Stakeholder Relationships and Nonprofit Organization Effectiveness, *Nonprofit Management & Leadership*, 2005, 15(3).

[10] William A. Brown, Exploring the Association Between Board and Organizational Performance in Nonprofit Organizations, *Nonprofit Management & Leadership*, 2005, 15(3).

[11] Mel Gill, Robert J. Flynn, Elke Reissing, The governance Self-Assessment Checklist An Instrument for Assessing Board Effectiveness, *Nonprofit Management & Leadership*, 2005, 15(3).

[12] Barbara Bigelow, Melissa Middleton Stone, Margarete Amdt, Corporate Political Strategy: A Framework for Understanding Nonprofit Strategy, *Nonprofit Management & Leadership*, 1996, 7(1).

[13] Peter Frumkin, and Joseph Galaskiewicz, Institutional Isomorphism and Public Sector Organizations, *Journal of Public Administration Research and Theory*, 2004, 14(3).

[14] Guobin Yang, The Internet and Civil Society in China: a preliminary assessment, *Journal of Contemporary China*, 2003, 12(36).

[15] Oliver, C., Strategic Responses to Institutional Processes, *Academy of Management Review*, 1991, 16.

[16] Unerman, J., Theorising Accountability for NGO Advocacy, *Accounting, Auditing & Accountability Journal*, 2006, 19(3): p. 356.

[17] Lewis, D. and Madon, S., Information Systems and Non-governmental Development Organizations: Advocacy, Organizational Learning, and

Accountability,*The Information Society*, 2004,20.

[18]Bluemel, E. B. ,Overcoming NGO Accountability Concerns inInternational Governance, *Brooklyn Journal of International Law*, Winter 2005, 31.

[19]Unerman, J. , Theorising Accountability for NGO Advocacy, *Accounting, Auditing & Accountability Journal*, 2006, 19(3).

[20]Slim, H. , By What Authority? The Legitimacy and Accountability of Non-governmental Organizations, *Journal of Humanitarian Assistance*,2002.

[21]Ebrahim, A. , Accountability in practice: mechanisms for NGO,*World Development*, 2003,31(5).

[22]Spiro, P. J. , Accounting for NGOs,*Chicago Journal of International Law*, 2002, 3.

[23]Dixon, R. , Ritchie, J. , and Siwale, J. , Microfinance: Accountability from the Grassroots, *Accounting, Auditing & Accountability Journal*, 2006, 19(3).

[24]Waddock, S. and J. E. Post. , Social Entrepreneurs and Catalytic Change, *Public Administration Review*, 1991, 51(5).

[25]Mort, G. S. , J. Weerawardena & K. carnegie. , Social Entrepreneurship: Towards Conceptualization, *International Journal of Nonprofit and Voluntary Sector Marketing*, 2003, 8(1).

[26]Wallace, S. L. , Social Entrepreneurship: The Role of Social Purpose Enterprises in Facilitating Community Economic Development, *Journal of Development Entrepreneurship*, 1999, 7(2).

[27]Alvord, S. H. , Brown, L. and C. Letts. , Social Entrepreneurship and Societal Transformation,*Journal of Applied Behavioral Science*, 2004, 40(3).

[28] Porter, M. E. and M. R. Kramer. , The Competitive Advantage of Corporate Philanthropy,*Harvard Business Review*, 2002, 80(12).

[29]Prahalad, C. K. , Strategies for the Bottom of the Economic Pyramid: India as a Source of Innovation,*Reflections: The SOL Journal*, 2002, 14(4).

[30] Christensen, C. M. and M. Overdorf. , Meeting the Challenge of Disruptive Change,*Harvard Business Review*, 2000, 78(2).

[31]Marx, Jerry D. ,Corporate philanthropy: What is the strategy? *Nonprofit and Voluntary Sector Quarterly*, 1999, 28(2).

[32]Barman, E. A. , Asserting Difference: The Strategic Response of Nonprofit Organizations to competition,*Social Force*, 2002,80(4).

[33]Brody, E. , Agent without Principals: The Economic Convergence of the Non-profit and For-profit Organization Forms, *New York Law School Review*, 1996, 40(3).

[34]Cho, Sungsook & Gillespie, D. F. , A Conceptual Model Exploring the Dy-

namics of Government-Non-profit Service Delivery, *Non-profit and Voluntary Sector Quarterly*, 2006, 35.

[35] DiMaggio, P. J. and H. K. Anheier., The Sociology of Nonprofit Organizations and Sectors, *Annual Review of Sociology*, 1990, 16.

[36] Hannan, M. T., and Freeman, J., The Population Ecology of Organizations, 1977, AJS, Vol. 82. The Ecology of Organizational Morality: American Labor Unions, 1830—1985, *American Journal of Sociology*, 1988, 94.

[37] Konopaske, W. T., and Gemeinhardt G., The Effects of United Way Membership on Employee Pay in Non-profit Organizations, *Non-profit and Management Leadership*, 2002, 11(1).

[38] Kuan, Y. Y., Chiou, Y. C., and Lu, W. P., The profile of Foundation in Taiwan Based on the 2001 Survey Data, *Taiwanese Journal of Social Welfare*, 2005, 4(1).

[39] Marx, J. D., Corporate Philanthropy and United Way: Challenges for the Year 2000, *Nonprofit and Management Leadership*, 1997, 8(1).

[40] Nelson, S., Catholic Elementary Schools in Chicago's Black Inner City: Four Models of Adaptation to Environmental Change, *Non-profit and Voluntary Sector Quarterly*, 1994, 23(3).

[41] Olcott, W., United Way Growth Stagnant, *Fund Raising Management*, 1994, 25(4).

[42] Plambeck, D. L., The Implication of Board Member Composition for Fund-Raising Success, *Journal of Voluntary Action Research*, 1985, 14(4).

[43] Salamon, L. M., The Voluntary Sector and the Future of the Welfare State, *Non-profit and Voluntary Sector Quarterly*, 1989, 18(1).

[44] Sargeant, A., Wymer and W., and Hilton, T., Marketing Bequest Club Membership: An Exploratory Study of Legacy Pledgers, *Non-profit and Voluntary Sector Quarterly*, 2006, 35(3).

[45] Tolbert, Pamela and Lynne Zucker., Institutional Sources Role of Non-profit Organization: Structure of Organizations: The Diffusion of Civil Service Reform, 1880~1935, *Administrative Science Quarterly*, 1983, 28.

[46] Twombly, Eric. C., What Factors Affect the Entry and Exit of Non-profit Human Service Organization in Metropolitan Areas, *Non-profit and Voluntary Sector Quarterly*, 2006, 32(2).

[47] Weisbrod, B. A., The Non-profit Mission and Its Financing, *Journal of Policy Analysis and Management*, 1998, 17.

[48] Najam, A., NGO accountability: a Conceptual Work, *Development Policy Review*, 1996, 14.

[49] Jessop B., The Rise of Governance and the Risks of Failure: The case of

Economic Development, *International Social Journal*, 1998, 155.

[50] Oliver Hart, Corporation Governance: Some Theory and Implications, *The Economic Journal*. 1995, 105(430).

[51] Robert Blood, Should NGOs be Viewed as "Political corporations"? *Journal of Communication Management*, 2004, 9(2).

[52] Steane Peter D., Nonprofit Board in Australia: A Distinctive Governance Approach, *Corporate Governance*, 2001, 9(1).

[53] Ballou J. P., Weisbrod B., Managerial Rewards and the Behavior of For-Profit, Governmental, and Nonprofit Organizations: Evidence from the Hospital Industry, *Journal of Public Economics*. 2003, 87(9).

[54] Holtmann A. C., Idson T. L., Wage Determination of Registered Nurses in Proprietary and Nonprofit Nursing Homes, *Journal of Human Resource*. 1993, 28(1).

[55] George Baker, Distortion and Risk in Optimal Incentive Contracts, *The Journal of Human Resources*, 2003, 37(4).

[56] Charles A. Barragato, Linking For-Profit and Nonprofit Executive Compensation: Salary Composition and Incentive Structures in the U. S. Hospital Industry, *International Journal of Voluntary and Nonprofit Organizations*, 2002, 13(3).

[57] Kolzow D. R. Smooth, Sailing With Your Board of Directors, *Economic Development Review*, 1995, 13(3).

[58] Price J. L., The Impact of Governing Boards on Organizational Effectiveness and Morale, *Administatives Science Quarterly*, 1963. 8(3).

[59] Pfeffer J. Size, Compisition and Function of Hospital Boards of Directors: a Study of Organization -Environment Linkage, *Administratives Science Quarterly*, 1973, 18(3).

[60] Carver J., Redefining the Board's Role in Fiscal Planning, *Nonprofit Management and Leadership*, 1991, 2(2).

[61] Furubotn E. & Pejovich S., Property Rights and Economic Theory: A Survey of Recent Literature, *Journal of Economic Literature*, 1972, 10(1).

[62] Drew Fudenberg & Jean Tirole, Understanding Rent Dissipation: On the Use of Game Theory in Industry Organization, *The American Economic Review*, 1987, 77(2).

[63] B. Holmstrom, Moral Hazard in Teams, *Bell Journal of Economics*, 1982, 13(4).

[64] A. Rubinstein & M. Yeari, Repeated Insurance Contracts And Moral Hazard, *Journal of Economic Theory*, 1983, 30(1).

[65] Kreps D. & Wison, Reputation and Imperfect Information, *The Journal*

of Economic Theory,1982,27(2).

[66] Eugene F. Fama,Agency Problems and the Theory of the Firm,*The Journal of Political Economy*,1980,88(2).

[67] Robert S. Kravchuk & Ronald W. Schack,Designing Effective Performance-Measurement Systems under the Government Performance and Results Act of 1993,*Public Administration Review*,1996,56(4).

[68]Young D. R.,The First Seven Years of NML: Central Issues in the management of Nonprofit Organizations,*Nonprofit Management and Leadership*,1997,8(2).

附 录

20世纪早期中国有关社团的法律

钦定宪法大纲(节录)
(光绪三十四年八月初一日颁发)

臣民于法律范围以内,所有言论、著作、出版及集会、结社等,均准其自由。
(《中外宪法选编》,人民出版社,1982年,第62页)

中华民国宪法(节录)
(中华民国十二年十月十日公布)

第十条 中华民国人民有集会、结社之自由非依法律,不受限制。
(《中外宪法选编》,人民出版社,1982年,第91页)

修正民众团体组织方案
(1932年10月)

本党对于民众运动,历有决议,确定其组织行动之纲领,惟因情势变迁,迭有修正第三次全国代表大会于原则上更确定改善民众生活,提高民众知识,增进生产力与生产额等数项,为本党领导民众运动之标的。至第四次全国大会以后,因适应客观事实之需要,对于之后之民众运动除应遵照过去确定之原则外,必须注意提高民众之民族意识,树立国家之民治基础,及努力生产发展国民经济等事。盖提高民族意识为御侮自卫最重要之办法,树立民治基础为完成训政最重要之工作,而发展国民经济更为生产落后困苦已深之中国目前应有之努力。由是今后之民众运动,必须遵照下列各点:

1. 民众运动必须以人民再社会生存上及民众之存亡需要为出发点而造成有组织之民众,以增进民族之自卫能力。

2.民众团体以由民众自动组织为原则,省市以下得有纵的组织,惟必须先行组织基本团体,方得逐级组织上级团体。所有团体,均采民主集权制,以树立民治基础。

3.凡从事生产部门之民众,应扶植其组织,在不违反共同利益之下,使获得其本身利益,必须注意其智识技能之发进。新生产方法之灌输,以促进生产力与生产额,而达到增展国民经济之目的。

4.男女青年为民族自觉运动之重要分子,团结各种民众之连锁,应一面竭力作成学校以内之自治生活,一面对于校外之正当运动示以正轨,并加紧体育训练。提倡学艺之集会、结社与出版,奖励实用科学的研究与发明。

5.吾国现在妇女在法律经济政治教育上已有与男子平等之规定,但妇女本身智识尚欠充实,且各种特殊问题须待其自谋解决,应适应其本身之需要,使其有健全之组织。

爰本此旨,特制定民众团体组织方案如下:

第一节 民众团体之分类

本案所称之民众团体,为农会、渔会、工会、工商同业会、学生会、妇女会、文化团体、宗教团体、公益团体、自由职业团体及其他经中央核准之民众团体。

第二节 党部及政府对民众团体之关系

本党对于依标的组织之民众团体,应尽力扶植并加以指导,对于非法团体或有违反三民主义之团体。应严加纠正,并由政府分别制裁之。

第三节 民众团体组织程序

民众团体之组织,除法令另有规定外,依左列程序为之。

一、凡欲组织团体者,须由具有各该团体法规所定之资格者,依照法定之发起人数,连署推荐代表,具备理由书,先向当地高级党部申请许可。

二、接受申请之党部,即派员前往视察,认为合法时,应即核发许可证,并派员指导。如认为不合当据法驳斥。

指导员之任用及其工作方法中央另定之。

三、许可证内载明将来组织之团体必须遵守下列事项:

甲,不得有违反二民主义之言论及行为

乙,接受中国国民党之指导

丙,遵守国家法律服从政府命令

丁,团体会员以法律所许可之人为限。

戊,有反革命行为被告发有据,或受剥夺公权之处分,不准为会员。

己除例会外,各项会议须得当地高级党部及官署主管级之许可方可召集。庚违反上列规定者,应受法律所规定之处分。

四、发起人领得许可证后,得组织筹备会推定筹备员,并呈报主管官署备案。

五、筹备会应照民法第47条及其他法令之所定拟定章程草案,呈请当地高级党部核准并呈报政府后,始得进行组织。

六、前项章程草案,应依民法第48条及其他法令所定事项详细记载。

七、团体组织完成,其章程经当地高级党部复核后,呈请政府备案。

八、凡民众团体应在党部指导政府监督下组织,除有特别法令规定,应从特别法令之规定外,一切以公益为目的之社团财团,并须依民法呈请主管官署备案其一切组织方法章程内容,均须具备民法所规定之件。

九、关于民众团体之组织,党部与政府意见不同时,应呈由上级党部核,最后决定权,属于中央民众运动指导委员会。

十、本方案实行前已有组织之民宗团体,其组织内容与本方案不合,当地各级党部应令其改组成或由政府解散。

第四节 附则

本方案由中国国民党中央执行委员会议决施行。

(《左翼文艺运动史料》,南京大学学报编辑部1980年,第299～302页)

陕甘宁边区民众团体组织纲要
(民国三十一年四月三日公布)

第一条
本纲要根据边区施政纲领第六条之规定制定之。

第二条
凡边区民众在不违反抗战建国最高原则之下,均有集会结社之完全自由。

第三条
凡边区民众在自愿原则下,得依不同职业、地区、信仰、性别、年龄、组织团体。

第四条
凡民众团体之经费,以自筹为原则,其不足者,政府认为有必要时,得酌量予以补助。

第五条
凡民众团体须向政府申请登记,其登记办法另定之。

第六条
民众团体得协助政府进行各种公益事宜,并受当地政府之指导。

第七条
本纲要自公布之日施行。

(《陕甘宁革命根据地史料选编》第一辑,甘肃人民出版社,1981年,第165页)

陕甘宁边区民众团体登记办法

(民国三十一年四月三日公布)

第一条

本办法依据边区民众团体组织纲要制定之。

第二条

边区内一切民众团体,需皆呈报当地政府转呈民政厅申请登记,由厅审核后发给登记证,其在延安市者,直向民政厅申请登记。

第三条

凡人民团体,属于文化艺术者,其成员至少须有五人以上,属于社会活动者,至少须有20人以上,方得申请登记。

第四条

民众团体之申请登记,应照下列规定办理:

(1)呈送本团体组织章程两份,如有各种成文规约者,一并呈送两份;

(2)呈送本团体之主要负责人姓名、年龄、籍贯、履历;

(3)呈报本团体之会员或社员人数;

(4)呈报本团体之分布地区及活动范围;

(5)呈报本团体之经费来源及开支情况;

(6)呈报本团体之会址或通讯地址。

第五条

民众团体登记表由民政厅统一制发之。

第六条

本办法自边区政府公布之日施行。

(《陕甘宁革命根据地史料选编》第一辑,甘肃出版社,1981年,第166页)

陕甘宁边区人民团体登记办法

(1949年10月31日公布)

第一条

为保障人民集会结社自由,取缔反革命分子的集会结社自由,特制定本办法。

第二条

凡已成立或拟成立各种人民团体,均需依照本办法申请登记,经审查合格,发给登记证后,方为合法存在之人民团体;并享受法律之保障。

第三条

各种人民团体之登记机关规定如下：

（一）属于全区性之人民团体，向边区政府民政厅申请登记。

（二）属于省（市）性之人民团体，向省（市）人民政府民政厅（处局）申请登记。

（三）属于县（市）及县（市）以下性质之人民团体，向县（市）人民政府申请登记。

第四条

凡已成立之人民团体申请登记时，需填写申请书，并呈附其组织章程及会员名单，申请书主要内容包括下列各项。

（一）团体民称、宗旨、地址、事业概况及历史。

（二）只要负责人姓名、所住、过去和现在的职业，政治主张，政治经历及其与各党派团体之关系。

（三）各级负责人姓名、简历及会员人数。

（四）经济来源与经济状况。

第五条

拟成立之人民团体，须于筹备期间，填写申请，经审查合格发给登记证后，始得正式成立。申请书内须填写所筹备团体之名称、宗旨、经济来源及主要发起人的姓名、住址、过去和现在的职业、政治主张、政治经历及其各党派团体之关系；成立后，须填写前条规定之申请书，并呈报其组织章程及会员名单。以上四、五两条所指申请登记之人民团体，凡有总团作者，其分团体申请登记时，应书明其与总团体之关系，并呈验其总团体已经人民政府合法登记之证明文件。

第六条

本办法四、五两条所规定之申请书内容须详细填写。在领到登记证后，如有重要变动，亦须随时呈报主管登记机关备查；如有隐瞒虚报或不报者，一经察觉，得撤销其情节轻重，依法予以查办。

第七条

凡取得登记政之人民团体，均须遵守人民政府法令，受所属人民政府之指导，并不得有违反人民民主事业之活动，违着撤销其登记证并依法予以惩处。

第八条

在敌伪统治时期已成立之社会团体未向人民政府办理合法登记，经批准发给登记证前，一律停止活动，已经人民政府发给登记证后，就伪政府发给之一切证件及登记一律作废。

第九条

人民政府发给之登记证不得出让或转借，若某团体自行解散时，需向主管登记机关注销。

第十条

本办法自公布之日起施行，解释权属于陕甘宁边区政府。

（《陕甘宁革命根据地史料选辑》，第三辑，甘肃人民出版社，1983年，第491～493页）

中华人民共和国成立之后的有关结社的法律、法规

社会团体登记暂行方法

(1950年9月29日政务院第52次政务会议通过，
1950年10月19日公布)

第一条

本办法根据中国人民政治协商会议共同纲领第五条及第七条的规定制定之。

第二条

凡社会团体均应依照本办法的规定向人民政府申请登记，但下列各团体不在本方法规定登记范围之内：

(1) 参加中国人民政治协商会议的各民主党派和人民团体；

(2) 中央人民政府另有法令规定的团体；

(3) 机关、学校、团体、部队内部经其负责人许可组织的团体。

第三条

社会团体包括下列各项范围：

(1) 人民群众团体；

(2) 社会公益团体；

(3) 文艺工作团体；

(4) 学术研究团体；

(5) 宗教团体；

(6) 其他合于人民政府法律组成的团体。

第四条

凡危害国家和人民利益的反对团体，应禁止成立；其已登记而发现有反动行为者，应撤销其登记并解散之。

第五条

社会团体在筹备设立时，应由发起人申请筹备登记。

第六条

社会团体之申请筹备登记，由主管机关审查批准，但不发给登记证。

业经批准筹备登记，但未批准成立，并发给登记证的社会团体，只能以该团体的筹备机构的名义进行活动。

第七条

社会团体于筹备设立完成时,应即由负责人申请成立登记。

第八条

在本办法公布前正在筹备设立的社会团体,应即补行申请筹备登记;其已成立者,应即补行申请成立登记。

第九条

全国性的社会团体,应向中央人民政府内务部申请登记。

业经批准登记的全国性的社会团体,应向其活动地区的人民政府备案。

第十条

地方性的社会团体,应向当地人民政府申请登记;由省(市)或大行政区人民政府批准,同时转呈直接上级政府备案。

但县辖范围内,社会团体的批准权属于专署,专署批准后,应即转呈省人民政府备案。

业经批准登记的地方性社会团体,应向其活动地区的人民政府备案。

凡在地方登记的社会团体,每年定期由省(市)或大行政区人民政府汇报内务部存查。

第十一条

全国性的社会团体,除其总部登记外,如在各地方分设团体时,其分设团体应依本办法第九条的规定办理登记。

地方性的社会团体,除其总部登记外,其分设团体应依本办法第十条的规定办理登记。

第十二条

全国性的社会团体之申请成立登记,由中央人民政府内务部审查批准并发给登记证。

地方性的社会团体之申请成立登记,由省(市)或大行政区人民政府审查批准并发给登记证,但县辖范围内的社会团体,由专署批准后呈请省人民政府发给登记证。

第十三条

申请成立登记时,应记载下列内容:

(1)名称;

(2)目的;

(3)地址;

(4)章程;

(5)活动地区及业务范围与计划;

(6)登记人员及主要负责人的姓名、年龄、籍贯、住址、职业、社会活动及简历;

(7)组织情况及参加团体人员数目;

(8)附属机构的名称和概况及个地方分设团体的名称;

(9)经济状况及经费来源;

(10)其他应行登记事项。

前项应行记载的事项,如有补充或变更,在未发给登记证前,负责人应立时申请补充或变更;在已发给登记证后,应随时申请补充或变更登记。

在本办法公布前业已成立的社会团体,补行申请登记时,除依靠本条第一项所规定事项外,并应详报该团体以往历史情况,必要时应附呈有关材料。

申请筹备登记时,应呈报名称、墓的、业务及其他有关事项,本条第二项、第三项所规定的事项,必要时亦应呈报之。

第十四条

申请登记时应行记载的事项,如有隐匿增减或捏造等情事,得视其情节之轻重,分别予以警告、停止登记或撤销登记。

第十五条

凡经批准的社会团体自行解散时,应有负责人至原登记机关申请注销登记,缴回登记证,并登报公告。

第十六条

本办法的施行细则,由中央人民政府内务部制定之。

第十七条

本办法经中央人民政府政务院政务会议通过公布施行。

社会团体登记管理条例

(1989年10月25)

第一章　总则

第一条

为保障公民的结社自由,保障社会团体的合法权益,加强对社会团体的管理,发挥社会团体在社会主义建设中的积极作用,制定本条例。

第二条

在中华人民共和国境内组织的协会、学会、联合会、研究会、基金会、联谊会、促进会、商会等社会团体,均应依照本条例的规定申请登记。社会团体经核准登记后,方可进行活动。但是,法律、行政法规另有规定的除外。

第三条

社会团体必须遵守宪法和法律、法规,维护国家的统一和民族的团结,不得损害国家的、社会的、集体的利益和其他公民的合法的自由和权利。

第四条

社会团体不得从事以营利为目的的经营性活动。

第五条

国家保护社会团体依照其登记的章程进行活动,其他任何组织和个人不得非法干涉。

第六条

社会团体的登记管理机关是中华人民共和国民政部和县级以上地方各级民政部门。

第二章 管辖

第七条

成立全国性的社会团体,向民政部申请登记。成立地方性的社会团体,向其办事机构所在地相应的民政部门申请登记。成立跨行政区域的社会团体,向所跨行政区域的共同上一级民政部门申请登记。

第八条

有关业务主管部门和登记管理机关应当对经核准登记的社会团体负责日常管理。

登记管理机关与其核准登记的社会团体的办事机构不在同一行政区域的,可以委托该社会团体办事机构所在地的登记管理机关负责日常管理。

第三章 成立登记

第九条

申请成立社会团体,应当经过有关业务主管部门审查同意后,向登记管理机关申请登记。

第十条

申请成立社会团体,应当向登记管理机关提交下列材料:

(一)负责人签署的登记申请书;

(二)有关业务主管部门的审查文件;

(三)社会团体的章程;

(四)办事机构地址或者联络地址;

(五)负责人的姓名、年龄、住址、职业及简历;

(六)成员数额。

第十一条

社会团体的章程应当载明下列事项:

(一)名称;

(二)宗旨;

(三)经费来源;

(四)组织机构;

(五)负责人产生的程序和职权范围;

（六）章程的修改程序；
（七）社会团体的终止程序；
（八）其他必要事项。

第十二条

社会团体具备法人条件的,经核准登记后,取得法人资格。

全国性社会团体必须具备法人条件。

第十三条

登记管理机关在受理申请后三十日内,应当以书面形式作出核准登记或者不予登记的答复。

第十四条

经核准登记的社会团体,发给社会团体登记证书：对具备法人条件的,发给社会团体法人登记证；对不具备法人条件的,发给社会团体登记证。

经核准登记的社会团体法人,由登记管理机关在报刊上公告。

第十五条

申请人对于地方各级民政部门不予登记不服的,在接到书面答复后的十日内,可以向上一级民政部门请求复议。上一级民政部门在接到复议请求后,应当在三十日内作出书面答复,并报本级人民政府备案。

申请人对于民政部不予登记不服的,在接到书面答复后的十日内,可以向民政部请求复议。民政部在接到复议请求后,应当在三十日内作出书面答复,并报国务院备案。

第十六条

社会团体的名称,应当与社会团体的业务范围、成员分布、活动地域相一致。

非全国性社会团体的名称不得冠以"中国"、"全国"、"中华"等字样。

在同一行政区域内不得重复成立相同或者相似的社会团体。

第十七条

社会团体凭社会团体登记证书,可以按照有关规定刻制印章和开立银行账户。

社会团体应当将启用的印章和制发的会员证样式报送登记管理机关备案。

第十八条

社会团体登记证书不得涂改、转让、出借。

社会团体登记证书遗失的,应当及时声明作废,并向登记管理机关申请补发。

第四章　变更登记、注销登记

第十九条

社会团体的变更或者注销,应当经过有关业务主管部门审查同意后,向登记管理机关申请登记。

第二十条

社会团体改变名称、法定代表人或者负责人、办事机构地址或者联络地址,应当在改变后的十日内向原登记管理机关办理变更登记。

第二十一条

社会团体改变宗旨,或者由于其他变更造成与原登记管理机关管辖范围不一致的,应当到原登记管理机关办理注销登记,交回社会团体登记证书和印章,并依照本条例第三章的规定到相应的登记管理机关办理成立登记。

第二十二条

社会团体自行解散的,应当向原登记管理机关申请注销登记。办理注销登记须提交其法定代表人或者负责人签署的注销登记申请书,有关业务主管部门的审查文件和清理债务完结的证明。登记管理机关核准后,收缴社会团体登记证书和印章。社会团体法人在注销登记后,由登记管理机关在报刊上公告。

第五章 监督管理

第二十三条

登记管理机关对社会团体行使下列监督管理职责:

(一)监督社会团体遵守宪法和法律;

(二)监督社会团体依照本条例的规定,履行登记手续;

(三)监督社会团体依照登记的章程进行活动。

第二十四条

登记管理机关对社会团体实行年度检查制度。社会团体应当于每年第一季度向登记管理机关提交上一年度的年检报告和有关材料。

第二十五条

社会团体违反本条例的规定有下列情形之一的,登记管理机关可以根据情节轻重分别予以警告、停止活动、撤销登记、依法取缔的处罚:

(一)登记中隐瞒真实情况、弄虚作假的;

(二)涂改、转让、出借社会团体登记证书的;

(三)从事以营利为目的的经营性活动的;

(四)违反章程规定的宗旨进行活动的;

(五)从事危害国家利益的活动的。

予以撤销登记、依法取缔的处罚,由登记管理机关公布。

第二十六条

未经核准登记擅自以社会团体名义进行活动不听劝阻的,由民政部门命令解散。

第二十七条

登记管理机关处理社会团体的违法行为,必须查明事实,依法办理,并将处理决定书面通知社会团体法定代表人或者负责人。

第二十八条

社会团体对于地方各级民政部门作出的处罚决定不服的,其法定代表人或者负责人可以在接到处罚决定书后十日内,向上一级民政部门申请复议;上一级民政部门应当在接到申请复议书之日起三十日内作出复议决定。

社会团体对于民政部作出的处罚决定不服的,按照前款规定的期限由民政部复议。

第六章 附则

第二十九条

本条例施行前成立的社会团体尚未登记的,应当在本条例施行之日起一年内,依照本条例的规定申请登记;已经登记的,应当办理换证手续。

第三十条

非中国公民和在境外的中国公民在中国境内成立社会团体的登记管理办法,另行规定。

第三十一条

本条例由民政部负责解释。

第三十二条

本条例自发布之日起施行。一九五〇年十月十九日中央人民政府政务院公布的《社会团体登记暂行办法》同时废止。

社会团体登记管理条例

(1998年10月25)

第一章 总则

第一条

为了保障公民的结社自由,维护社会团体的合法权益,加强对社会团体的登记管理,促进社会主义物质文明、精神文明建设,制定本条例。

第二条

本条例所称社会团体,是指中国公民自愿组成,为实现会员共同意愿,按照其章程开展活动的非营利性社会组织。

国家机关以外的组织可以作为单位会员加入社会团体。

第三条

成立社会团体,应当经其业务主管单位审查同意,并依照本条例的规定进行登记。社会团体应当具备法人条件。

下列团体不属于本条例规定登记的范围:

(一)参加中国人民政治协商会议的人民团体;

(二)由国务院机构编制管理机关核定,并经国务院批准免于登记的团体;

（三）机关、团体、企业事业单位内部经本单位批准成立、在本单位内部活动的团体。

第四条

社会团体必须遵守宪法、法律、法规和国家政策，不得反对宪法确定的基本原则，不得危害国家的统一、安全和民族的团结，不得损害国家利益、社会公共利益以及其他组织和公民的合法权益，不得违背社会道德风尚。社会团体不得从事营利性经营活动。

第五条

国家保护社会团体依照法律、法规及其章程开展活动，任何组织和个人不得非法干涉。

第六条

国务院民政部门和县级以上地方各级人民政府民政部门是本级人民政府的社会团体登记管理机关（以下简称登记管理机关）。

国务院有关部门和县级以上地方各级人民政府有关部门、国务院或者县级以上地方各级人民政府授权的组织，是有关行业、学科或者业务范围内社会团体的业务主管单位（以下简称业务主管单位）。

法律、行政法规对社会团体的监督管理另有规定的，依照有关法律、行政法规的规定执行。

第二章　管辖

第七条

全国性的社会团体，由国务院的登记管理机关负责登记管理；地方性的社会团体，由所在地人民政府的登记管理机关负责登记管理；跨行政区域的社会团体，由所跨行政区域的共同上一级人民政府的登记管理机关负责登记管理。

第八条

登记管理机关、业务主管单位与其管辖的社会团体的住所不在一地的，可以委托社会团体住所地的登记管理机关、业务主管单位负责委托范围内的监督管理工作。

第三章　成立登记

第九条

申请成立社会团体，应当经其业务主管单位审查同意，由发起人向登记管理机关申请筹备。

第十条

成立社会团体，应当具备下列条件：

（一）有50个以上的个人会员或者30个以上的单位会员，个人会员、单位会员混合组成的，会员总数不得少于50个；

(二)有规范的名称和相应的组织机构；
(三)有固定的住所；
(四)有与其业务活动相适应的专职工作人员；
(五)有合法的资产和经费来源,全国性的社会团体有10万元以上活动资金,地方性的社会团体和跨行政区域的社会团体有3万元以上活动资金；
(六)有独立承担民事责任的能力。社会团体的名称应当符合法律、法规的规定,不得违背社会道德风尚。社会团体的名称应当与其业务范围、成员分布、活动地域相一致,准确反映其特征。全国性的社会团体的名称冠以"中国""全国""中华"等字样的,应当按照国家有关规定经过批准,地方性的社会团体的名称不得冠以"中国""全国""中华"等字样。

第十一条

申请筹备成立社会团体,发起人应当向登记管理机关提交下列文件：

(一)筹备申请书；
(二)业务主管单位的批准文件；
(三)验资报告、场所使用权证明；
(四)发起人和拟任负责人的基本情况、身份证明；
(五)章程草案。

第十二条

登记管理机关应当自收到本条例第十一条所列全部有效文件之日起60日内,作出批准或者不批准筹备的决定；不批准的,应当向发起人说明理由。

第十三条

有下列情形之一的,登记管理机关不予批准筹备：

(一)有根据证明申请筹备的社会团体的宗旨、业务范围不符合本条例第四条的规定的；
(二)在同一行政区域内已有业务范围相同或者相似的社会团体,没有必要成立的；
(三)发起人、拟任负责人正在或者曾经受到剥夺政治权利的刑事处罚,或者不具有完全民事行为能力的；
(四)在申请筹备时弄虚作假的；
(五)有法律、行政法规禁止的其他情形的。

第十四条

筹备成立的社会团体,应当自登记管理机关批准筹备之日起6个月内召开会员大会或者会员代表大会,通过章程,产生执行机构、负责人和法定代表人,并向登记管理机关申请成立登记。筹备期间不得开展筹备以外的活动。

社会团体的法定代表人,不得同时担任其他社会团体的法定代表人。

第十五条

社会团体的章程应当包括下列事项：

(一)名称、住所；

（二）宗旨、业务范围和活动地域；

（三）会员资格及其权利、义务；

（四）民主的组织管理制度，执行机构的产生程序；

（五）负责人的条件和产生、罢免的程序；

（六）资产管理和使用的原则；

（七）章程的修改程序；

（八）终止程序和终止后资产的处理；

（九）应当由章程规定的其他事项。

第十六条

登记管理机关应当自收到完成筹备工作的社会团体的登记申请书及有关文件之日起30日内完成审查工作。对没有本条例第十三条所列情形，且筹备工作符合要求、章程内容完备的社会团体，准予登记，发给《社会团体法人登记证书》。登记事项包括：

（一）名称；

（二）住所；

（三）宗旨、业务范围和活动地域；

（四）法定代表人；

（五）活动资金；

（六）业务主管单位。对不予登记的，应当将不予登记的决定通知申请人。

第十七条

依照法律规定，自批准成立之日起即具有法人资格的社会团体，应当自批准成立之日起60日内向登记管理机关备案。登记管理机关自收到备案文件之日起30日内发给《社会团体法人登记证书》。社会团体备案事项，除本条例第十六条所列事项外，还应当包括业务主管单位依法出具的批准文件。

第十八条

社会团体凭《社会团体法人登记证书》申请刻制印章，开立银行账户。社会团体应当将印章式样和银行账号报登记管理机关备案。

第十九条

社会团体成立后拟设立分支机构、代表机构的，应当经业务主管单位审查同意，向登记管理机关提交有关分支机构、代表机构的名称、业务范围、场所和主要负责人等情况的文件，申请登记。

社会团体的分支机构、代表机构是社会团体的组成部分，不具有法人资格，应当按照其所属于的社会团体的章程所规定的宗旨和业务范围，在该社会团体授权的范围内开展活动、发展会员。社会团体的分支机构不得再设立分支机构。社会团体不得设立地域性的分支机构。

第四章　变更登记、注销登记

第二十条

社会团体的登记事项、备案事项需要变更的,应当自业务主管单位审查同意之日起30日内,向登记管理机关申请变更登记、变更备案(以下统称变更登记)。社会团体修改章程,应当自业务主管单位审查同意之日起30日内,报登记管理机关核准。

第二十一条

社会团体有下列情形之一的,应当在业务主管单位审查同意后,向登记管理机关申请注销登记、注销备案(以下统称注销登记):

(一)完成社会团体章程规定的宗旨的;

(二)自行解散的;

(三)分立、合并的;

(四)由于其他原因终止的。

第二十二条

社会团体在办理注销登记前,应当在业务主管单位及其他有关机关的指导下,成立清算组织,完成清算工作。清算期间,社会团体不得开展清算以外的活动。

第二十三条

社会团体应当自清算结束之日起15日内向登记管理机关办理注销登记。办理注销登记,应当提交法定代表人签署的注销登记申请书、业务主管单位的审查文件和清算报告书。登记管理机关准予注销登记的,发给注销证明文件,收缴该社会团体的登记证书、印章和财务凭证。

第二十四条

社会团体撤销其所属分支机构、代表机构的,经业务主管单位审查同意后,办理注销手续。社会团体注销的,其所属分支机构、代表机构同时注销。

第二十五条

社会团体处分注销后的剩余财产,按照国家有关规定办理。

第二十六条

社会团体成立、注销或者变更名称、住所、法定代表人,由登记管理机关予以公告。

第五章　监督管理

第二十七条

登记管理机关履行下列监督管理职责:

(一)负责社会团体的成立、变更、注销的登记或者备案;

(二)对社会团体实施年度检查;

(三)对社会团体违反本条例的问题进行监督检查,对社会团体违反本条例的行为给予行政处罚。

第二十八条

业务主管单位履行下列监督管理职责：

（一）负责社会团体筹备申请、成立登记、变更登记、注销登记前的审查；

（二）监督、指导社会团体遵守宪法、法律、法规和国家政策，依据其章程开展活动；

（三）负责社会团体年度检查的初审；

（四）协助登记管理机关和其他有关部门查处社会团体的违法行为；

（五）会同有关机关指导社会团体的清算事宜。

业务主管单位履行前款规定的职责，不得向社会团体收取费用。

第二十九条

社会团体的资产来源必须合法，任何单位和个人不得侵占、私分或者挪用社会团体的资产。

社会团体的经费，以及开展章程规定的活动按照国家有关规定所取得的合法收入，必须用于章程规定的业务活动，不得在会员中分配。

社会团体接受捐赠、资助，必须符合章程规定的宗旨和业务范围，必须根据与捐赠人、资助人约定的期限、方式和合法用途使用。社会团体应当向业务主管单位报告接受、使用捐赠、资助的有关情况，并应当将有关情况以适当方式向社会公布。

社会团体专职工作人员的工资和保险福利待遇，参照国家对事业单位的有关规定执行。

第三十条

社会团体必须执行国家规定的财务管理制度，接受财政部门的监督；资产来源属于国家拨款或者社会捐赠、资助的，还应当接受审计机关的监督。

社会团体在换届或者更换法定代表人之前，登记管理机关、业务主管单位应当组织对其进行财务审计。

第三十一条

社会团体应当于每年3月31日前向业务主管单位报送上一年度的工作报告，经业务主管单位初审同意后，于5月31日前报送登记管理机关，接受年度检查。工作报告的内容包括：本社会团体遵守法律法规和国家政策的情况、依照本条例履行登记手续的情况、按照章程开展活动的情况、人员和机构变动的情况以及财务管理的情况。

对于依照本条例第十七条的规定发给《社会团体法人登记证书》的社会团体，登记管理机关对其应当简化年度检查的内容。

第六章　罚则

第三十二条

社会团体在申请登记时弄虚作假，骗取登记的，或者自取得《社会团体法人登记证书》之日起1年未开展活动的，由登记管理机关予以撤销登记。

第三十三条

社会团体有下列情形之一的，由登记管理机关给予警告，责令改正，可以限期停止

活动,并可以责令撤换直接负责的主管人员;情节严重的,予以撤销登记;构成犯罪的,依法追究刑事责任:

(一)涂改、出租、出借《社会团体法人登记证书》,或者出租、出借社会团体印章的;

(二)超出章程规定的宗旨和业务范围进行活动的;

(三)拒不接受或者不按照规定接受监督检查的;

(四)不按照规定办理变更登记的;

(五)擅自设立分支机构、代表机构,或者对分支机构、代表机构疏于管理,造成严重后果的;

(六)从事营利性的经营活动的;

(七)侵占、私分、挪用社会团体资产或者所接受的捐赠、资助的;

(八)违反国家有关规定收取费用、筹集资金或者接受、使用捐赠、资助的。

前款规定的行为有违法经营额或者违法所得的,予以没收,可以并处违法经营额1倍以上3倍以下或者违法所得3倍以上5倍以下的罚款。

第三十四条

社会团体的活动违反其他法律、法规的,由有关国家机关依法处理;有关国家机关认为应当撤销登记的,由登记管理机关撤销登记。

第三十五条

未经批准,擅自开展社会团体筹备活动,或者未经登记,擅自以社会团体名义进行活动,以及被撤销登记的社会团体继续以社会团体名义进行活动的,由登记管理机关予以取缔,没收非法财产;构成犯罪的,依法追究刑事责任;尚不构成犯罪的,依法给予治安管理处罚。

第三十六条

社会团体被责令限期停止活动的,由登记管理机关封存《社会团体法人登记证书》、印章和财务凭证。社会团体被撤销登记的,由登记管理机关收缴《社会团体法人登记证书》和印章。

第三十七条

登记管理机关、业务主管单位的工作人员滥用职权、徇私舞弊、玩忽职守构成犯罪的,依法追究刑事责任;尚不构成犯罪的,依法给予行政处分。

第七章　附则

第三十八条

《社会团体法人登记证书》的式样由国务院民政部门制定。

对社会团体进行年度检查不得收取费用。

第三十九条

本条例施行前已经成立的社会团体,应当自本条例施行之日起1年内依照本条例有关规定申请重新登记。

第四十条

本条例自发布之日起施行。1989年10月25日国务院发布的《社会团体登记管理条例》同时废止。

社会团体登记管理条例
（2016年2月6日）

第一章 总则

第一条

为了保障公民的结社自由，维护社会团体的合法权益，加强对社会团体的登记管理，促进社会主义物质文明、精神文明建设，制定本条例。

第二条

本条例所称社会团体，是指中国公民自愿组成，为实现会员共同意愿，按照其章程开展活动的非营利性社会组织。

国家机关以外的组织可以作为单位会员加入社会团体。

第三条

成立社会团体，应当经其业务主管单位审查同意，并依照本条例的规定进行登记。

社会团体应当具备法人条件。

下列团体不属于本条例规定登记的范围：

（一）参加中国人民政治协商会议的人民团体；

（二）由国务院机构编制管理机关核定，并经国务院批准免于登记的团体；

（三）机关、团体、企业事业单位内部经本单位批准成立、在本单位内部活动的团体。

第四条

社会团体必须遵守宪法、法律、法规和国家政策，不得反对宪法确定的基本原则，不得危害国家的统一、安全和民族的团结，不得损害国家利益、社会公共利益以及其他组织和公民的合法权益，不得违背社会道德风尚。

社会团体不得从事营利性经营活动。

第五条

国家保护社会团体依照法律、法规及其章程开展活动，任何组织和个人不得非法干涉。

第六条

国务院民政部门和县级以上地方各级人民政府民政部门是本级人民政府的社会团体登记管理机关（以下简称登记管理机关）。

国务院有关部门和县级以上地方各级人民政府有关部门、国务院或者县级以上地方各级人民政府授权的组织,是有关行业、学科或者业务范围内社会团体的业务主管单位(以下简称业务主管单位)。

法律、行政法规对社会团体的监督管理另有规定的,依照有关法律、行政法规的规定执行。

第二章 管辖

第七条

全国性的社会团体,由国务院的登记管理机关负责登记管理;地方性的社会团体,由所在地人民政府的登记管理机关负责登记管理;跨行政区域的社会团体,由所跨行政区域的共同上一级人民政府的登记管理机关负责登记管理。

第八条

登记管理机关、业务主管单位与其管辖的社会团体的住所不在一地的,可以委托社会团体住所地的登记管理机关、业务主管单位负责委托范围内的监督管理工作。

第三章 成立登记

第九条

申请成立社会团体,应当经其业务主管单位审查同意,由发起人向登记管理机关申请登记。

筹备期间不得开展筹备以外的活动。

第十条

成立社会团体,应当具备下列条件:

(一)有50个以上的个人会员或者30个以上的单位会员,个人会员、单位会员混合组成的,会员总数不得少于50个;

(二)有规范的名称和相应的组织机构;

(三)有固定的住所;

(四)有与其业务活动相适应的专职工作人员;

(五)有合法的资产和经费来源,全国性的社会团体有10万元以上活动资金,地方性的社会团体和跨行政区域的社会团体有3万元以上活动资金;

(六)有独立承担民事责任的能力。

社会团体的名称应当符合法律、法规的规定,不得违背社会道德风尚。社会团体的名称应当与其业务范围、成员分布、活动地域相一致,准确反映其特征。全国性的社会团体的名称冠以"中国""全国""中华"等字样的,应当按照国家有关规定经过批准,地方性的社会团体的名称不得冠以"中国""全国""中华"等字样。

第十一条

申请登记社会团体,发起人应当向登记管理机关提交下列文件:

(一)登记申请书;

(二)业务主管单位的批准文件；

(三)验资报告、场所使用权证明；

(四)发起人和拟任负责人的基本情况、身份证明；

(五)章程草案。

第十二条

登记管理机关应当自收到本条例第十一条所列全部有效文件之日起60日内，作出准予或者不予登记的决定。准予登记的，发给《社会团体法人登记证书》；不予登记的，应当向发起人说明理由。

社会团体登记事项包括：名称、住所、宗旨、业务范围、活动地域、法定代表人、活动资金和业务主管单位。

社会团体的法定代表人，不得同时担任其他社会团体的法定代表人。

第十三条

有下列情形之一的，登记管理机关不予登记：

(一)有根据证明申请筹备的社会团体的宗旨、业务范围不符合本条例第四条的规定的；

(二)在同一行政区域内已有业务范围相同或者相似的社会团体，没有必要成立的；

(三)发起人、拟任负责人正在或者曾经受到剥夺政治权利的刑事处罚，或者不具有完全民事行为能力的；

(四)在申请登记时弄虚作假的；

(五)有法律、行政法规禁止的其他情形的。

第十四条

社会团体的章程应当包括下列事项：

(一)名称、住所；

(二)宗旨、业务范围和活动地域；

(三)会员资格及其权利、义务；

(四)民主的组织管理制度，执行机构的产生程序；

(五)负责人的条件和产生、罢免的程序；

(六)资产管理和使用的原则；

(七)章程的修改程序；

(八)终止程序和终止后资产的处理；

(九)应当由章程规定的其他事项。

第十五条

依照法律规定，自批准成立之日起即具有法人资格的社会团体，应当自批准成立之日起60日内向登记管理机关提交批准文件，申领《社会团体法人登记证书》。登记管理机关自收到文件之日起30日内发给《社会团体法人登记证书》。

第十六条

社会团体凭《社会团体法人登记证书》申请刻制印章，开立银行账户。社会团体应当将印章式样和银行账号报登记管理机关备案。

第十七条

社会团体的分支机构、代表机构是社会团体的组成部分,不具有法人资格,应当按照其所属于的社会团体的章程所规定的宗旨和业务范围,在该社会团体授权的范围内开展活动、发展会员。社会团体的分支机构不得再设立分支机构。

社会团体不得设立地域性的分支机构。

第四章　变更登记、注销登记

第十八条

社会团体的登记事项需要变更的,应当自业务主管单位审查同意之日起30日内,向登记管理机关申请变更登记。

社会团体修改章程,应当自业务主管单位审查同意之日起30日内,报登记管理机关核准。

第十九条

社会团体有下列情形之一的,应当在业务主管单位审查同意后,向登记管理机关申请注销登记:

(一)完成社会团体章程规定的宗旨的;

(二)自行解散的;

(三)分立、合并的;

(四)由于其他原因终止的。

第二十条

社会团体在办理注销登记前,应当在业务主管单位及其他有关机关的指导下,成立清算组织,完成清算工作。清算期间,社会团体不得开展清算以外的活动。

第二十一条

社会团体应当自清算结束之日起15日内向登记管理机关办理注销登记。办理注销登记,应当提交法定代表人签署的注销登记申请书、业务主管单位的审查文件和清算报告书。

登记管理机关准予注销登记的,发给注销证明文件,收缴该社会团体的登记证书、印章和财务凭证。

第二十二条

社会团体处分注销后的剩余财产,按照国家有关规定办理。

第二十三条

社会团体成立、注销或者变更名称、住所、法定代表人,由登记管理机关予以公告。

第五章 监督管理

第二十四条

登记管理机关履行下列监督管理职责：

(一)负责社会团体的成立、变更、注销的登记；

(二)对社会团体实施年度检查；

(三)对社会团体违反本条例的问题进行监督检查，对社会团体违反本条例的行为给予行政处罚。

第二十五条

业务主管单位履行下列监督管理职责：

(一)负责社会团体成立登记、变更登记、注销登记前的审查；

(二)监督、指导社会团体遵守宪法、法律、法规和国家政策，依据其章程开展活动；

(三)负责社会团体年度检查的初审；

(四)协助登记管理机关和其他有关部门查处社会团体的违法行为；

(五)会同有关机关指导社会团体的清算事宜。

业务主管单位履行前款规定的职责，不得向社会团体收取费用。

第二十六条

社会团体的资产来源必须合法，任何单位和个人不得侵占、私分或者挪用社会团体的资产。

社会团体的经费，以及开展章程规定的活动按照国家有关规定所取得的合法收入，必须用于章程规定的业务活动，不得在会员中分配。

社会团体接受捐赠、资助，必须符合章程规定的宗旨和业务范围，必须根据与捐赠人、资助人约定的期限、方式和合法用途使用。社会团体应当向业务主管单位报告接受、使用捐赠、资助的有关情况，并应当将有关情况以适当方式向社会公布。

社会团体专职工作人员的工资和保险福利待遇，参照国家对事业单位的有关规定执行。

第二十七条

社会团体必须执行国家规定的财务管理制度，接受财政部门的监督；资产来源属于国家拨款或者社会捐赠、资助的，还应当接受审计机关的监督。

社会团体在换届或者更换法定代表人之前，登记管理机关、业务主管单位应当组织对其进行财务审计。

第二十八条

社会团体应当于每年3月31日前向业务主管单位报送上一年度的工作报告，经业务主管单位初审同意后，于5月31日前报送登记管理机关，接受年度检查。工作报告的内容包括：本社会团体遵守法律法规和国家政策的情况、依照本条例履行登记手续的情况、按照章程开展活动的情况、人员和机构变动的情况以及财务管理的情况。

对于依照本条例第十七条的规定发给《社会团体法人登记证书》的社会团体，登记管理机关对其应当简化年度检查的内容。

第六章　罚则

第二十九条

社会团体在申请登记时弄虚作假,骗取登记的,或者自取得《社会团体法人登记证书》之日起1年未开展活动的,由登记管理机关予以撤销登记。

第三十条

社会团体有下列情形之一的,由登记管理机关给予警告,责令改正,可以限期停止活动,并可以责令撤换直接负责的主管人员;情节严重的,予以撤销登记;构成犯罪的,依法追究刑事责任:

(一)涂改、出租、出借《社会团体法人登记证书》,或者出租、出借社会团体印章的;

(二)超出章程规定的宗旨和业务范围进行活动的;

(三)拒不接受或者不按照规定接受监督检查的;

(四)不按照规定办理变更登记的;

(五)违反规定设立分支机构、代表机构,或者对分支机构、代表机构疏于管理,造成严重后果的;

(六)从事营利性的经营活动的;

(七)侵占、私分、挪用社会团体资产或者所接受的捐赠、资助的;

(八)违反国家有关规定收取费用、筹集资金或者接受、使用捐赠、资助的。

前款规定的行为有违法经营额或者违法所得的,予以没收,可以并处违法经营额1倍以上3倍以下或者违法所得3倍以上5倍以下的罚款。

第三十一条

社会团体的活动违反其他法律、法规的,由有关国家机关依法处理;有关国家机关认为应当撤销登记的,由登记管理机关撤销登记。

第三十二条

筹备期间开展筹备以外的活动,或者未经登记,擅自以社会团体名义进行活动,以及被撤销登记的社会团体继续以社会团体名义进行活动的,由登记管理机关予以取缔,没收非法财产;构成犯罪的,依法追究刑事责任;尚不构成犯罪的,依法给予治安管理处罚。

第三十三条

社会团体被责令限期停止活动的,由登记管理机关封存《社会团体法人登记证书》、印章和财务凭证。

社会团体被撤销登记的,由登记管理机关收缴《社会团体法人登记证书》和印章。

第三十四条

登记管理机关、业务主管单位的工作人员滥用职权、徇私舞弊、玩忽职守构成犯罪的,依法追究刑事责任;尚不构成犯罪的,依法给予行政处分。

第七章 附则

第三十五条

《社会团体法人登记证书》的式样由国务院民政部门制定。

对社会团体进行年度检查不得收取费用。

第三十六条

本条例施行前已经成立的社会团体,应当自本条例施行之日起1年内依照本条例有关规定申请重新登记。

第三十七条

本条例自发布之日起施行。1989年10月25日国务院发布的《社会团体登记管理条例》同时废止。

取缔非法民间组织暂行办法
中华人民共和国民政部令(第21号)

(2000年4月10日)

第一条 为了维护社会稳定和国家安全,根据《社会团体登记管理条例》和《民办非企业单位登记管理暂行条例》及有关规定,制定本办法。

第二条 具有下列情形之一的属于非法民间组织:

(一)未经批准,擅自开展社会团体筹备活动的;

(二)未经登记,擅自以社会团体或者民办非企业单位名义进行活动的;

(三)被撤销登记后继续以社会团体或者民办非企业单位名义进行活动的。

第三条 社会团体和民办非企业单位登记管理机关(以下统称登记管理机关)负责对非法民间组织进行调查,收集有关证据,依法作出取缔决定,没收其非法财产。

第四条 取缔非法民间组织,由违法行为发生地的登记管理机关负责。

涉及两个以上同级登记管理机关的非法民间组织的取缔,由他们的共同上级登记管理机关负责,或者指定相关登记管理机关予以取缔。

对跨省(自治区、直辖市)活动的非法民间组织,由国务院民政部门负责取缔,或者指定相关登记管理机关予以取缔。

第五条 对非法民间组织,登记管理机关一经发现,应当及时进行调查,涉及有关部门职能的,应当及时向有关部门通报。

第六条 登记管理机关对非法民间组织进行调查时,执法人员不得少于两人,并应当出示证件。

第七条 登记管理机关对非法民间组织进行调查时,有关单位和个人应当如实反映情况,提供有关资料,不得拒绝、隐瞒、出具伪证。

第八条 登记管理机关依法调查非法民间组织时,对与案件有关的情况和资料,可以采取记录、复制、录音、录像、照相等手段取得证据。

在证据可能灭失或者以后难以取得的情况下,经登记管理机关负责人批准可以先行登记保存,并应当在七日内及时作出处理决定,在此期间,当事人或者有关人员不得销毁或者转移证据。

第九条 对经调查认定的非法民间组织,登记管理机关应当依法作出取缔决定,宣布该组织为非法,并予以公告。

第十条 非法民间组织被取缔后,登记管理机关依法没收的非法财物必须按照国家规定公开拍卖或者按照国家有关规定处理。

登记管理机关依法没收的违法所得和没收非法财物拍卖的款项,必须全部上缴国库。

第十一条 对被取缔的非法民间组织,登记管理机关应当收缴其印章、标识、资料、财务凭证等,并登记造册。

需要销毁的印章、资料等,应当经登记管理机关负责人批准,由两名以上执法人员监督销毁,并填写销毁清单。

第十二条 登记管理机关取缔非法民间组织后,应当按照档案管理的有关规定及时将有关档案材料立卷归档。

第十三条 非法民间组织被取缔后,继续开展活动的,登记管理机关应当及时通报有关部门共同查处。

第十四条 本办法自发布之日起施行。

中华人民共和国慈善法

第一章 总则

第一条 为了发展慈善事业,弘扬慈善文化,规范慈善活动,保护慈善组织、捐赠人、志愿者、受益人等慈善活动参与者的合法权益,促进社会进步,共享发展成果,制定本法。

第二条 自然人、法人和其他组织开展慈善活动以及与慈善有关的活动,适用本法。其他法律有特别规定的,依照其规定。

第三条 本法所称慈善活动,是指自然人、法人和其他组织以捐赠财产或者提供服务等方式,自愿开展的下列公益活动:

(一)扶贫、济困;

(二)扶老、救孤、恤病、助残、优抚;

(三)救助自然灾害、事故灾难和公共卫生事件等突发事件造成的损害;

(四)促进教育、科学、文化、卫生、体育等事业的发展;

(五)防治污染和其他公害,保护和改善生态环境;

(六)符合本法规定的其他公益活动。

第四条 开展慈善活动,应当遵循合法、自愿、诚信、非营利的原则,不得违背社会公德,不得危害国家安全、损害社会公共利益和他人合法权益。

第五条 国家鼓励和支持自然人、法人和其他组织践行社会主义核心价值观,弘扬中华民族传统美德,依法开展慈善活动。

第六条 国务院民政部门主管全国慈善工作,县级以上地方各级人民政府民政部门主管本行政区域内的慈善工作;县级以上人民政府有关部门依照本法和其他有关法律法规,在各自的职责范围内做好相关工作。

第七条 每年9月5日为"中华慈善日"。

第二章 慈善组织

第八条 本法所称慈善组织,是指依法成立、符合本法规定,以面向社会开展慈善活动为宗旨的非营利性组织。

慈善组织可以采取基金会、社会团体、社会服务机构等组织形式。

第九条 慈善组织应当符合下列条件:

(一)以开展慈善活动为宗旨;
(二)不以营利为目的;
(三)有自己的名称和住所;
(四)有组织章程;
(五)有必要的财产;
(六)有符合条件的组织机构和负责人;
(七)法律、行政法规规定的其他条件。

第十条 设立慈善组织,应当向县级以上人民政府民政部门申请登记,民政部门应当自受理申请之日起三十日内作出决定。符合本法规定条件的,准予登记并向社会公告;不符合本法规定条件的,不予登记并书面说明理由。

本法公布前已经设立的基金会、社会团体、社会服务机构等非营利性组织,可以向其登记的民政部门申请认定为慈善组织,民政部门应当自受理申请之日起二十日内作出决定。符合慈善组织条件的,予以认定并向社会公告;不符合慈善组织条件的,不予认定并书面说明理由。

有特殊情况需要延长登记或者认定期限的,报经国务院民政部门批准,可以适当延长,但延长的期限不得超过六十日。

第十一条 慈善组织的章程,应当符合法律法规的规定,并载明下列事项:

(一)名称和住所;
(二)组织形式;
(三)宗旨和活动范围;
(四)财产来源及构成;
(五)决策、执行机构的组成及职责;

（六）内部监督机制；

（七）财产管理使用制度；

（八）项目管理制度；

（九）终止情形及终止后的清算办法；

（十）其他重要事项。

第十二条　慈善组织应当根据法律法规以及章程的规定，建立健全内部治理结构，明确决策、执行、监督等方面的职责权限，开展慈善活动。

慈善组织应当执行国家统一的会计制度，依法进行会计核算，建立健全会计监督制度，并接受政府有关部门的监督管理。

第十三条　慈善组织应当每年向其登记的民政部门报送年度工作报告和财务会计报告。报告应当包括年度开展募捐和接受捐赠情况、慈善财产的管理使用情况、慈善项目实施情况以及慈善组织工作人员的工资福利情况。

第十四条　慈善组织的发起人、主要捐赠人以及管理人员，不得利用其关联关系损害慈善组织、受益人的利益和社会公共利益。

慈善组织的发起人、主要捐赠人以及管理人员与慈善组织发生交易行为的，不得参与慈善组织有关该交易行为的决策，有关交易情况应当向社会公开。

第十五条　慈善组织不得从事、资助危害国家安全和社会公共利益的活动，不得接受附加违反法律法规和违背社会公德条件的捐赠，不得对受益人附加违反法律法规和违背社会公德的条件。

第十六条　有下列情形之一的，不得担任慈善组织的负责人：

（一）无民事行为能力或者限制民事行为能力的；

（二）因故意犯罪被判处刑罚，自刑罚执行完毕之日起未逾五年的；

（三）在被吊销登记证书或者被取缔的组织担任负责人，自该组织被吊销登记证书或者被取缔之日起未逾五年的；

（四）法律、行政法规规定的其他情形。

第十七条　慈善组织有下列情形之一的，应当终止：

（一）出现章程规定的终止情形的；

（二）因分立、合并需要终止的；

（三）连续二年未从事慈善活动的；

（四）依法被撤销登记或者吊销登记证书的；

（五）法律、行政法规规定应当终止的其他情形。

第十八条　慈善组织终止，应当进行清算。

慈善组织的决策机构应当在本法第十七条规定的终止情形出现之日起三十日内成立清算组进行清算，并向社会公告。不成立清算组或者清算组不履行职责的，民政部门可以申请人民法院指定有关人员组成清算组进行清算。

慈善组织清算后的剩余财产，应当按照慈善组织章程的规定转给宗旨相同或者相近的慈善组织；章程未规定的，由民政部门主持转给宗旨相同或者相近的慈善组织，并向社会公告。

慈善组织清算结束后,应当向其登记的民政部门办理注销登记,并由民政部门向社会公告。

第十九条　慈善组织依法成立行业组织。

慈善行业组织应当反映行业诉求,推动行业交流,提高慈善行业公信力,促进慈善事业发展。

第二十条　慈善组织的组织形式、登记管理的具体办法由国务院制定。

第三章　慈善募捐

第二十一条　本法所称慈善募捐,是指慈善组织基于慈善宗旨募集财产的活动。

慈善募捐,包括面向社会公众的公开募捐和面向特定对象的定向募捐。

第二十二条　慈善组织开展公开募捐,应当取得公开募捐资格。依法登记满二年的慈善组织,可以向其登记的民政部门申请公开募捐资格。民政部门应当自受理申请之日起二十日内作出决定。慈善组织符合内部治理结构健全、运作规范的条件的,发给公开募捐资格证书;不符合条件的,不发给公开募捐资格证书并书面说明理由。

法律、行政法规规定自登记之日起可以公开募捐的基金会和社会团体,由民政部门直接发给公开募捐资格证书。

第二十三条　开展公开募捐,可以采取下列方式:

(一)在公共场所设置募捐箱;

(二)举办面向社会公众的义演、义赛、义卖、义展、义拍、慈善晚会等;

(三)通过广播、电视、报刊、互联网等媒体发布募捐信息;

(四)其他公开募捐方式。

慈善组织采取前款第一项、第二项规定的方式开展公开募捐的,应当在其登记的民政部门管辖区域内进行,确有必要在其登记的民政部门管辖区域外进行的,应当报其开展募捐活动所在地的县级以上人民政府民政部门备案。捐赠人的捐赠行为不受地域限制。

慈善组织通过互联网开展公开募捐的,应当在国务院民政部门统一或者指定的慈善信息平台发布募捐信息,并可以同时在其网站发布募捐信息。

第二十四条　开展公开募捐,应当制定募捐方案。募捐方案包括募捐目的、起止时间和地域、活动负责人姓名和办公地址、接受捐赠方式、银行账户、受益人、募得款物用途、募捐成本、剩余财产的处理等。

募捐方案应当在开展募捐活动前报慈善组织登记的民政部门备案。

第二十五条　开展公开募捐,应当在募捐活动现场或者募捐活动载体的显著位置,公布募捐组织名称、公开募捐资格证书、募捐方案、联系方式、募捐信息查询方法等。

第二十六条　不具有公开募捐资格的组织或者个人基于慈善目的,可以与具有公开募捐资格的慈善组织合作,由该慈善组织开展公开募捐并管理募得款物。

第二十七条　广播、电视、报刊以及网络服务提供者、电信运营商,应当对利用其平台开展公开募捐的慈善组织的登记证书、公开募捐资格证书进行验证。

第二十八条　慈善组织自登记之日起可以开展定向募捐。

慈善组织开展定向募捐，应当在发起人、理事会成员和会员等特定对象的范围内进行，并向募捐对象说明募捐目的、募得款物用途等事项。

第二十九条　开展定向募捐，不得采取或者变相采取本法第二十三条规定的方式。

第三十条　发生重大自然灾害、事故灾难和公共卫生事件等突发事件，需要迅速开展救助时，有关人民政府应当建立协调机制，提供需求信息，及时有序引导开展募捐和救助活动。

第三十一条　开展募捐活动，应当尊重和维护募捐对象的合法权益，保障募捐对象的知情权，不得通过虚构事实等方式欺骗、诱导募捐对象实施捐赠。

第三十二条　开展募捐活动，不得摊派或者变相摊派，不得妨碍公共秩序、企业生产经营和居民生活。

第三十三条　禁止任何组织或者个人假借慈善名义或者假冒慈善组织开展募捐活动，骗取财产。

第四章　慈善捐赠

第三十四条　本法所称慈善捐赠，是指自然人、法人和其他组织基于慈善目的，自愿、无偿赠与财产的活动。

第三十五条　捐赠人可以通过慈善组织捐赠，也可以直接向受益人捐赠。

第三十六条　捐赠人捐赠的财产应当是其有权处分的合法财产。捐赠财产包括货币、实物、房屋、有价证券、股权、知识产权等有形和无形财产。

捐赠人捐赠的实物应当具有使用价值，符合安全、卫生、环保等标准。

捐赠人捐赠本企业产品的，应当依法承担产品质量责任和义务。

第三十七条　自然人、法人和其他组织开展演出、比赛、销售、拍卖等经营性活动，承诺将全部或者部分所得用于慈善目的的，应当在举办活动前与慈善组织或者其他接受捐赠的人签订捐赠协议，活动结束后按照捐赠协议履行捐赠义务，并将捐赠情况向社会公开。

第三十八条　慈善组织接受捐赠，应当向捐赠人开具由财政部门统一监（印）制的捐赠票据。捐赠票据应当载明捐赠人、捐赠财产的种类及数量、慈善组织名称和经办人姓名、票据日期等。捐赠人匿名或者放弃接受捐赠票据的，慈善组织应当做好相关记录。

第三十九条　慈善组织接受捐赠，捐赠人要求签订书面捐赠协议的，慈善组织应当与捐赠人签订书面捐赠协议。

书面捐赠协议包括捐赠人和慈善组织名称，捐赠财产的种类、数量、质量、用途、交付时间等内容。

第四十条　捐赠人与慈善组织约定捐赠财产的用途和受益人时，不得指定捐赠人的利害关系人作为受益人。

任何组织和个人不得利用慈善捐赠违反法律规定宣传烟草制品,不得利用慈善捐赠以任何方式宣传法律禁止宣传的产品和事项。

第四十一条　捐赠人应当按照捐赠协议履行捐赠义务。捐赠人违反捐赠协议逾期未交付捐赠财产,有下列情形之一的,慈善组织或者其他接受捐赠的人可以要求交付;捐赠人拒不交付的,慈善组织和其他接受捐赠的人可以依法向人民法院申请支付令或者提起诉讼:

(一)捐赠人通过广播、电视、报刊、互联网等媒体公开承诺捐赠的;

(二)捐赠财产用于本法第三条第一项至第三项规定的慈善活动,并签订书面捐赠协议的。

捐赠人公开承诺捐赠或者签订书面捐赠协议后经济状况显著恶化,严重影响其生产经营或者家庭生活的,经向公开承诺捐赠地或者书面捐赠协议签订地的民政部门报告并向社会公开说明情况后,可以不再履行捐赠义务。

第四十二条　捐赠人有权查询、复制其捐赠财产管理使用的有关资料,慈善组织应当及时主动向捐赠人反馈有关情况。

慈善组织违反捐赠协议约定的用途,滥用捐赠财产的,捐赠人有权要求其改正;拒不改正的,捐赠人可以向民政部门投诉、举报或者向人民法院提起诉讼。

第四十三条　国有企业实施慈善捐赠应当遵守有关国有资产管理的规定,履行批准和备案程序。

第五章　慈善信托

第四十四条　本法所称慈善信托属于公益信托,是指委托人基于慈善目的,依法将其财产委托给受托人,由受托人按照委托人意愿以受托人名义进行管理和处分,开展慈善活动的行为。

第四十五条　设立慈善信托、确定受托人和监察人,应当采取书面形式。受托人应当在慈善信托文件签订之日起七日内,将相关文件向受托人所在地县级以上人民政府民政部门备案。

未按照前款规定将相关文件报民政部门备案的,不享受税收优惠。

第四十六条　慈善信托的受托人,可以由委托人确定其信赖的慈善组织或者信托公司担任。

第四十七条　慈善信托的受托人违反信托义务或者难以履行职责的,委托人可以变更受托人。变更后的受托人应当自变更之日起七日内,将变更情况报原备案的民政部门重新备案。

第四十八条　慈善信托的受托人管理和处分信托财产,应当按照信托目的,恪尽职守,履行诚信、谨慎管理的义务。

慈善信托的受托人应当根据信托文件和委托人的要求,及时向委托人报告信托事务处理情况、信托财产管理使用情况。慈善信托的受托人应当每年至少一次将信托事务处理情况及财务状况向其备案的民政部门报告,并向社会公开。

第四十九条 慈善信托的委托人根据需要,可以确定信托监察人。

信托监察人对受托人的行为进行监督,依法维护委托人和受益人的权益。信托监察人发现受托人违反信托义务或者难以履行职责的,应当向委托人报告,并有权以自己的名义向人民法院提起诉讼。

第五十条 慈善信托的设立、信托财产的管理、信托当事人、信托的终止和清算等事项,本章未规定的,适用本法其他有关规定;本法未规定的,适用《中华人民共和国信托法》的有关规定。

第六章 慈善财产

第五十一条 慈善组织的财产包括:

(二)募集的财产;

(三)其他合法财产。

第五十二条 慈善组织的财产应当根据章程和捐赠协议的规定全部用于慈善目的,不得在发起人、捐赠人以及慈善组织成员中分配。

任何组织和个人不得私分、挪用、截留或者侵占慈善财产。

第五十三条 慈善组织对募集的财产,应当登记造册,严格管理,专款专用。

捐赠人捐赠的实物不易储存、运输或者难以直接用于慈善目的的,慈善组织可以依法拍卖或者变卖,所得收入扣除必要费用后,应当全部用于慈善目的。

第五十四条 慈善组织为实现财产保值、增值进行投资的,应当遵循合法、安全、有效的原则,投资取得的收益应当全部用于慈善目的。慈善组织的重大投资方案应当经决策机构组成人员三分之二以上同意。政府资助的财产和捐赠协议约定不得投资的财产,不得用于投资。慈善组织的负责人和工作人员不得在慈善组织投资的企业兼职或者领取报酬。

前款规定事项的具体办法,由国务院民政部门制定。

第五十五条 慈善组织开展慈善活动,应当依照法律法规和章程的规定,按照募捐方案或者捐赠协议使用捐赠财产。慈善组织确需变更募捐方案规定的捐赠财产用途的,应当报民政部门备案;确需变更捐赠协议约定的捐赠财产用途的,应当征得捐赠人同意。

第五十六条 慈善组织应当合理设计慈善项目,优化实施流程,降低运行成本,提高慈善财产使用效益。

慈善组织应当建立项目管理制度,对项目实施情况进行跟踪监督。

第五十七条 慈善项目终止后捐赠财产有剩余的,按照募捐方案或者捐赠协议处理;募捐方案未规定或者捐赠协议未约定的,慈善组织应当将剩余财产用于目的相同或者相近的其他慈善项目,并向社会公开。

第五十八条 慈善组织确定慈善受益人,应当坚持公开、公平、公正的原则,不得指定慈善组织管理人员的利害关系人作为受益人。

第五十九条　慈善组织根据需要可以与受益人签订协议,明确双方权利义务,约定慈善财产的用途、数额和使用方式等内容。

受益人应当珍惜慈善资助,按照协议使用慈善财产。受益人未按照协议使用慈善财产或者有其他严重违反协议情形的,慈善组织有权要求其改正;受益人拒不改正的,慈善组织有权解除协议并要求受益人返还财产。

第六十条　慈善组织应当积极开展慈善活动,充分、高效运用慈善财产,并遵循管理费用最必要原则,厉行节约,减少不必要的开支。慈善组织中具有公开募捐资格的基金会开展慈善活动的年度支出,不得低于上一年总收入的百分之七十或者前三年收入平均数额的百分之七十;年度管理费用不得超过当年总支出的百分之十,特殊情况下,年度管理费用难以符合前述规定的,应当报告其登记的民政部门并向社会公开说明情况。

具有公开募捐资格的基金会以外的慈善组织开展慈善活动的年度支出和管理费用的标准,由国务院民政部门会同国务院财政、税务等部门依照前款规定的原则制定。

捐赠协议对单项捐赠财产的慈善活动支出和管理费用有约定的,按照其约定。

第七章　慈善服务

第六十一条　本法所称慈善服务,是指慈善组织和其他组织以及个人基于慈善目的,向社会或者他人提供的志愿无偿服务以及其他非营利服务。

慈善组织开展慈善服务,可以自己提供或者招募志愿者提供,也可以委托有服务专长的其他组织提供。

第六十二条　开展慈善服务,应当尊重受益人、志愿者的人格尊严,不得侵害受益人、志愿者的隐私。

第六十三条　开展医疗康复、教育培训等慈善服务,需要专门技能的,应当执行国家或者行业组织制定的标准和规程。

慈善组织招募志愿者参与慈善服务,需要专门技能的,应当对志愿者开展相关培训。

第六十四条　慈善组织招募志愿者参与慈善服务,应当公示与慈善服务有关的全部信息,告知服务过程中可能发生的风险。

慈善组织根据需要可以与志愿者签订协议,明确双方权利义务,约定服务的内容、方式和时间等。

第六十五条　慈善组织应当对志愿者实名登记,记录志愿者的服务时间、内容、评价等信息。根据志愿者的要求,慈善组织应当无偿、如实出具志愿服务记录证明。

第六十六条　慈善组织安排志愿者参与慈善服务,应当与志愿者的年龄、文化程度、技能和身体状况相适应。

第六十七条　志愿者接受慈善组织安排参与慈善服务的,应当服从管理,接受必要的培训。

第六十八条　慈善组织应当为志愿者参与慈善服务提供必要条件,保障志愿者的合法权益。

慈善组织安排志愿者参与可能发生人身危险的慈善服务前，应当为志愿者购买相应的人身意外伤害保险。

第八章　信息公开

第六十九条　县级以上人民政府建立健全慈善信息统计和发布制度。

县级以上人民政府民政部门应当在统一的信息平台，及时向社会公开慈善信息，并免费提供慈善信息发布服务。

慈善组织和慈善信托的受托人应当在前款规定的平台发布慈善信息，并对信息的真实性负责。

第七十条　县级以上人民政府民政部门和其他有关部门应当及时向社会公开下列慈善信息：

（一）慈善组织登记事项；

（二）慈善信托备案事项；

（三）具有公开募捐资格的慈善组织名单；

（四）具有出具公益性捐赠税前扣除票据资格的慈善组织名单；

（五）对慈善活动的税收优惠、资助补贴等促进措施；

（六）向慈善组织购买服务的信息；

（七）对慈善组织、慈善信托开展检查、评估的结果；

（八）对慈善组织和其他组织以及个人的表彰、处罚结果；

（九）法律法规规定应当公开的其他信息。

第七十一条　慈善组织、慈善信托的受托人应当依法履行信息公开义务。信息公开应当真实、完整、及时。

第七十二条　慈善组织应当向社会公开组织章程和决策、执行、监督机构成员信息以及国务院民政部门要求公开的其他信息。上述信息有重大变更的，慈善组织应当及时向社会公开。

慈善组织应当每年向社会公开其年度工作报告和财务会计报告。具有公开募捐资格的慈善组织的财务会计报告须经审计。

第七十三条　具有公开募捐资格的慈善组织应当定期向社会公开其募捐情况和慈善项目实施情况。

公开募捐周期超过六个月的，至少每三个月公开一次募捐情况，公开募捐活动结束后三个月内应当全面公开募捐情况。

慈善项目实施周期超过六个月的，至少每三个月公开一次项目实施情况，项目结束后三个月内应当全面公开项目实施情况和募得款物使用情况。

第七十四条　慈善组织开展定向募捐的，应当及时向捐赠人告知募捐情况、募得款物的管理使用情况。

第七十五条　慈善组织、慈善信托的受托人应当向受益人告知其资助标准、工作流程和工作规范等信息。

第七十六条　涉及国家秘密、商业秘密、个人隐私的信息以及捐赠人、慈善信托的委托人不同意公开的姓名、名称、住所、通讯方式等信息，不得公开。

第九章　促进措施

第七十七条　县级以上人民政府应当根据经济社会发展情况，制定促进慈善事业发展的政策和措施。

县级以上人民政府有关部门应当在各自职责范围内，向慈善组织、慈善信托受托人等提供慈善需求信息，为慈善活动提供指导和帮助。

第七十八条　县级以上人民政府民政部门应当建立与其他部门之间的慈善信息共享机制。

第七十九条　慈善组织及其取得的收入依法享受税收优惠。

第八十条　自然人、法人和其他组织捐赠财产用于慈善活动的，依法享受税收优惠。企业慈善捐赠支出超过法律规定的准予在计算企业所得税应纳税所得额时当年扣除的部分，允许结转以后三年内在计算应纳税所得额时扣除。

境外捐赠用于慈善活动的物资，依法减征或者免征进口关税和进口环节增值税。

第八十一条　受益人接受慈善捐赠，依法享受税收优惠。

第八十二条　慈善组织、捐赠人、受益人依法享受税收优惠的，有关部门应当及时办理相关手续。

第八十三条　捐赠人向慈善组织捐赠实物、有价证券、股权和知识产权的，依法免征权利转让的相关行政事业性费用。

第八十四条　国家对开展扶贫济困的慈善活动，实行特殊的优惠政策。

第八十五条　慈善组织开展本法第三条第一项、第二项规定的慈善活动需要慈善服务设施用地的，可以依法申请使用国有划拨土地或者农村集体建设用地。慈善服务设施用地非经法定程序不得改变用途。

第八十六条　国家为慈善事业提供金融政策支持，鼓励金融机构为慈善组织、慈善信托提供融资和结算等金融服务。

第八十七条　各级人民政府及其有关部门可以依法通过购买服务等方式，支持符合条件的慈善组织向社会提供服务，并依照有关政府采购的法律法规向社会公开相关情况。

第八十八条　国家采取措施弘扬慈善文化，培育公民慈善意识。

学校等教育机构应当将慈善文化纳入教育教学内容。国家鼓励高等学校培养慈善专业人才，支持高等学校和科研机构开展慈善理论研究。

广播、电视、报刊、互联网等媒体应当积极开展慈善公益宣传活动，普及慈善知识，传播慈善文化。

第八十九条　国家鼓励企业事业单位和其他组织为开展慈善活动提供场所和其他便利条件。

第九十条　经受益人同意,捐赠人对其捐赠的慈善项目可以冠名纪念,法律法规规定需要批准的,从其规定。

第九十一条　国家建立慈善表彰制度,对在慈善事业发展中做出突出贡献的自然人、法人和其他组织,由县级以上人民政府或者有关部门予以表彰。

第十章　监督管理

第九十二条　县级以上人民政府民政部门应当依法履行职责,对慈善活动进行监督检查,对慈善行业组织进行指导。

第九十三条　县级以上人民政府民政部门对涉嫌违反本法规定的慈善组织,有权采取下列措施:

(一)对慈善组织的住所和慈善活动发生地进行现场检查;

(二)要求慈善组织作出说明,查阅、复制有关资料;

(三)向与慈善活动有关的单位和个人调查与监督管理有关的情况;

(四)经本级人民政府批准,可以查询慈善组织的金融账户;

(五)法律、行政法规规定的其他措施。

第九十四条　县级以上人民政府民政部门对慈善组织、有关单位和个人进行检查或者调查时,检查人员或者调查人员不得少于二人,并应当出示合法证件和检查、调查通知书。

第九十五条　县级以上人民政府民政部门应当建立慈善组织及其负责人信用记录制度,并向社会公布。

民政部门应当建立慈善组织评估制度,鼓励和支持第三方机构对慈善组织进行评估,并向社会公布评估结果。

第九十六条　慈善行业组织应当建立健全行业规范,加强行业自律。

第九十七条　任何单位和个人发现慈善组织、慈善信托有违法行为的,可以向民政部门、其他有关部门或者慈善行业组织投诉、举报。民政部门、其他有关部门或者慈善行业组织接到投诉、举报后,应当及时调查处理。

国家鼓励公众、媒体对慈善活动进行监督,对假借慈善名义或者假冒慈善组织骗取财产以及慈善组织、慈善信托的违法违规行为予以曝光,发挥舆论和社会监督作用。

第十一章　法律责任

第九十八条　慈善组织有下列情形之一的,由民政部门责令限期改正;逾期不改正的,吊销登记证书并予以公告:

(一)未按照慈善宗旨开展活动的;

(二)私分、挪用、截留或者侵占慈善财产的;

(三)接受附加违反法律法规或者违背社会公德条件的捐赠,或者对受益人附加违反法律法规或者违背社会公德的条件的。

第九十九条 慈善组织有下列情形之一的,由民政部门予以警告、责令限期改正;逾期不改正的,责令限期停止活动并进行整改:

(一)违反本法第十四条规定造成慈善财产损失的;

(二)将不得用于投资的财产用于投资的;

(三)擅自改变捐赠财产用途的;

(四)开展慈善活动的年度支出或者管理费用的标准违反本法第六十条规定的;

(五)未依法履行信息公开义务的;

(六)未依法报送年度工作报告、财务会计报告或者报备募捐方案的;

(七)泄露捐赠人、志愿者、受益人个人隐私以及捐赠人、慈善信托的委托人不同意公开的姓名、名称、住所、通讯方式等信息的。

慈善组织违反本法规定泄露国家秘密、商业秘密的,依照有关法律的规定予以处罚。

慈善组织有前两款规定的情形,经依法处理后一年内再出现前款规定的情形,或者有其他情节严重情形的,由民政部门吊销登记证书并予以公告。

第一百条 慈善组织有本法第九十八条、第九十九条规定的情形,有违法所得的,由民政部门予以没收;对直接负责的主管人员和其他直接责任人员处二万元以上二十万元以下罚款。

第一百零一条 开展募捐活动有下列情形之一的,由民政部门予以警告、责令停止募捐活动;对违法募集的财产,责令退还捐赠人;难以退还的,由民政部门予以收缴,转给其他慈善组织用于慈善目的;对有关组织或者个人处二万元以上二十万元以下罚款:

(一)不具有公开募捐资格的组织或者个人开展公开募捐的;

(二)通过虚构事实等方式欺骗、诱导募捐对象实施捐赠的;

(三)向单位或者个人摊派或者变相摊派的;

(四)妨碍公共秩序、企业生产经营或者居民生活的。

广播、电视、报刊以及网络服务提供者、电信运营商未履行本法第二十七条规定的验证义务的,由其主管部门予以警告,责令限期改正;逾期不改正的,予以通报批评。

第一百零二条 慈善组织不依法向捐赠人开具捐赠票据、不依法向志愿者出具志愿服务记录证明或者不及时主动向捐赠人反馈有关情况的,由民政部门予以警告,责令限期改正;逾期不改正的,责令限期停止活动。

第一百零三条 慈善组织弄虚作假骗取税收优惠的,由税务机关依法查处;情节严重的,由民政部门吊销登记证书并予以公告。

第一百零四条 慈善组织从事、资助危害国家安全或者社会公共利益活动的,由有关机关依法查处,由民政部门吊销登记证书并予以公告。

第一百零五条 慈善信托的受托人有下列情形之一的,由民政部门予以警告,责令限期改正;有违法所得的,由民政部门予以没收;对直接负责的主管人员和其他直接责任人员处二万元以上二十万元以下罚款:

(一)将信托财产及其收益用于非慈善目的的;

(二)未按照规定将信托事务处理情况及财务状况向民政部门报告或者向社会公开的。

第一百零六条 慈善服务过程中,因慈善组织或者志愿者过错造成受益人、第三人损害的,慈善组织依法承担赔偿责任;损害是由志愿者故意或者重大过失造成的,慈善组织可以向其追偿。

志愿者在参与慈善服务过程中,因慈善组织过错受到损害的,慈善组织依法承担赔偿责任;损害是由不可抗力造成的,慈善组织应当给予适当补偿。

第一百零七条 自然人、法人或者其他组织假借慈善名义或者假冒慈善组织骗取财产的,由公安机关依法查处。

第一百零八条 县级以上人民政府民政部门和其他有关部门及其工作人员有下列情形之一的,由上级机关或者监察机关责令改正;依法应当给予处分的,由任免机关或者监察机关对直接负责的主管人员和其他直接责任人员给予处分:

(一)未依法履行信息公开义务的;

(二)摊派或者变相摊派捐赠任务,强行指定志愿者、慈善组织提供服务的;

(三)未依法履行监督管理职责的;

(四)违法实施行政强制措施和行政处罚的;

(五)私分、挪用、截留或者侵占慈善财产的;

(六)其他滥用职权、玩忽职守、徇私舞弊的行为。

第一百零九条 违反本法规定,构成违反治安管理行为的,由公安机关依法给予治安管理处罚;构成犯罪的,依法追究刑事责任。

第十二章 附则

第一百一十条 城乡社区组织、单位可以在本社区、单位内部开展群众性互助互济活动。

第一百一十一条 慈善组织以外的其他组织可以开展力所能及的慈善活动。

第一百一十二条 本法自2016年9月1日起施行。

全国人民代表大会常务委员会
关于加强网络信息保护的决定

(2012年12月28日第十一届全国人民代表大会常务委员会第三十次会议通过)

为了保护网络信息安全,保障公民、法人和其他组织的合法权益,维护国家安全和社会公共利益,特作如下决定:

一、国家保护能够识别公民个人身份和涉及公民个人隐私的电子信息。

任何组织和个人不得窃取或者以其他非法方式获取公民个人电子信息,不得出售或者非法向他人提供公民个人电子信息。

二、网络服务提供者和其他企业事业单位在业务活动中收集、使用公民个人电子信息,应当遵循合法、正当、必要的原则,明示收集、使用信息的目的、方式和范围,并经被收集者同意,不得违反法律、法规的规定和双方的约定收集、使用信息。

网络服务提供者和其他企业事业单位收集、使用公民个人电子信息,应当公开其收集、使用规则。

三、网络服务提供者和其他企业事业单位及其工作人员对在业务活动中收集的公民个人电子信息必须严格保密,不得泄露、篡改、毁损,不得出售或者非法向他人提供。

四、网络服务提供者和其他企业事业单位应当采取技术措施和其他必要措施,确保信息安全,防止在业务活动中收集的公民个人电子信息泄露、毁损、丢失。在发生或者可能发生信息泄露、毁损、丢失的情况时,应当立即采取补救措施。

五、网络服务提供者应当加强对其用户发布的信息的管理,发现法律、法规禁止发布或者传输的信息的,应当立即停止传输该信息,采取消除等处置措施,保存有关记录,并向有关主管部门报告。

六、网络服务提供者为用户办理网站接入服务,办理固定电话、移动电话等入网手续,或者为用户提供信息发布服务,应当在与用户签订协议或者确认提供服务时,要求用户提供真实身份信息。

七、任何组织和个人未经电子信息接收者同意或者请求,或者电子信息接收者明确表示拒绝的,不得向其固定电话、移动电话或者个人电子邮箱发送商业性电子信息。

八、公民发现泄露个人身份、散布个人隐私等侵害其合法权益的网络信息,或者受到商业性电子信息侵扰的,有权要求网络服务提供者删除有关信息或者采取其他必要措施予以制止。

九、任何组织和个人对窃取或者以其他非法方式获取、出售或者非法向他人提供公民个人电子信息的违法犯罪行为以及其他网络信息违法犯罪行为,有权向有关主管部门举报、控告;接到举报、控告的部门应当依法及时处理。被侵权人可以依法提起诉讼。

十、有关主管部门应当在各自职权范围内依法履行职责,采取技术措施和其他必要措施,防范、制止和查处窃取或者以其他非法方式获取、出售或者非法向他人提供公民个人电子信息的违法犯罪行为以及其他网络信息违法犯罪行为。有关主管部门依法履行职责时,网络服务提供者应当予以配合,提供技术支持。

国家机关及其工作人员对在履行职责中知悉的公民个人电子信息应当予以保密,不得泄露、篡改、毁损,不得出售或者非法向他人提供。

十一、对有违反本决定行为的,依法给予警告、罚款、没收违法所得、吊销许可证或者取消备案、关闭网站、禁止有关责任人员从事网络服务业务等处罚,记入社会信用档案并予以公布;构成违反治安管理行为的,依法给予治安管理处罚。构成犯罪的,依法追究刑事责任。侵害他人民事权益的,依法承担民事责任。

十二、本决定自公布之日起施行。

消费者权益保护法

第三十七条　消费者协会履行下列公益性职责：

（一）向消费者提供消费信息和咨询服务，提高消费者维护自身合法权益的能力，引导文明、健康、节约资源和保护环境的消费方式；

（二）参与制定有关消费者权益的法律、法规、规章和强制性标准；

（三）参与有关行政部门对商品和服务的监督、检查；

（四）就有关消费者合法权益的问题，向有关部门反映、查询、提出建议；

（五）受理消费者的投诉，并对投诉事项进行调查、调解；

（六）投诉事项涉及商品和服务质量问题的，可以委托具备资格的鉴定人鉴定，鉴定人应当告知鉴定意见；

（七）就损害消费者合法权益的行为，支持受损害的消费者提起诉讼或者依照本法提起诉讼；

（八）对损害消费者合法权益的行为，通过大众传播媒介予以揭露、批评。

各级人民政府对消费者协会履行职责应当予以必要的经费等支持。

消费者协会应当认真履行保护消费者合法权益的职责，听取消费者的意见和建议，接受社会监督。

依法成立的其他消费者组织依照法律、法规及其章程的规定，开展保护消费者合法权益的活动。

第三十九条　消费者和经营者发生消费者权益争议的，可以通过下列途径解决：

（一）与经营者协商和解；

（二）请求消费者协会或者依法成立的其他调解组织调解；

（三）向有关行政部门投诉；

（四）根据与经营者达成的仲裁协议提请仲裁机构仲裁；

（五）向人民法院提起诉讼。

第四十七条　对侵害众多消费者合法权益的行为，中国消费者协会以及在省、自治区、直辖市设立的消费者协会，可以向人民法院提起诉讼。

律师法

第五章　律师协会

第四十三条　律师协会是社会团体法人，是律师的自律性组织。

全国设立中华全国律师协会，省、自治区、直辖市设立地方律师协会，设区的市根据需要可以设立地方律师协会。

第四十四条 全国律师协会章程由全国会员代表大会制定,报国务院司法行政部门备案。

地方律师协会章程由地方会员代表大会制定,报同级司法行政部门备案。地方律师协会章程不得与全国律师协会章程相抵触。

第四十五条 律师、律师事务所应当加入所在地的地方律师协会。加入地方律师协会的律师、律师事务所,同时是全国律师协会的会员。

律师协会会员享有律师协会章程规定的权利,履行律师协会章程规定的义务。

环保法

第五十三条 公民、法人和其他组织依法享有获取环境信息、参与和监督环境保护的权利。

各级人民政府环境保护主管部门和其他负有环境保护监督管理职责的部门,应当依法公开环境信息、完善公众参与程序,为公民、法人和其他组织参与和监督环境保护提供便利。

第五十七条 公民、法人和其他组织发现任何单位和个人有污染环境和破坏生态行为的,有权向环境保护主管部门或者其他负有环境保护监督管理职责的部门举报。

公民、法人和其他组织发现地方各级人民政府、县级以上人民政府环境保护主管部门和其他负有环境保护监督管理职责的部门不依法履行职责的,有权向其上级机关或者监察机关举报。

接受举报的机关应当对举报人的相关信息予以保密,保护举报人的合法权益。

五十八条 对污染环境、破坏生态,损害社会公共利益的行为,符合下列条件的社会组织可以向人民法院提起诉讼:

(一)依法在设区的市级以上人民政府民政部门登记;

(二)专门从事环境保护公益活动连续五年以上且无违法记录。

符合前款规定的社会组织向人民法院提起诉讼,人民法院应当依法受理。

提起诉讼的社会组织不得通过诉讼牟取经济利益。

德国、日本有关结社的法律法规

联邦德国结社法
(1964年8月5日通过,1974年3月2日最后修改)

第一章 通则

第一条（结社自由）
(1)组织社团是自由的（结社自由）
(2)为了保护公共安全与秩序,对于滥用结社自由的社团,只能依照本法干预。

第二条（社团的定义）
(1)本法所称社团是指多数的自然人或法人为共同的目的而在长时期内自愿地结合在一起,不问其法律形式如何能够有组织地表达其意思的一切社团。
(2)下列社团不是本法所称社团：
1.基本法第21条里的政党；
2.德国联邦议院和各州议会里的党团；
3.各种宗教组织和团体,以共同维护其信仰为任务,,而属于《基本法》第140条与1919年8月11日德国宪法第127条的范围者。

第二章 社团的禁止

第三条（禁令）
(一)如果社团管制机关认为,一个社团的目的和活动是与刑法相抵触的,该社团的宗旨是不利于宪法秩序的、不利于国际团结友好的思想的,并且经社团管制机关以命令加以确定后,对这个社团应予禁止。（《基本法》第9条第二款）命令中应指令该社团解散（禁令）。在一般情况下,随同禁令,对社团财产予以扣押和没收。
(二)管制机关为：
1.对于组织和活动限于在一个州的领域内的社团和社团的分支,为州的最高官厅；
2.对于组织和活动超出一个州的领域的社团和社团的分支,为联邦内务部长。
依上述第二点应由联邦内务部长管辖的社团的分支组织,州的最高厅对其发出禁令时,应与联邦内务部长协议后作出决定。联邦内务部长作出决定时,也应与上述第一点管辖社团分支组织的州的最高厅取得协议。

(3)除有明白的限制规定外,禁令的范围包括属于该社团的一切组织,只要这些组织按照整个事实关系可以认定是该社团的分支结构(分支组织)。至于具有法律上独立的主体资格的分支组织,则只在禁止命令中明文指定时,才包括在禁令范围以内。

(4)禁令用书面上形式发出,应说明其理由,并送达给社团,如系第三款后面的情形,并送达给该分支组织。禁令中的执行部分应在联邦公报、随后并应在州的政府通报中公布。禁令在送达后,最迟在公布于联邦公报后生效并予执行,但《行政法院组织法》第80条不受影响。

第四条(调查)

(一)社团管制机关在调查时,可以请求负责保卫公共安全与秩序的主管官厅和机关协助。联邦内务部长也可向州的最高官厅请求调查。

(二)社团管制机关或前款前段受到请求的机关,必须询问证人、扣押证据,或进行搜查时,应向管辖这些行为地区的行政法院提出申请。该法院的审判长或由其指定的法院成员发出法院的命令或措施。

(三)询问证人,准用《行政法院组织法》第98条的规定。

(四)扣押可以作为证据的物件,准用《刑事诉讼法》第94至第97条、第98条第四款至第99条至101条的规定。有足够的根据需要进行搜查以得到证据时,可以对社团的房间、对社团成员的房间、物品和人身加以搜查,也可以对社团的支持人的房间、物品和人身加以搜查。对其他的人进行搜查,则只在为要扣押一定的证据,而且根据事实得知该项证据物件是由该其他的人保管时,才许进行。此时,准用《刑事诉讼法》第104、第105条第二款至第四款、第106条至第110条的规定。

(五)在急迫情形下,社团管制机关,或依第一款前段受到请求的机关也可以命令实行扣押和搜查,但《刑事诉讼法》第99条的扣押不在此限。此时准用上面第四款和《刑事诉讼法》第98条第二款第一句和第二句的规定。在柏林州,此种扣押或搜查,由主管的柏林州官厅命令为之。

第九条[标志的禁用]

(一)一个被禁止的社团标志,在禁止执行期间,不得再在集会中使用,不得公开使用,也不得在散发的或用于散发的书面材料中,在录音带或缩微胶卷中,在绘画或演出中使用。

(二)前款的标志,特别包括旗帜、徽章、制服、口令以及敬礼形式。

(三)以上的规定,在第7条第二款第一句的命令的全部执行期间,也适用于一个代替组织的标志。

第三章 被禁止的社团的财产的扣押与没收

第十条 财产的扣押

(一)扣押(第3条第一款第二句)后禁止转让违反转让禁止而为的法律行为无效,

但他方当事人不知悉也不能知悉法律行为所涉及的标的是在扣押中首位,不在此限。扣押包括那些社团信托第三人面交付给他的财产,也包括第三人作为受托人为社团取得的财产。在信托关系的情形,准用关于保护从无权处分人取得的权利的规定。

(二)根据扣押命令,可以把社团所保管的他人的财产予以查封,根据特别命令,也可以把第三人报管中的财产予以查封。在完成查封的目的所必要时,也可以进入房屋、卡其锁闭的门户和箱柜等。在有不利于查封的情况是,准许不预先警告或不预定期间而实施直接强制手段。

(三)社团管制机关可以任命管理人管理扣押财产,并可将之解职,管理人在社团机关的指示工作。

(四)社团的理事有义务提供关于社团财产的状况与所在地的情报。在社团管制机关的要求下,理事应该造具财产清单,并且宣誓证明其为真实。这种宣誓应该依社团管制机关的请求按照《民法典》第260条第二款所指出的内容,在宣誓义务人住所地的初级法院举行。

(五)撤销扣押、延期执行扣押,以及在执行,都没有溯及的效力。

第十一条[财产的没收]

(一)财产的没收(第3条第一款第二句),在第3条第二款第一项的情形,由州没收之,在第3条第二款第二项的情形,由联邦没收之。没收也包括第10条第一款第三句的应扣押的财产,但不包括社团委托给第三人保管的财产。

(二)禁令与没收命令确定后,有没收权者即取得社团财产与第一款第二句里的财产,这些财产组成为特殊财产的集合。财产属于一个具有社团、公司或基金会的法律形式的分支组织的,组成为一个单独的财产集合。原社团以及其财产被没收的分支组织,即行消灭。其一切法律关系在没收程序中进行清算。

(三)联邦内务部长是社团管制机关时,可以委托联邦行政机关或其他联邦官厅实施没收和清算工作(第13条)(没收机关)。此时准用第10条第三款的规定。这种委托应在联邦公报以及州的官方通报公布之。

(四)如果能够保证,社团的财产不会再用于《基本法》第9条第二款里那种行为上,或者不会因没收使财产分散而被滥用,仍能保持财产的完整,并且,如果社团的财产只是一些价值不大的物件,社团管制机关就可以不予没收。社团管制机关可以任选清算人。第12条第一款第一句适用于对清算收入款的请求权。

第十二条[第三人财产的没收]

(一)在下列情况下,第三人对于社团的债权,也由社团管制机关或没收机关予以没收:

1.这种债权,按照债权的种类、范围和目的,是提供给社团供其进行一种故意违反宪法的活动的。

2.这种债权之发生,是为了逃避社团管制机关对社团财产采取行动,或是为了减少社团财产的。

如果债权人是通过财产让与的方式而取得的债权,就只在债权人取得时期明知上述的事实时,可以予以没收。

（二）由社团保管的第三人的财产，如果权利人以其转让行为帮助社团进行违反宪法的活动的，应予没收。

（三）第三人对于依第11条第一款、第12条第一款或第二款没收的财产上的权利，仍然存在。这些权利的发生与取得如果符合于第一款里的要件时，即予没收。

（四）依第一款至第三款没收的财产，在禁令和没收命令确定时，应移交给因没收而得到财产的机关。不能继承的权利，即行消灭。

（五）社团在禁令发出前六个月内所为的处分行为，如果是意图转移社团财产而又为对方当事人所知悉时，这种行为对于因没收而得到财产的机关，不生效力。如果这种行为的受益是社团的成员，或者是《破产法》第31条第二项里的该成员的亲属时，推定其知悉上述的意图。

第十三条[清算]

（一）在社团管制机关和没收机关所定的除斥期间内，已经申报其债权的债权人，都由特殊的财产集合中清偿之。一切债权，如在破产时属于破产债权者，在法令没有其他规定时，只能在没收财产（第11条第一款）的换得价额足以清偿全体债权人时，才能受到清偿，在除斥期间内未申报的债权，即为消灭。

（二）为了避免发生不公平的苛刻情况，社团管制机关或没收机关可以命令免除第11条第一款第二句里的财产没收，或者不进行第12条里的没收。

（三）财产不能满足对于特殊的财产集合提出的全部请求时，依社团管制机关或没收机关的申请，可以对该特殊的财产集合进行破产程序，第12条的规定不受影响，因扣押（第3条，第一款第二句）而发生的管理费用，以及按照禁令对社团要求法律援助而发生的诉讼费用，都属于财产集合的费用，管理债务也属于财产集合的债务。破产管理人由破产法院依社团管制机关和没收机关的提议而任免之《破产法》第80条第87条至第92条，第101条第125条于此不适用之。

（四）在满足了对特殊的财产集合的全部请求权之后，剩余的财产以及依第12条没收的财产，由因没收而取得财产的机关为公众的利益而使用之。

第四章　特别规定

第十四条（外国人社团）

（一）成员和领导人全部或大部分为外国人的社团（外国人社团）除了因基本法第9条第二款的原因外，如果它的政治活动破坏了或者危害了德意志联邦共和国或其一周州内部安全、外部安全、公共秩序或其他重大利益时，也可以依本法的规定予以禁止。

（二）此外，关于外国人社团必须维护公共安全和秩序的法律规定依然不受影响。

第十五条（外国的社团）

（一）位于外国的社团（外国的社团），其组织或成员活动在本法施行的地域以内的，准用第14条的规定，禁止这种社团的主管机关为联邦内务部长。

（二）外国的社团以及属于它的分支社团，其成员及领导人全部或者大部分为德国人时,只能在有《基本法》第 9 条第二款的原因时,予以禁止或将之包括的一个禁令之内。

第十六条(受雇者与雇主的团体)

(一)享受 1984 年 7 月 9 日《国际劳工组织关于同盟自由的第 87 号公约》的保护,以及享受《同盟法》保护的团体,要依第 3 条第一款对之发出的禁令或发出第 8 条第二款第一句的命令时,必须由法院对该禁令或命令予以许可,此时不适用第 3 条第四款、第 8 条第二款和第三句和第四句的规定。

(二)社团管制机关应该依《行政法院法》第 48 条第 50 条第一款第二项的主管法院提出书面的,附具理由的决定,法院将该决定送达于该团体以及属于该团体的、决定中指出的、非地域性的、本身有法律上的人格的分支组织(第 1 条第三款第二句)。社团管制机关,该团体,与在决定中指出的,非地域性的本身有法律上的人格的分支组织(第 1 条第三款第二句)以及《行政法院法》第 63 条第三项第四项的参与人,均参加此项诉讼程序。

(三)法院不予许可时,即在判决中同时撤销禁令或者命令。

(四)法院依社团管制机关的申请可以发出紧急的临时命令,特别是可以命令对社团财产进行扣押。法院应将实施禁止的命令和扣押命令依第 3 条第四款第二句予以公布。

〈资本公司、合作社、互相保险会社〉

只有在以下情况之一,本法才适用于股份公司、股份两合公司、有限责任公司、合作社以及相互保险会社:

1.该组织(指上列各种公司等组织,下同。译者注)的宗旨不利于宪法程序,不利于国际团结友好的思想,而具目的和活动是与保卫国家的刑事法律相抵触的。

2.该组织依第 3 条第三款是属于以前项原因发出的禁令所包括的分支组织

3.该组织是依第一项原因而被禁止的社团的代替组织

第十八条(社团禁令的实施区域)

位于本法施行,区域以外的社团。而在本法施行区域有分支组织时,对该社团的禁令只及于在本法施行区域以内的分支组织。如该社团在本法施行区域内无组织时,禁令(第 3 条第一款)只及于该社团在本法施行区域的活动。

第五章 终结规定

第十九条(法令)

联邦政府经联邦参议院批准后,可以以法令规定下列事项

1.关于禁令的执行,特别是解散社团,扣押和撤销扣押,以及社团在扣押中财产的管理。

2.没收的程序,除斥期间(第 13 条第一款第一句)对债权人的提前清偿(第 13 条第一款第二句),第 13 条第二款的实行或土地登记簿令的变更,为适应收收时特别情况而对特殊财产集合的破产的详细规定

3.关于使用被没收的财产的详细规定

4.关于外国人的社团和外国的社团的申请义务与报告义务,关于申报的内容、形式与程序,以及报告义务的详细事项

第二十条(对禁令的违法行为)

(一)在本法施行的区域内有以下行为之一,而未依《刑法典》第84条、第85条、第86条之一或第129条受到处罚的,处一年以下有期徒刑或处罚金:

1.违反执行中的禁令,违反已执行的确定该组织是一个被禁止的社团的代替的组织决定,依旧维护该社区团的组织关系,或仍在该组织中为其成员活动的。

2.违反已执行的认定该组织是一个被禁止的政党的代替组织(《政党法》第33条第三款)的决定,依旧维持该社团的组织关系,或仍在该社团中为其成员而活动的

3.对于前两款中的社团或政党的组织给予支持的

4.是违反第18条第二款的已执行的禁令的

5.在禁令的实行期间或实施决定施行期间、散发或公开使用,或在集会中使用第一项或第二项中的社团或政党的标志的,在此情形,准用第9条第一款第二句、第二款的规定。

(二)有下列情况之一时,法院对前款里的行为可以不予处罚:

1.参加人的责任极其轻微,其行为并无重大意义的

2.行为人自愿而认真地阻止该社团该政党继续活动,这个目的达到或者未经他的行为,目的也达到时,对这个行为人不予处罚

(三)第一款第五项里的罪行所用的标志,予以没收。

第二十一条(对法令的违反行为)

(一)故意或过失违反依第19条第四项发出的法令,而该法令就一定的情形定有罚款规定的,即属违反本法的行为

(二)对违反本法的行为可以处以两千德国马克以下的罚款

第二十二条至第二十九条略

(这几条是修改其他各种法律的规定,已列入该各项法律中)

第三十条(法规的废除与继续使用)(略)

第三十一条(过渡规定)(略)

第三十二条{基本权利的限制}

通信秘密与邮电秘密的基本权利(《基本法》第10条}与住宅不受侵犯的基本权利《基本法》第13条),均依本法予以限制。

第三十三条(本法适用于柏林州)(略)

第三十四条(施行)

本法于公布后满一个月时施行。

(注:本法于1964年8月12日公布)

日本特定非营利活动促进法
(1998年第7号法律)

第一章 一般规定

(宗旨)

第一条 本法的目的是,通过赋予从事特定非营利活动的组织以法人地位等手段,促进志愿者从事的特定非营利活动以及其他由公民无偿进行的有利于社会的活动的健康发展,从而促进公共福利的进步。

(定义)

第二条

I. 本法所称"特定非营利活动",是指附录中列明的以促进多数不特定人的利益为目的的活动。

II. 本法所称"特定非营利活动法人",是指以从事特定非营利活动为主要目的,符合下列各项条件,并且依据本法设立为法人的组织:

(一)符合以下的二项要求,并不以营利为目的的组织:

1. 没有对社员资格的取得和丧失规定不合理的条件;
2. 领取报酬的负责人员不超过负责人员总数的三分之一;

(二)事业活动符合以下各项条件的组织:

1. 所从事的活动不以宣传宗教教义、举行宗教仪式或者教育和发展信徒为目的;
2. 所从事的活动不以推广、支持或者反对某一政治主张为目的;
3. 所从事的活动不以推举、支持或者反对某一公职[指《公职人员选举法》(1950年第100号法律)第三条规定的公职。以下相同]的某个候选人(包括将来的候选人)、某一个公职人员或者某个政党为目的。

第二章 特定非营利活动法人

第一节 通则

(原则)

第三条

I. 特定非营利活动法人不得从事为了特定个人、法人或者其他组织的利益的活动。

II. 特定非营利活动法人不得为一个特定的政党所利用。

(名称的使用限制)

第四条

除特定非营利活动法人外,任何其他组织不得在其名称中使用"特定非营利活动法人"的字样或者任何其他可能与此混淆的文字。

(收益活动)

第五条

I. 特定非营利活动法人可以从事以取得用于特定非营利活动的经费为目的的活动(以下简称"收益活动"),但是该收益活动不得影响非营利活动的进行。

II. 收益活动的账目必须与该特定非营利活动法人所从事的特定非营利活动的账目互相独立,并且作为特别账目管理。

(住所)

第六条

特定非营利活动法人的住所是其主事务所所在地。

(登记)

第七条

I. 特定非营利活动法人应当根据内阁法令的规定进行登记。

II. 前款规定应当登记的事项,登记完成后方可对抗第三人。

(《民法》的准用)

第八条

《民法》(1896年第89号法律)第四十三和四十四条准用于特定非营利活动法人。

(政府主管机关)

第九条

I. 特定非营利活动法人的政府主管机关是该特定非营利活动法人的主事务所所在地的都、道、府、县知事。

II. 在二个以上都、道、府、县有事务所的特定非营利活动法人,由经济企划厅厅长作为政府主管机关,不适用前款规定。

第二节 设立

(设立的认证)

第十条

I. 特定非营利活动法人的设立人,应当根据内阁府令(对于不适用第九条第二款规定的特定非营利活动法人,为都、道、府、县的法令;以下相同,但是第二十六条第三款和第四十四条第二款除外)提出申请以及下列文件,并且必须取得设立认证:

(一)章程;

(二)关于负责人员的下列文件:

1.负责人员名册(指关于每个负责人员的姓名、住所或者居所的名册);

2.每位负责人员的同意任职信,以及内阁府令所规定的证明其住所或者居所的文件;

3.每位负责人员做出的关于其不属于第二十条规定的范围并且将不违反第二十

一条规定的誓约的书面誊本;

　　4.领取报酬的负责人员的名册;

　(三)记载了十名以上社员的姓名(社员是法人的,指法人的名称和法定代表人的姓名)及其住所或者居所的书面文件;

　(四)确认第二条第二款第二项和第十二条第一款第三项的规定被遵守的书面文件;

　(五)设立趣旨书;

　(六)发起人名册(指每一个发起人的姓名和住所或者居所);

　(七)记载有设立特定非营利活动法人的意思表示的会议记录誊本;

　(八)成立时的财产清单;

　(九)设有事业年度的,关于成立后第一个事业年度的说明;

　(十)成立后第一个年度和第二个年度的事业计划(规定了财务年度的,指第一个财务年度和第二个财务年度。下同);

　(十一)成立后第一个和第二个年度的收支预算报告;

Ⅱ.前款规定的认证申请提出后,政府主管机关应当立即将该申请以及以下事项予以公告,并在收到申请之日起二个月内,将前款规定的第一项、第二项第一目、第五项、第十项以及第十一项规定的文件备置于指定地点,供公众查阅:

　(一)提出申请的时间;

　(二)申请中的特定非营利活动法人的名称,法定代表人姓名,主事务所所在地,以及章程中规定的目的。

(章程)

第十一条

Ⅰ.特定非营利活动法人的章程应当记载以下事项:

(一)目的;

(二)名称;

(三)从事的非营利活动的种类以及与该非营利活动相关的事业活动种类。

(四)主事务所和其他事务所所在地;

(五)关于社员资格的取得和丧失的事项;

(六)关于负责人员的事项;

(七)关于会议的事项;

(八)关于财产的事项;

(九)关于会计的事项;

(十)关于拟从事的收益活动的种类和其他细节的事项;

(十一)关于解散的事项;

(十二)关于章程修改的事项;

(十三)公告的方法。

Ⅱ.成立时的负责人员应当在章程中列明。

Ⅲ.如果章程中关于本条第一款第十一项说明的事项的规定为,剩余财产归属于一个组织该组织必须是一个特定非营利活动法人或者下列组织中的一种：

（一）中央政府或者地方公共机构；

（二）依据《民法》第三十四条成立的法人；

（三）《私立学校法》(1949年第270号法律)第二十二条规定的学校法人；

（四）《社会福利法》(1951年第45号法律)第二十二条规定的社会福利法人；

（五）《更生保护事业法》(1995年第86号法律)第二条第六款规定的更生保护法人。

（取得认证的条件等）

第十二条

I. 政府主管机关如果认为根据第十条第一款规定提出的认证申请符合下列条件，应当对其设立进行认证：

（一）设立程序、申请以及章程的内容符合法律法令的规定；

（二）提出申请的特定非营利活动法人是第二条第二款规定的组织；

（三）提出申请的特定非营利活动法人不是暴力犯罪组织[指《暴力犯罪组织成员不当行为防止法》(1991年第77号法律)第二条第二款规定的暴力犯罪组织；下同]，也不受暴力犯罪组织或者其成员（包括一个暴力犯罪组织下属组织的成员）的控制；

（四）申请中的特定非营利活动法人的社员有十人以上。

II. 根据前款规定作出的认证或者不认证的决定应当在第十条第二款规定的期限届满后二个月内作出，但是有正当理由的除外。

III. 政府主管机关根据第一款的规定作出不认证的决定的，政府主管机关应当立即书面通知提出申请的人，并说明不认证的理由。

（成立的时间等）

第十三条

I. 在主事务所所在地进行设立登记后，特定非营利活动法人成立。

II. 特定非营利活动法人进行了前款规定的登记后，应当立即书面通知政府主管机关，并提交表明登记已经完成的登记证书誊本。

（《民法》的准用）

第十四条

《民法》第五十一条第一款（仅限于其中关于法人设立时间的部分）准用于特定非营利活动法人的设立。

第三节 管理

（负责人员）

第十五条

特定非营利活动法人应当设置理事三人以上，监事一人以上。理事与监事构成负责人员。

（理事的代表权）

第十六条

理事在一切事务上代表特定非营利活动法人，但是章程可以限制理事的代表权。

（事务决定）

第十七条

特定非营利活动法人的事务，由理事过半数决定，但是章程另有规定的除外。

（监事的职责）

第十八条

监事应当履行下列职责：

（一）监督由理事的业务执行状况；

（二）监督特定非营利活动法人的财产状况；

（三）进行上二项规定的监督活动时，发现了关于业务活动或者财产的不当行为或者违反法律、法令或者章程的重要情况的，向社员大会或者政府主管机关报告；

（四）如果为了提交前项规定的报告有必要，召集社员大会；

（五）就理事的业务执行的状况以及特定非营利活动法人的财产状况向理事提出建议。

（监事兼职的禁止）

第十九条

监事不得在特定非营利活动法人中同时担任理事或者工作人员。

（负责人员资格的禁止性条件）

第二十条

下列人员不得担任特定非营利活动法人的负责人员：

（一）禁治产人或者准禁治产人；

（二）破产人，并且尚未复权的；

（三）曾被判处徒刑或者更为严厉的刑事处罚，并且刑事处罚执行完毕或者停止执行之日起未满二年的；

（四）曾因为违反本法、《暴力犯罪组织成员不当行为防止法》（但第三十一条第七款除外）、《刑法》（1907年第45号法律）第二百零四条、第二百零六条、第二百零八条、第二百零八之二条、第二百二十二条或者第二百四十七条，或者《暴力行为等行为处罚法》（1926年第60号法律），而被判处罚金的刑事处罚，并且刑事处罚执行完毕或者停止执行之日起未满二年的；

（五）曾任某个已经解散特定非营利活动法人的负责人员，该法人的设立认证被根据本法第四十三条被撤销，并且自设立认证被撤销之日起未满二年的。

（对负责人员之间的亲属等关系的限制）

第二十一条

负责人员中，与任何一个负责人员有配偶或者三亲等内的亲属关系者不得超过一人，并且一个负责人员及其配偶或者三亲等之内的亲属的人数不得超过负责人员总数的三分之一。

（负责人员空缺的补充）

第二十二条

理事或者监事的总数的三分之一职位空缺的，应当立即补充。

（负责人员变更的通知）

第二十三条

I. 特定非营利活动法人的负责人员的姓名、住所或者居所发生变更的，应当立即通知政府主管机关。

II. 新的负责人员就任后（但任期届满连任的情形除外），特定非营利活动法人进行前款规定的通知时应当同时提交关于该负责人员的本法第十条第一款第二项第二、三目所规定的文件。

（负责人员的任期）

第二十四条

I. 债权人没有在第三十五条第二款规定的期限内对合并提出异议的，视为同意合并。

II. 有债权人提出异议的，特定非营利活动法人应当满足其债权，或者对其提供相当的担保，或者将相当的财产以满足该债权为目的信托给信托公司或者有信托业务的银行，但是合并对该债权人没有损害的，不受上述限制。

第三十七条

合并后设立新的特定非营利活动法人的，由每个合并的特定非营利活动法人选任的人共同制定章程和进行其他有关特定非营利活动法人设立的事项。

（合并的效力）

第三十八条

合并后存续的特定非营利活动法人或者因合并而设立的特定非营利活动法人，对于因为合并而终止的或者多个特定非营利活动法人的权利义务（包括基于该一个或者多个特定非营利活动法人的业务领域的有关行政机关的许可或者行政行为而发生的权利义务），全部承受。

（合并的时间）

第三十九条

I. 特定非营利活动法人的合并，于合并后存续的特定非营利活动法人或者因为合并而设立的特定非营利活动法人在主事务所所在地完成登记时，发生效力。

II. 本法第十三条第二款准用于前款规定的登记。

（《民法》的准用）

第四十条

《民法》第六十九、七十、七十三至七十六条和第七十七条第二款（限于有关申报的部分）、第七十八至八十三条以及《非讼事件程序法》第三十五条第二款、第三十六条、第三十七条第二款和第一百三十六至一百三十八条，准用于特定非营利活动法人的解散和清算。于此情形下，《民法》中的第七十七条第二款和第八十三条规定的"主管机关"应当被理解为政府主管机关。

第五节　监督

（报告和检查）

第四十一条

I. 政府主管机关有充分理由怀疑特定非营利活动法人违反了法律、法规、根据法律法规而为的行政行为或者章程的，可以要求该特定非营利活动法人就业务活动状况或者财产状况提交报告，也可以派遣政府主管机关的官员进入该特定非营利活动法人的事务所或者设施，并检查其业务活动状况、财产状况或者账簿、文件和其他资料。

II. 政府主管机关根据前款规定进行检查时，政府主管机关应当要求其官员向特定非营利活动法人的负责人员或者有权管理受到检查的事务所或者设施的人士（本款以下简称"负责人员等人"），出示一份说明前款规定的充分理由的文件。负责人员等人要求提交该文件的，应当提交。

III. 执行前款规定的检查的官员，应当持有表明其身份的证明，并且必须向有关人员出示。

IV. 第一款规定的检查权不得被解释为进行刑事侦查。

（改进的命令）

第四十二条

政府主管机关认为特定非营利活动法人没有满足本法第十二条第一款第二、三、项的要求，或者违反了法律、法规、根据法律法规作出的行政行为或者章程的规定，或者其业务活动显然欠缺合理性，可以命令特定非营利活动法人在一定期限内采取必要的改进措施。

（设立认证的撤销）

第四十三条

I. 特定非营利活动法人违反了本法第四十二条规定的命令，并且政府主管机关无法以其他手段达到监督目的，或者特定非营利活动法人三年以上没有提交本法第二十九条第一款规定的事业报告书等、负责人员名册等或者章程等，政府主管机关可以撤销其对该特定非营利活动法人的设立认证。

II. 特定非营利活动法人违反了法律、法规，并且显然发出第四十二条规定的命令也无法期待因此能够发生改进，并且无法以其他手段达到监督目的时，政府主管机关可以不发出第四十二条规定的命令而撤销设立认证。

III. 特定非营利活动法人提出请求时，应当尽量就前两款规定的设立认证之撤销在听证日举行公开听证会。

IV. 特定非营利活动法人提出了前款规定的请求，但是政府主管机关不在听证日举行公开听证会的，应当向该特定非营利活动法人书面说明不举行公开听证会的理由。

第六节 其他规定

（信息提供）

第四十四条

I. 经济企划厅厅长应当向特定非营利活动法人的本法第九条第二款规定的事务所所在地的都、道、府、县知事，提供将本法第二十九条第二款规定的文件复本（已经根据本款规定提交的除外），以供其审阅。

II. 本法第九条第二款规定的特定非营利活动法人，应当根据内阁府令，向经济企划厅厅长提交前款规定的文件复本。

III. 都、道、府、县知事，可以根据所在都、道、府、县的法令，可以许可他人查阅其依据本条第一款规定收到的文件复本。

（实施细则）

第四十五条

除本章规定外，关于执行本章规定的程序和其他必要细则，由内阁府令规定之。

第三章 税法上的特殊待遇

第四十六条

特定非营利活动法人应当被视为《法人税法》（1965年第34号法律）第二条第六项规定的公益法人等组织的一种，适用该法以及其他法律法规中关于法人税收的有关规定。在此情形下，适用该法第三十七条时，第三款规定的"公益法人等组织"应当被理解为"《特定非营利活动促进法》（1998年第7号法律）规定的公益法人等组织（不包括公司。以下称为'特定非营利活动法人'）"，同条第四款规定的"公益法人等组织"应当被理解为"公益法人等组织（特定非营利活动法人除外）"；适用该法第六十六条时，该条第一款和第二款中的"普通法人"应当被理解为"普通法人（包括特定非营利活动法人）"，第三款中的"公益法人等组织"应当被理解为"公益法人等组织（特定非营利活动法人除外）"；适用《特别税务措施法》（1957年第26号法律）第六十八之六条时，该条中的"那些法人"应当被理解为"那些法人[对于《特定非营利活动促进法》（1998年第7号法律）第二条第二款所规定的法人，限于内阁法令限定为小规模法人者]"。

II. 适用《消费税法》（1988年第108号法律）和关于消费税的其他法律法规时，特定非营利活动法人应当被视为《消费税法》附录三中列举的法人中的一种。

III. 适用《地价税法》（1991年第69号法律）和关于地价税的其他法律法令（该法第三十三条除外）时，特定非营利活动法人应当被视为《土地税法》第二条第六项规定的公益法人等组织的一种，但是在适用依照该法第六条而制定的关于地价税免除的法律法规时，特定非营利活动法人应当被视为该法第二条第七项规定的无人格团体等的一种。

第四章 罚则

第四十七条

违反本法第四十二条规定的命令者,应当被处以500,000日元以下的罚金。

第四十八条

特定非营利活动法人的法定代表人、代理人、雇用人或者其他工作人员在该特定非营利活动法人的业务活动中违反了前条规定的,对该特定非营利活动法人和违法的个人都应当处以该条规定的刑罚。

第四十九条

特定非营利活动法人的理事、监事或者清算人有下列情形之一的,应当处以200,000日元以下的非刑事性罚款:

(一)没有进行本法第七条第一款规定的内阁命令所要求的登记;

(二)没有提交根据本法第十四条准用的《民法》第五十一条第一款所要求的财产清单,或者在清单中应当包括的事项被没有被列入,或者列入的内容不真实;

(三)违反本法第二十三条第一款或者第二十五条第六款的规定,没有进行通知,或者通知有错误;

(四)没有根据本法第二十八条第一款的规定保存有关文件,或者在这些文件中应当包括的事项没有被列入,或者列入的内容不真实;

(五)没有提交本法第二十九条第一款规定的文件;

(六)没有制作本法第三十五条第一款规定的文件,或者这些文件中应当包括的内容没有列入,或者列入的内容不真实;

(七)违反了本法第三十五条第二款或者第三十六条第二款;

(八)没有根据依照本法第四十条准用的《民法》第七十条第二款或者第八十一条第一款提出破产宣告申请;

(九)没有根据依照本法第四十条准用的《民法》第七十九条第一款或者第八十一条第一款所规定的公告,或者公告的内容不真实;

第五十条

违反本法第四条的,应当处以100,000日元以下非刑事性罚款。

附则

(施行日期)

1.本法自通过后一年内,根据内阁命令生效和施行。

(评估)

2.本法施行后三年内应当对特定非营利活动法人制度进行评估,并根据评估的结果应当采取必要的对策。

（过渡办法）

3.对于本法施行后六个月内根据本法第十条第一款规定提交的认证申请,在适用第十二条第二款规定时,其中的"在二个月内"字样应当被理解为"本法施行后十个月内"。

（《地方税法》的修订）

4.《地方税法》（1950年第226号法律）应当作如下修订：

第二十四条第五款中的"社区组织,以及"修改为"社区组织","政治组织"后增加"以及《特定非营利活动促进法》（1998年第7号法律）第二条第二款规定的法人"字样。

第五十三条第二款第三项中的"社区组织,以及"修改为"社区组织","政治组织"后增加"以及《特定非营利活动促进法》（1998年第7号法律）第二条第二款规定的法人"字样。

第五十三条第十二款中,"公益法人等组织"之后,增加"（包括《特定非营利活动促进法》第二条第二款规定的法人）"。

第七十二之五条第一款中应当增加一项："（十二）《特定非营利活动促进法》第二条第二款规定的法人。"

第二百九十四条第七款、第三百一十二条第三款第三项和第七百零一之三十四条第二款中的"社区组织,以及"修改为"社区组织","政治组织"后增加"以及《特定非营利活动促进法》第二条第二款规定的法人"字样。

5.《经济企划厅组织法》的修订）

《经济企划厅组织法》（1952年第263号法律）作如下修订：

第四条第十项后增加以下一项：

"（十）之二、执行与实施《特定非营利活动促进法》（1998年第7号法律）有关的行政管理工作,但是委托给都、道、府、县的工作除外。"

第五条第六项之后增加以下一项：

"（六）之二、作为《特定非营利活动促进法》（1998年第7号法律）规定的政府主管机关的职权,以及协助内阁总理汇编、修订和废止该法授权的内阁首相办公室的法令的职权。"

附录（本法第二条）

1.促进健康、医疗或者福利事业的活动

2.促进社会教育的活动

3.促进社区发展的活动

4.促进文化、艺术或者体育的活动

5.环境保护活动

6.灾害救援活动

7.促进社区安全的活动

8.保护人权或者促进和平的活动

9.促进国际合作的活动

10. 促进形成一个两性平等参与的社会的活动
11. 促进对青年的健全培养的活动
12. 对从事上述活动的组织进行行政管理,或者提供与上述活动有关的联络、咨询或者协助的活动。

关于《特定非营利活动促进法》的补充决议

(众议院内阁事务委员会1998年3月17日通过)

为促进特定非营利活动的健康发展,特就下列事项所应采取的必要措施决议如下:

1. 就本法的施行,谨记《日本国宪法》所规定的宗教自由、结社自由和表达自由,应当努力保证特定非营利活动法人的独立性等到完全的尊重,努力按照本法以及国会的意旨促进行政管理的公正与透明。

2. 特定非营利活动法人以及为了促进和支持特定非营利活动而制定的税收制度,应当在本法施行后二年内,根据上述活动的实际状况进行评估并得出相应结论。

3. 对非营利法人制度,包括根据《民法》第三十四条建立的公益法人制度的全面评估,应当在将来进行。

4. 对于附录中所列举的十二项内容,应当努力予以执行,以将范围广阔的特定非营利活动包括在其中。

5. 在中央各部和机构进行重组时,应当从一个新的视角,对于如何执行本法以及就管辖权的确定建立一个有效的制度进行充分的考虑。

国际组织关于结社的公约

国际劳工组织关于结社自由和集体谈判的公约和建议 结社自由和组织权利保护公约,1948(第87号)

国际劳工组织大会,

经国际劳工局理事会召集,于一九四八年六月十七日在旧金山举行其第三十一届会议,经决定以公约形式采纳本届会议议程第七项关于结社自由和保护组织权利的某些提议;

考虑到国际劳工组织章程的序言申明,"承认结社自由的原则"是改善劳动者的条件和保障和平的一种手段;

考虑到费城宣言重申"言论自由和结社自由是不断进步的必要条件";

考虑到国际劳工大会第三十届会议曾经一致通过了应作为国际准则基础的各项原则;

考虑到联合国大会第二届会议对于这些原则表示赞同,并敦请国际劳工组织继续努力,以期制订一项或几项国际公约;

于一九四八年七月九日通过以下公约,引用时得称之为一九四八年结社自由和保护组织权利公约:

第一部分 结社自由

第一条

凡本公约对其生效的国际劳工组织会员国,承诺实行下列规定。

第二条

工人和雇主应毫无区别地有权不经事先批准建立和参加他们自己选择的组织,其唯一条件是遵守有关组织的规章。

第三条

1. 工人组织和雇主组织应有权制定其各自组织的章程和规则,充分自由地选举其代表,自行管理与安排活动,并制订其行动计划。

2. 公共当局应避免进行任何旨在限制这种权利或妨碍其合法行使的干涉。

第四条

行政当局不得解散工人组织和雇主组织或中止其活动。

第五条

工人组织和雇主组织有权建立和加入联合会和同盟会,任何工人组织、雇主组织、联合会或同盟会,均有权参加工人的和雇主的国际组织。

第六条

本公约第2、3、4条的规定,适用于工人组织和雇主组织的联合会和同盟会。

第七条

对于工人组织、雇主组织、它们的联合会和同盟会获得法人资格的问题,不得以限制应用本公约第2、3、4条的规定为条件。

第八条

1. 工人、雇主及其各自的组织在行使本公约规定的各项权利时,应与其他个人或团体一样遵守本国的法律。

2. 本国的法律及其实施方式均不得损害本公约所规定的各项保障。

第九条

1. 本公约规定的各项保障适用于军队和警察的程度,应由国家法律或条例予以确定。

2. 依照国际劳工组织章程第19条第8款规定的原则,任何会员国对本公约的批准,不得认为可以影响已给予军队和警察人员本公约所规定的各项保障的现行法律、裁定、习惯或协议。

第十条

在本公约中,"组织"一词,系指以促进和保护工人或雇主的利益为目的的任何工人组织或雇主
组织。

第二部分　劳工保护组织权利

第十一条

凡本公约对其生效的国际劳工组织会员国,承诺采取一切必要和适当的措施保证工人和雇主自由地行使组织权利。

第三部分　杂项规定

第十二条

1. 国际劳工组织每一成员国应在批准本公约时(或在批准后尽速)就经1946年国际劳工组织组织法修正书修正后的国际劳工组织组织法第35条所述领土(该条修正后第4款和第5款所述领土除外),向国际劳工局局长提出一份声明,说明

(1) 该国承担不经修改地适用本公约规定的领土;

(2) 该国承担在加以修改的情况下适用本公约规定的领土,以及这些修改的细节;

(3) 不适用本公约的领土,以及不适用的原因;

(4) 该国保留。

2. 本条第1款(1)、(2)两项所述的承担,应视为批准书的组成部分,具有批准

效力。

3. 任何成员国随时可以另具声明,全部或局部撤销它在原来声明里按本条第1款(2)、(3)、(4)项所作的任何保留。

4. 任何成员国可以在按照第16条规定得退出本公约的时候,以声明送交局长,对任何以前声明里的条件,加以任何修改,并说明它现在对某些它可能指定的领土所持的立场。

第十三条

1. 倘若本公约的主题属于任何非本部领土的自治权限范围,负责该领土国际关系的成员国可以在得到该领土政府的同意后,向国际劳工局局长提出一份代表该领土接受本公约义务的声明。

2. 可以向国际劳工局局长提出接受本公约义务的声明的,还有下列情况:

(1) 由国际劳工组织两个或两个以上成员国就它们共同管辖下的任何领土提出;

(2) 由按照联合国宪章或其他规定负责管理任何领土的任何国际当局就任何这类领土提出。

3. 在按照本条上述各款向国际劳工局局长提出的声明里,应说明本公约规定是否将不经修改地,或在加以修改的情况下,对有关领土适用;倘若声明里说明本公约规定将在加以修改的情况下适用,则应说明这些修改的细节。

4. 有关成员国或国际当局可以随时另具声明,全部或局部放弃援用任何以前声明里所述的任何修改的权利。

5. 有关成员国或国际当局可以在按照第16条规定得退出本公约的时候,以声明送交局长,对任何以前声明里的条件,加以任何修改,并说明它现在对本公约的适用所持的立场。

世界人权宣言国际公约

(1948年12月10日联合国第三届大会通过)

第二十条

(一)人人有权享有和平集会和结社的自由。

(二)任何人不得迫使隶属于某一团体。

第二十八条

人人有权要求一种社会的和国际的秩序,在这种秩序中,本宣言所载的权利和自由能获得充分实现。

第二十九条

(一)人人对社会负有义务,因为只有在社会中他的个性才可参得到自由和充分的发展。

(二)人人在行使他的权利和自由时,只受法律所确定的限制,确定此种限制的唯一目的确在于保证对旁人的权利和自由给予应有的承认和尊重,并在一个民主的社会中适应道德、公共秩序和普遍福利的正当需要。
（三）这些权利和自由的行使，无论在任何情下均不得违背联合国的宗旨和原则。

经济、社会、文化权利国际公约
（1966年12月16日第21届联合国大会通过，
1976年1月3日生效）

第八条
一、本公约缔约各国承担保证：
（甲）人人有权组织工会和参加他所选择的工会，以促进和保护他的经济和社会利益；这个权利只受有关工会的规章的限制。对这一权利的行使，不得加以除法律所规定及在民主社会中为了国家安全或公共秩序的利益或为保护他人的权利和自由所需要的限制以外的任何限制；
（乙）工会有权建立全国性的协会或联合会，有权组织或参加国际工会组织；
（丙）工会有权自由地进行工作，不受除法律所规定及在民主社会中为了国家安全或公共秩序的利益或为保护他人的权利和自由所需要的限制以外的任何限制；
（丁）有权罢工，但应按照各个国家的法律行使此项权利。
二、本条不应禁止对军队或警察或国家行政机关成员的行使这些权利，加以合法的限制。
三、本条并不授权参加一九四八条关于结社自由及保护组织权国际劳工公约的缔约国采取足以损害该公约中所规定的保证的立法措施，或在应用法律时损害这种保证。

公民权利和政治权利国际公约
（1966年12月16日第二十一届联合国大会通过，
1973年3月23日生效）

第二十二条
一、人人有权享受与他人结社的自由，包括组织和参加工会以保护他的利益的权利。
二、对此项权利的行使不得加以限制。除去法律所规定的限制以及在民主社会中为维护国家安全或公共安全、公共秩序，保护公共卫生或道德，或他人的权利和自由所必需的限制。本条不应禁止对军队或警察成员的行使此项权利加以合法的限制。
三、本条并不授权参加一九四八年关於结社自由及保护组织权国际劳工组织公约的缔约国采取足以损害该公约中所规定的保证的立法措施，或在应用法律时损害这种保证。